Ikigai

Ikigai

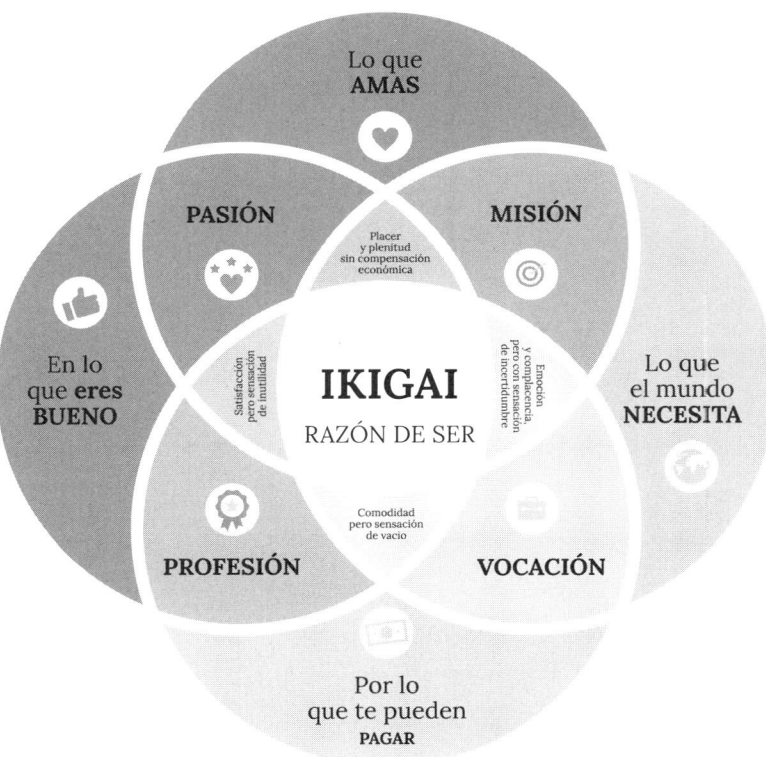

Belén Martul Hernández

LIBSA

A mis padres,
por su valentía y generosidad.
Porque me regalaron la vida,
el bien más preciado.
En mis manos quedó disfrutarla
enfocada en mi propósito.
El aprendizaje continúa.

© 2025, Editorial LIBSA
C/ Puerto de Navacerrada, 88
28935 Móstoles (Madrid)
Tel.: (34) 91 657 25 80
e-mail: libsa@libsa.es
www.libsa.es

Textos: Belén Martul Hernández
Imágenes: Shutterstock
Maquetación: Roberto Menéndez González
Diseminando Diseño Editorial

ISBN: 978-84-662-4416-9

DL: M-19190-2024

CONTENIDO

INTRODUCCIÓN

A menudo nos encontramos atrapados en la rutina diaria, inmersos en tareas sin fin que parecen carecer de sentido. Nos levantamos, trabajamos, volvemos a casa, dormimos y repetimos el ciclo. En medio de este torbellino de actividades, a veces nos preguntamos cuál es el verdadero propósito de nuestra vida. Esta inquietud ha llevado a muchos a explorar diversas filosofías y prácticas en busca de respuestas. Entre ellas, destaca un concepto japonés profundamente enriquecedor: el ikigai.

El ikigai, una palabra que se traduce como «la razón de ser», es mucho más que una simple teoría. Es una filosofía de vida que nos invita a encontrar la intersección perfecta entre lo que amamos, en lo que somos buenos, lo que el mundo necesita y por lo que podemos ser recompensados. Descubrir y vivir de acuerdo con nuestro ikigai nos brinda un sentido profundo de propósito y tiene un impacto significativo en nuestro bienestar emocional y físico.

Este libro es una guía hacia el descubrimiento y la práctica de esta filosofía de vida. A través de sus páginas, exploraremos el significado profundo de este concepto y su relación directa con nuestro bienestar. Vivir alineados con nuestro propósito nos permite experimentar una vida plena, rica y satisfactoria, de modo que cada día se convierte en una oportunidad para crecer y contribuir al mundo de manera significativa.

El camino hacia el ikigai empieza con el autoconocimiento. Debemos embarcarnos en un viaje interno para comprender quiénes somos realmente, cuáles son nuestras pasiones, habilidades y aspiraciones. Este proceso implica una introspección honesta y profunda para examinar nuestras experiencias pasadas, identificar nuestros talentos innatos y reconocer lo que realmente nos hace sentir vivos.

Analizar nuestras creencias y valores también es una tarea fundamental, ya que son los cimientos sobre los cuales construimos nuestras vidas. Preguntarnos qué es lo que realmente valoramos y qué principios guían nuestras decisiones nos ayuda a alinear nuestras acciones con nuestro verdadero yo. Este análisis nos permitirá eliminar creencias limitantes y adoptar una mentalidad que favorezca el crecimiento y la realización personal. También es crucial definir objetivos que estén alineados con nuestro propósito, ya que nos proporcionan una dirección con sentido claro. Estas metas nos guiarán y motivarán a medida que avancemos en nuestro camino.

A través de prácticas y ejercicios específicos, este libro te mostrará cómo aplicar el ikigai en tu vida diaria. Aprenderás a integrar esta filosofía en tus rutinas cotidianas, y así cada momento se transformará en una oportunidad para vivir de acuerdo con tu propósito.

Imagina despertar todos los días con un objetivo claro de vida, sabiendo que cada pequeño acto contribuye a un sentido más amplio de satisfacción y alegría. Esto es lo que experimentarás al explorar y vivir tu ikigai, además de una mejora significativa en tu bienestar emocional y físico.

Es hora de que inicies este viaje de descubrimiento y transformación... La puerta está abierta.

—Maestro, ¿qué es eso del ikigai del que todos hablan? —preguntó la joven con curiosidad.

El anciano sonrió y señaló el horizonte, donde el sol se encontraba con el océano.

—El ikigai es como ese horizonte. Es el punto donde se encuentran lo que amas hacer, en lo que eres bueno, lo que el mundo necesita y por lo que puedes ser recompensado.

—¿Y cuál es el significado de *moai*, *omoiyari* y *kokorozashi*? —continuó ella.

—Para saberlo —respondió el maestro tras una pausa—, tendrás que ser paciente y leer este libro.

PARTE I. SIGNIFICADO DEL IKIGAI

物 の 哀 れ

物 の 哀 れ
Mono no aware

Mono no aware
hace referencia
a la capacidad
de saber apreciar
la belleza efímera de la vida
y la naturaleza y sentir
al mismo tiempo una cierta
melancolía al reconocer
su impermanencia.

Este concepto está
arraigado en la estética
y filosofía japonesas
y lleva a una reflexión
sobre la propia vida
humana, su temporalidad
y la inevitable marcha
del tiempo. Nos invita
a vivir el presente con
mayor intensidad
y a valorar los pequeños
momentos y detalles
apreciando su belleza.

EL CONCEPTO DE IKIGAI

En estas
primeras páginas vamos a acercarnos al concepto de «ikigai», un término japonés que se está haciendo cada vez más popular en Occidente. Está formado por la unión de dos palabras: iki (生き), que se refiere a la vida, y gai (甲斐), que deriva de kai y se relaciona con el valor, así que ikigai (生き甲斐) es lo que hace que la vida valga la pena. A menudo se traduce como «la razón de vivir» o «la razón de ser». Consiste en encontrar el sentido de la existencia a través de un propósito. Esta idea, profundamente arraigada en la cultura japonesa, ha cautivado a personas de todo el mundo, pues abre una ventana hacia una existencia más plena y enriquecedora.

El ikigai no es solo un concepto filosófico; es una práctica cuyo objetivo consiste en encontrar la intersección entre lo que amas, en lo que eres bueno, lo que el mundo necesita y lo que haces y por lo que te pueden pagar. Permite conectar con las pasiones y talentos y hallar el modo de contribuir positivamente en el mundo. Según vayamos adentrándonos en su significado, veremos cómo puede influir en nuestra vida diaria, en nuestras decisiones y en nuestro bienestar personal.

Este capítulo es solo una introducción que nos llevará a descubrir el origen de este concepto vital, qué hay detrás de esta práctica de exploración y búsqueda de propósito. Asimismo, ahondaremos en las claves que nos permitirán entender por qué el ikigai es mucho más que una moda.

EL PROPÓSITO DE VIDA Y LA RAZÓN DE VIVIR

El propósito de vida y la razón de vivir son conceptos profundamente entrelazados que hacen referencia a las motivaciones fundamentales y significativas que orientan la existencia de una persona. Seguro que en más de una ocasión te has preguntado por qué existes, cuál es el objetivo de tu existencia y qué debes hacer con tu vida. Estas cuestiones son centrales para muchas reflexiones filosóficas, psicológicas y espirituales, y tienen un impacto directo en cómo una persona percibe su existencia y cómo se comporta en sociedad.

Ambos son conceptos profundos que se centran en la búsqueda del significado y la dirección en la vida. Son términos que suelen utilizarse de manera intercambiable, pues se refieren a las motivaciones que guían a los individuos a lo largo de su vida e influyen en sus decisiones, comportamientos y sentimientos de satisfacción y plenitud. Sin embargo, tienen matices importantes que los diferencian.

El **propósito de vida** se refiere al significado global o la intención central que una persona atribuye a su existencia y elige para guiar sus acciones. Es el gran objetivo que se establece, consciente o inconscientemente, y que le proporciona una dirección. Ayuda a tomar decisiones, enfrentar desafíos y encontrar satisfacción en los esfuerzos y logros. Puede estar relacionado con la realización personal, como alcanzar metas individuales, o puede ir orientado a contribuir en la sociedad de una manera significativa. Para algunas personas, el propósito está enfocado en logros específicos, como la excelencia en una carrera profesional, la innovación en un campo particular o la creación de una familia. Para otras, puede estar más relacionado con valores, como vivir una vida basada en principios éticos o en la ayuda a los demás.

La **razón de vivir** es similar al propósito de vida en que proporciona un marco para dar sentido a la existencia, aunque a menudo se percibe como algo más interior y emocional. Está relacionado con el motivo que hace que la vida valga la pena en un nivel más personal y del día a día. Se refiere a las razones específicas que una persona tiene para levantarse cada mañana. Para algunos, la razón de vivir podría encontrarse en sus relaciones personales, como cuidar de la familia y amigos, y para otros podría estar en sus pasiones o vocaciones, que alcanzan un ámbito más global. La razón de ser o de vivir proporciona la motivación diaria y ayuda a superar los obstáculos y desafíos de cada jornada.

Ambos términos están relacionados y, a menudo, se refuerzan mutuamente. El propósito de vida es más amplio y puede incluir múltiples facetas o metas a largo plazo, mientras que la razón de vivir es más inmediata y puede cambiar con más frecuencia, dependiendo de las circunstancias. Es posible que una persona tenga un propósito de vida claro, como ser un investigador científico cuyo objetivo sea descubrir cómo curar enfermedades, mientras que su razón de ser diaria se sustenta en el amor y la alegría que siente por el apoyo de su familia.

Desde una **perspectiva psicológica**, tener un propósito de vida claro y una razón de vivir está asociado con numerosos beneficios para la salud mental —mayor felicidad y satisfacción, más resiliencia ante las adversidades y menor riesgo de enfermedades mentales—, pues ayudan a las personas a estructurar su vida de manera coherente y proporcionan un sentido de dirección y motivación.

Desde un **punto de vista social**, tanto el propósito de v da como la razón de vivir desempeñan un papel fundamental en la forma en la que las personas contribuyen a su comunidad, pues aumentan la sensación de pertenencia y de ser parte de algo más grande que uno mismo, lo que es sumamente importante para lograr una cohesión social y fortalecer el bienestar comunitario.

Ambos conceptos son esenciales para entender la motivación humana y el porqué de vivir de una manera determinada. Proporcionan, además, las claves para fomentar una existencia más plena y llena de significado. Encontrar la razón de vivir a través del propósito de vida es lo que define el ikigai, y esta búsqueda es constante porque las circunstancias y prioridades van cambiando con el paso de los años.

CAMBIOS A LO LARGO DE LA VIDA

Es importante saber que el propósito vital **no es algo estático**. Puede evolucionar y cambiar a lo largo de la vida, según vamos sumamos experiencias y varían nuestras circunstancias y prioridades. Comprender cómo el sentido del ikigai se renueva en las diferentes etapas de nuestra existencia nos permite adaptarnos y continuar encontrando significado y satisfacción en cada momento de la vida.

Durante la infancia y adolescencia, el ikigai suele centrarse en la exploración y el descubrimiento. En estas etapas tempranas, los niños y jóvenes están en constante búsqueda de actividades que les apasionen y en las que puedan destacar. Las influencias de la familia, los amigos y la educación tienen un papel crucial en la formación de intereses y habilidades. Los adolescentes pueden encontrar su ikigai en actividades extracurriculares, deportes, artes o estudios académicos que despierten su curiosidad y entusiasmo. Es un periodo de experimentación y aprendizaje sobre uno mismo y el propio potencial.

Al llegar a la vida adulta, y sobre todo durante los primeros años, el ikigai a menudo se enfoca en la formación profesional y el desarrollo y establecimiento de una carrera. Esta etapa está marcada por la búsqueda de una ocupación que no solo ofrezca satisfacción personal, sino también estabilidad económica y reconocimiento social. Las personas trabajan para alinear sus talentos y pasiones con oportunidades de empleo que les permitan contribuir significativamente a la sociedad. La educación superior, las primeras experiencias laborales y la construcción de una red profesional son componentes clave en la configuración del ikigai en este periodo de la vida.

Pasados los años, más o menos **a mitad de la vida profesional**, muchas personas comienzan a reevaluar su ikigai y buscan un equilibrio más armonioso entre la vida personal y la profesional. Las responsabilidades familiares, como la educación de los hijos y el cuidado de los padres si son mayores, pueden influir significativamente en esta reevaluación. En esta etapa, el ikigai suele incluir no solo el éxito profesional, sino también la satisfacción en las relaciones personales y el bienestar emocional. Las personas buscan actividades que ofrezcan mayor flexibilidad y tiempo para dedicar a la familia o a aficiones que les apasionen. La búsqueda de un propósito más amplio y equilibrado es algo característico de esta etapa vital.

En la edad madura, y normalmente coincidiendo con la jubilación, el ikigai puede transformarse nuevamente para enfocarse en la reflexión sobre la vida y el legado que se desea dejar. Con el fin de la vida laboral, muchas personas encuentran otras formas de contribuir a la sociedad y de mantenerse activas mental y físicamente. Las actividades altruistas y la dedicación a pasatiempos que fueron descuidados anteriormente pueden convertirse en nuevas fuentes de motivación. Esta etapa permite a las personas aprovechar su dilatada experiencia y sabiduría para ayudar a los demás y encontrar un sentido renovado de propósito.

A lo largo de todos los ciclos vitales, es esencial reconocer que el ikigai es **dinámico y adaptable**. Las circunstancias personales, la salud, los cambios económicos y las experiencias de vida pueden requerir ajustes en nuestro sentido de propósito. La capacidad de adaptarse y redefinirlo en respuesta a estos cambios es fundamental para mantener una vida satisfactoria y plena de sentido. La introspección y la apertura a nuevas posibilidades posibilitan que el ikigai evolucione y continúe brindando dirección y motivación.

Por lo tanto, es evidente que una de las características de este concepto vital es que **cambia a lo largo de la vida**, pues refleja la evolución de nuestras experiencias, valores y circunstancias. Desde la infancia hasta la edad madura, este sentido de propósito se adapta a nuevas realidades y desafíos. Comprender y aceptar esta evolución nos permite vivir de manera más plena y equilibrada y encontrar significado y satisfacción en cada fase de nuestra existencia. Al mantenernos flexibles y abiertos a la redefinición de nuestro ikigai, podemos asegurar una vida rica en propósito y bienestar, sin importar la etapa en la que nos encontremos.

ORÍGENES

El ikigai forma parte de la **sabiduría japonesa** y tiene una larga historia cultural que refleja la profunda búsqueda del significado de la vida. En Japón, este concepto está muy arraigado en las rutinas diarias y se entrelaza con la filosofía existencial de encontrar alegría y satisfacción a través de las pequeñas cosas y en la búsqueda continua de crecimiento personal. No solo se considera en términos de desarrollo de carrera profesional o logros, sino en un sentido más amplio de hallar la felicidad en las actividades del día a día. Se asocia con una profunda conexión entre la vida personal, el bienestar y la comunidad.

El ikigai es un concepto que forma parte de la tradición, aunque es difícil determinar la fecha exacta de su origen. Hunde sus raíces en diferentes filosofías y enseñanzas tradicionales de Japón y ha estado influenciado por varias corrientes de pensamiento a lo largo de los siglos, como el confucianismo, que destaca la importancia de cumplir con los roles y responsabilidades sociales; el budismo zen, que promueve la búsqueda del sentido de la vida más allá del materialismo y se enfoca en la meditación y la autocomprensión, y el taoísmo, que valora el autoconocimiento, la armonía con la naturaleza y la idea de que todo fluye de manera natural.

El término ganó reconocimiento internacional y se hizo popular a través de varios libros y estudios sobre la longevidad y la felicidad en regiones como Okinawa, conocida por la alta tasa de centenarios entre su población. En estas aldeas, el ikigai es una parte integral de la cultura local, y no solo se relaciona con grandes metas de vida, sino también con disfrutar de las pequeñas alegrías diarias y mantener fuertes vínculos comunitarios. Se cree que este sentido de propósito es el que actúa como un poderoso impulsor para vivir más tiempo y con mayor calidad de vida.

El ikigai no es simplemente un objetivo a largo plazo o una pasión, sino una combinación de varios elementos que, juntos, crean una vida plena y significativa. Este es el motivo por el que en el mundo contemporáneo esta tradición japonesa ancestral se ha adoptado y se aplica en el ámbito del desarrollo personal y de la gestión empresarial. Es un concepto que se puede interpretar y valorar de manera diferente, según las culturas. La forma en la que las personas encuentran significado y propósito en sus vidas está profundamente influenciada por su entorno social, sus valores, sus creencias religiosas, sus experiencias de vida y su contexto cultural.

UN CONCEPTO QUE PUEDE VARIAR SEGÚN LAS CULTURAS

Aunque «ikigai» es un término específicamente japonés, la búsqueda de propósito y significado en la vida es un tema universal. Cada cultura tiene su manera de conceptualizar y valorar cómo las personas deben vivir sus vidas para que tengan significado, un reflejo de los sistemas de valores, tradiciones, creencias religiosas y estructuras sociales propios.

A continuación vamos a ver cómo se interpreta y enfoca el propósito de vida según las diferentes culturas en distintas partes del mundo.

- En muchas zonas de **Occidente**, el propósito de vida a menudo se asocia con la realización personal y profesional. El enfoque está puesto en lograr metas personales, como el éxito en la carrera, o el desarrollo personal a través de la educación y las experiencias. Se valora la idea de «seguir tu pasión» y hacer contribuciones significativas a la sociedad.

- En la **India**, el concepto de *dharma* tiene un papel fundamental en la vida de muchas personas. Se refiere al deber moral y espiritual. Según esta visión, el propósito de una persona debe alinearse con un orden moral y universal, e incluye el cumplimiento de los deberes familiares y sociales y actuar de una manera ética y justa.

- En culturas del **Este asiático**, principalmente China, Corea o Japón, la influencia del confucianismo y el taoísmo es grande. En el confucianismo, el propósito de vida y el éxito personal están ligados al cumplimiento de los deberes filiales y la armonía familiar y social. La filosofía taoísta, sin embargo, enfatiza la armonía con la naturaleza y el universo, y asocia el propósito de vida a seguir el *tao* o el camino natural de las cosas.

- En el **mundo islámico**, el propósito de vida está profundamente entrelazado con la fe y la práctica religiosa. La vida se ve como una oportunidad de servir a Alá y cumplir con los cinco pilares del islam. El seguimiento de estos deberes religiosos y la búsqueda de la excelencia moral y espiritual guían a muchas personas en su vida diaria.

- En muchas culturas **indígenas de América** el propósito de vida está fuertemente vinculado a la idea de vivir en armonía con la naturaleza y servir a la comunidad. Las actividades diarias suelen estar diseñadas para mantener y restaurar el equilibrio entre las personas, la naturaleza y el mundo espiritual.

- En **Sudáfrica**, el propósito de vida se entiende a través de la interconexión de las personas. El bienestar individual está ligado al bienestar de la comunidad. De allí parte el concepto de *ubuntu*, que, aunque tiene difícil traducción, hace alusión a un dicho zulú: «Una persona es una persona a causa de las demás».

Estos son solo algunos ejemplos que muestran que la búsqueda del propósito de vida es un objetivo compartido por la humanidad, aunque las interpretaciones y expresiones de lo que significa varían mucho y dependen del contexto cultural.

ASPECTOS CLAVE EN EL IKIGAI

El concepto de ikigai implica la necesidad de encontrar un equilibrio entre las diferentes facetas de nuestra existencia. Tiene en cuenta aquello que amamos y en lo que somos buenos y también lo que el mundo necesita y por lo que podemos ser recompensados. En este apartado vamos a explorar los aspectos clave que hay en el camino del ikigai y, a través de ellos, descubriremos cómo esta filosofía puede guiarnos en la búsqueda de un propósito vital.

AUTOCONOCIMIENTO, REFLEXIÓN Y DESCUBRIMIENTO CONTINUO

El camino hacia un ikigai auténtico y satisfactorio requiere de un proceso constante de autoconocimiento, reflexión y descubrimiento continuo. El **autoconocimiento** es el primer paso fundamental para encontrar el propósito de vida. Se trata de conocernos a nosotros mismos en profundidad. Este proceso implica:

- Identificar lo que realmente amamos hacer y lo que nos proporciona alegría y satisfacción.

- Evaluar en qué somos buenos y qué talentos naturales poseemos.

- Reflexionar sobre lo que es verdaderamente importante para nosotros y qué principios guían nuestras decisiones y acciones.

- Establecer metas y objetivos a corto y largo plazo que tengan que ver con nuestra visión de vida plena y satisfactoria.

La **reflexión** es la práctica de mirar hacia dentro y evaluar nuestras experiencias, decisiones y emociones. Este ejercicio nos permite:

- Revisar si estamos avanzando hacia nuestras metas y si nuestras acciones están alineadas con nuestros valores y pasiones.

- Hacer cambios en nuestras actividades y enfoques cuando notamos que algo no está funcionando o cuando nuestras circunstancias varían.

- Analizar nuestras experiencias pasadas para obtener aprendizajes valiosos y aplicarlos en el futuro.

- Recordar el porqué de lo que hacemos y cómo nuestras acciones contribuyen al sentido de propósito.

El **descubrimiento continuo** nos permite ser conscientes de que el ikigai está en constante evolución. A medida que nuestras circunstancias cambian y avanzamos en nuestro crecimiento, nuestro propósito puede necesitar algunos ajustes. Esta actitud ofrece las siguientes oportunidades:

- Mantenernos abiertos a probar cosas nuevas y asumir nuevos desafíos que pueden descubrirnos aspectos desconocidos de nosotros mismos.

- Reconocer que el cambio forma parte de la vida y que adaptarse a las nuevas realidades es esencial.

- Reevaluar regularmente qué es lo más importante para nosotros en cada momento.

- Crecer y desarrollar nuevas habilidades y conocimientos que pueden enriquecer nuestro ikigai.

Estos tres pilares fundamentales, autoconocimiento, reflexión y descubrimiento continuo, nos permiten conocernos mejor, mantenernos alineados con nuestro propósito, aprender de nuestras experiencias y adaptarnos a lo largo del tiempo.

VALORES Y PRIORIDADES EN LA TOMA DE DECISIONES

En la búsqueda de una vida plena y satisfactoria, los valores y las prioridades desempeñan un papel esencial en la toma de decisiones: guían nuestras acciones y elecciones y también reflejan quiénes somos y lo que consideramos importante. Comprender y alinear los valores con nuestras decisiones es un paso esencial para vivir de acuerdo con nuestro ikigai.

Los **valores** son los principios fundamentales que guían nuestro comportamiento y decisiones. Representan lo que consideramos moralmente correcto y deseable. Las **prioridades** son las áreas de nuestra vida a las que damos más importancia. Reflejan lo que creemos más significativo y urgente en un momento dado, aunque pueden cambiar con el tiempo y las circunstancias. Valores y prioridades están conectados: nuestros valores influyen en nuestras prioridades, y nuestras prioridades reflejan nuestros valores.

Otro aspecto clave que hay detrás del ikigai es que nos ayuda a **tomar decisiones basadas en nuestros valores y prioridades**. Esto tiene un gran impacto en nuestra vida por varios motivos:

- Nos permite vivir de manera coherente y auténtica.
- Nos brinda claridad y enfoque y nos ayuda a filtrar opciones y a tomar decisiones alineadas con lo que realmente nos importa.
- Logra que nos sintamos motivados y comprometidos con nuestras acciones.
- Contribuye a nuestro bienestar general.
- Aumenta nuestra resiliencia frente a las adversidades.

Entender y alinear nuestros valores y prioridades en la toma de decisiones proporciona coherencia, claridad, motivación y bienestar, lo que permite vivir de manera auténtica y en armonía con el ikigai.

LO QUE AMAMOS HACER Y TALENTOS CONECTADOS

Las pasiones son aquellas actividades que amamos hacer, y los talentos son las habilidades que poseemos y que nos hacen ser especialmente buenos en algunas de ellas. **Conectar lo que amamos hacer con nuestros talentos** es otra de las claves para llevar una vida rica en significado. Encontrar este equilibrio nos posibilita sentirnos realizados y también potencia nuestro desempeño y contribución a la sociedad. Esta alineación nos proporciona una fuente de motivación y aumenta nuestra satisfacción con la vida. Cuando amamos lo que hacemos y poseemos las habilidades necesarias, podemos lograr óptimos resultados por las siguientes razones:

- La pasión actúa como una fuente de motivación interna, y esto significa que estamos impulsados por el interés y el disfrute de la tarea en sí, en lugar de por recompensas externas.

- Ser buenos en lo que hacemos refuerza nuestra confianza y la creencia en nuestra capacidad para tener éxito.

- Hacer lo que amamos alimenta nuestra creatividad, y los talentos nos proporcionan las herramientas necesarias para transformar ideas innovadoras en realidades concretas.

- La pasión nos da un sentido de propósito y significado, y esto es crucial para mantenernos motivados y comprometidos.

- Las personas que tienen alineado lo que aman hacer con sus talentos a menudo se convierten en líderes y modelos en sus campos de actuación. Sirven de inspiración a otros y crean un efecto multiplicador en su entorno.

- Hacer lo que amamos y además se nos da bien puede reducir significativamente los niveles de estrés y aumentar el bienestar emocional. Estamos más equilibrados y con actitud más positiva, lo que también ayuda a mejorar nuestras relaciones personales.

Mantener alineados los talentos y lo que amamos hacer es un aspecto clave del ikigai, pues nos proporciona satisfacción personal, mejora nuestro desempeño, nos dota de resiliencia, permite que llevemos a cabo contribuciones significativas en nuestra comunidad y promueve un equilibrio saludable en nuestra vida.

SUPERACIÓN DE OBSTÁCULOS: MIEDO E INDECISIÓN

El ikigai sirve de guía para superar obstáculos, como el miedo y la indecisión. Al proporcionar claridad, motivación y resiliencia, ayuda a enfrentar los desafíos con confianza y determinación. Encontrar y comprender el propósito de vida pone delante de nuestros ojos lo que es realmente importante para nosotros, y eso da una fortaleza que nos permite lo siguiente:

- Reducir la confusión y la indecisión, ya que sabemos qué dirección seguir y qué acciones son más relevantes para nuestro propósito.

- Evitar distracciones y disminuir la procrastinación y la incertidumbre.

- Poner pasión en lo que hacemos, lo que nos impulsa a seguir adelante con energía y entusiasmo y nos ayuda a superar el miedo al fracaso y a tomar decisiones con confianza.

- Creer en nuestra capacidad para superar obstáculos.

- Tener una mentalidad de crecimiento que nos hace ver los fracasos como oportunidades de aprendizaje.

- Estar más preparados para arriesgarnos a fracasar, porque entendemos que cada paso nos acerca más a nuestro propósito.

- Actuar con determinación.

- Estar dispuestos a esforzarnos y a enfrentar desafíos porque estamos profundamente conectados con nuestro propósito.

El ikigai es una **herramienta poderosa para superar obstáculos**, pues nos proporciona claridad, motivación, resiliencia y autoeficacia, claves esenciales para superar los desafíos y transformar las dificultades en oportunidades para el crecimiento y la realización personal.

EQUILIBRIO ENTRE LOS DIFERENTES ASPECTOS DE LA VIDA

El equilibrio entre los diferentes aspectos de nuestra vida es fundamental para alcanzar un estado de bienestar y satisfacción duradera y nos ayuda a mantener nuestra salud física y mental. Alcanzar este equilibrio es importante y un factor clave del ikigai.

Las áreas que requieren nuestra atención incluyen la salud física, la salud mental y emocional, las relaciones personales y las conexiones sociales, el desarrollo profesional y formativo, las aficiones, las actividades comunitarias, la práctica de la espiritualidad y la reflexión personal. El equilibrio de todos estos aspectos es importante, ya que nos permite lo siguiente:

- Mejorar nuestra salud mental, relaciones personales y satisfacción laboral.

- Distribuir nuestra energía de manera más equitativa que si careciéramos de dicho equilibrio, con lo que se reducen los riesgos de padecer estrés.

- Aprender nuevas habilidades, explorar diferentes oportunidades y desarrollarnos de manera integral.

- Atender nuestras diversas necesidades y deseos y sentirnos más realizados y felices.

Lograr y mantener el equilibrio entre las distintas áreas de la vida nos permite alinearnos mejor con nuestro propósito y disfrutar de una vida con armonía.

Todos los aspectos descritos en este apartado son claves para entender qué hay detrás del ikigai y cómo se puede alcanzar y mantener a través de una vida plena y satisfactoria con la que nos sintamos realizados, satisfechos, en paz con nosotros mismos y con el mundo que nos rodea.

ALGO MÁS QUE UNA MODA

En un mundo que se mueve a gran velocidad, donde la búsqueda del éxito y la satisfacción personal a menudo se ven empañadas por el estrés y la falta de sentido, el concepto de ikigai cobra importancia para las personas que quieren encontrar un significado en sus vidas. A pesar de su creciente popularidad en Occidente, el ikigai no es una mera tendencia de autoayuda, sino una filosofía de vida profundamente enraizada en la cultura japonesa que, como hemos visto, promueve un equilibrio entre diversas facetas de la existencia humana.

En el próximo capítulo analizaremos los cuatro elementos fundamentales que componen el ikigai: lo que amamos, en lo que somos buenos, lo que el mundo necesita y aquello por lo que nos pueden pagar. La convergencia de estos factores permite una existencia equilibrada y llena de propósito, y nos aleja de la visión dicotómica de elegir entre trabajar y vivir que prevalece en muchas sociedades modernas. En lugar de ver el aspecto laboral solo como una obligación o un medio para un fin, el ikigai propone una integración armoniosa entre trabajo y pasión que posibilite una existencia más coherente y satisfactoria.

La relevancia del ikigai en la vida actual radica en su capacidad para ofrecer una alternativa al ritmo frenético, y a veces deshumanizado, de la vida cotidiana. En una época en la que la tecnología avanza a pasos agigantados y la conexión humana sale en ocasiones perjudicada, el ikigai ofrece un modelo de vida que prioriza el bienestar holístico. Nos insta a reflexionar sobre nuestras verdaderas pasiones y habilidades, a identificar cómo podemos contribuir al mundo de manera significativa y a encontrar un equilibrio sostenible entre nuestras aspiraciones personales y profesionales.

Más allá de ser una moda, el ikigai representa una invitación a mirar en nuestro interior, una exploración de nuestras motivaciones más profundas y una guía para construir una vida con sentido. En Japón, esta filosofía ha sido clave para el bienestar de muchos de sus habitantes y ha contribuido a la notable longevidad y satisfacción de vida que caracteriza a gran parte de su sociedad. Encontrar el ikigai no solo implica una búsqueda individual, sino también un compromiso con el bienestar colectivo para fomentar una sociedad en la cual cada uno aporta lo mejor de sí mismo en beneficio de todos.

En la práctica, integrar el ikigai en la vida diaria puede significar desde pequeños cambios en la forma en que abordamos nuestras actividades cotidianas, hasta elegir carreras relacionadas con nuestras pasiones o participar en actividades que enriquezcan nuestra comunidad. Este propósito nos guía hacia una vida más plena y conectada. Además, en tiempos de incertidumbre y cambio constante, proporciona un ancla, un punto de estabilidad que nos permite afrontar las dificultades de la vida moderna con mayor resiliencia y claridad en el enfoque.

Por todos estos motivos, el ikigai es mucho más que una moda pasajera; es una filosofía de vida que ofrece un camino hacia la realización personal y el equilibrio. Al centrarse en la integración de nuestras pasiones, habilidades, contribuciones y recompensas, nos ayuda a construir una vida que no solo es exitosa en términos materiales, sino también rica en significado y satisfacción. Nos recuerda la importancia de detenernos, reflexionar y alinear nuestras acciones con lo que realmente importa. Esta filosofía tiene el poder de transformar nuestras vidas individuales y también el de contribuir a una sociedad más equilibrada, con mayor sentido y un propósito claro.

FELICIDAD, LONGEVIDAD E IKIGAI

A menudo se habla de que la esperanza de vida va en aumento, aunque lo que más nos importa es que podamos disfrutar de ella con salud y bienestar. La búsqueda de la felicidad y el deseo de una vida larga y saludable son dos objetivos universales que a menudo se consideran interconectados. Entender esta conexión nos permite adoptar hábitos y perspectivas que no solo mejoran nuestra calidad de vida, sino que también pueden extender los años que disfrutemos de ella.

La felicidad definida como un estado de bienestar general que incluye la satisfacción con la vida y una prevalencia de emociones positivas tiene un impacto significativo en la salud física y mental. Personas que manifiestan altos niveles de felicidad tienden a experimentar menos estrés, una mejor respuesta inmunológica y menores incidencias de enfermedades crónicas que las que dicen carecer de ella. El estrés, por otro lado, es conocido por ser un factor de riesgo para el desarrollo de enfermedades cardiovasculares, hipertensión y trastornos del sistema inmunológico. Al reducir los niveles de estrés, la felicidad contribuye a un sistema inmunológico más robusto y una mejor salud cardiovascular, factores cruciales para una vida más larga.

Además, la felicidad está asociada con la adopción de comportamientos y estilos de vida saludables. Las personas felices son más propensas a mantener hábitos que promueven la salud, como una dieta equilibrada, ejercicio regular y un sueño adecuado. También es menos probable que adopten comportamientos de riesgo, como el consumo excesivo de alcohol, el tabaquismo y la vida sedentaria. Este conjunto de hábitos saludables contribuye directamente a la longevidad al reducir el riesgo de enfermedades y mejorar la calidad de vida en general.

La felicidad en el contexto del ikigai no se trata solo de momentos de placer o alegría pasajera, sino de sentir una satisfacción más profunda y duradera al encontrar significado en la vida diaria, lo que a su vez fomenta un sentido de bienestar y plenitud. Cuando una persona encuentra su ikigai, experimenta una sensación de propósito y dirección que contribuye a una mayor satisfacción con la vida. Esto puede manifestarse en pequeñas cosas cotidianas, como disfrutar de un pasatiempo, cuidar de la familia o contribuir a la comunidad.

La relación entre felicidad y longevidad se ha analizado en diferentes culturas y contextos. En las regiones conocidas como «zonas azules», en las que hay una concentración alta de personas centenarias, se ha observado que la conexión social y el sentido de comunidad también son fundamentales para el bienestar emocional y físico. Las personas mayores a menudo mantienen vínculos fuertes con amigos y familiares y participan activamente en la vida comunitaria. Este sentido de pertenencia y apoyo mutuo proporciona una red de seguridad emocional que reduce el estrés y mejora la calidad de vida. Los estudios también indican que las personas que tienen un propósito claro y una razón para levantarse cada mañana tienden a vivir más tiempo y con mejor salud. Las investigaciones llevadas a cabo en estas zonas de alta longevidad concluyen que llevar una dieta saludable, mantenerse activos y disfrutar de una vida comunitaria con fuertes conexiones sociales y tener un ikigai son factores clave que contribuyen tanto a la felicidad como a la longevidad.

La práctica del ikigai no es exclusiva de Japón y puede aplicarse en cualquier cultura. Se trata de encontrar un equilibrio entre diferentes aspectos de la vida que aporten significado y satisfacción. Para muchos, este equilibrio puede ser un proceso de descubrimiento continuo que conlleva ajustar y redefinir el ikigai a medida que cambian las circunstancias y prioridades de la vida.

A continuación tienes una serie de cuestiones para reflexionar que te ayudarán a tomar conciencia de cuáles son los aspectos en los que podrías trabajar para mejorar tu felicidad:

- Piensa en cuáles son tus aficiones y pasatiempos. ¿Te sientes satisfecho con la cantidad de tiempo que les dedicas?

- La gratitud es un indicador clave de la felicidad. ¿La practicas regularmente y agradeces las cosas que tienes en tu vida, como la salud, la familia y los amigos?

- Considera si sientes que tu vida tiene un propósito definido que te motiva y da sentido a tu existencia.

- Evalúa la calidad de tus relaciones personales y el tiempo que inviertes en ellas. Reflexiona acerca del tiempo que pasas con tus seres queridos y cómo te sientes cuando estás con ellos.

- Reflexiona sobre tu satisfacción profesional o académica. ¿Sientes que estás utilizando tus habilidades y talentos de manera efectiva?

- Considera si mantienes un estilo de vida saludable, incluyendo la dieta, el ejercicio y el descanso.

- Reflexiona sobre cómo te enfrentas a los desafíos o dificultades y si manejas bien el estrés.

- Evalúa tu nivel de autocompasión y aceptación personal. ¿Te sientes en paz contigo mismo?

- Considera si estás comprometido con el desarrollo personal y profesional. ¿Sientes que estás creciendo y aprendiendo continuamente?

- Reflexiona sobre tu capacidad para encontrar felicidad en los detalles cotidianos y las experiencias simples.

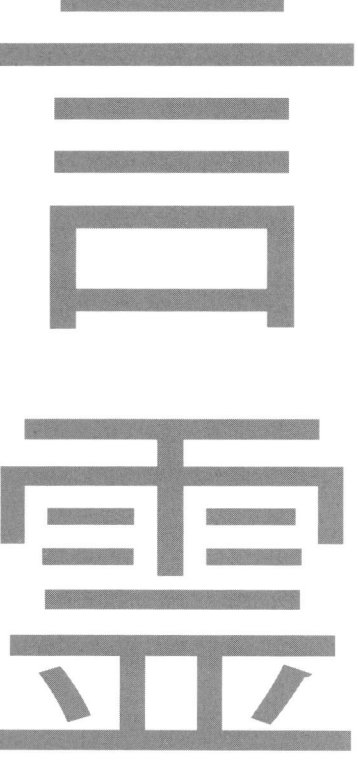

言霊
Kotodama

En Japón, existe la creencia
de que las palabras
no son meros símbolos
o sonidos; tienen
kotodama, un espíritu
o poder intrínseco que
influye en el mundo
y en las personas. Su
esencia mágica se desata
al pronunciarlas y trae
efectos positivos
o negativos dependiendo
de cómo se usen. Las
palabras amables y sinceras
atraen la buena suerte,
mientras que las palabras
malintencionadas provocan
desgracias.

LOS COMPONENTES DEL IKIGAI

El ikigai se construye sobre cuatro pilares fundamentales: lo que amas, en lo que eres bueno, lo que el mundo necesita y por lo que te pueden pagar. Estos componentes no solo ofrecen una perspectiva sobre el propósito de la vida, sino que también permiten descubrir cómo la intersección de estos cuatro factores conduce a una existencia equilibrada y llena de sentido.

En este capítulo vamos a analizar cada uno de estos cuatro pilares y veremos cómo las áreas que abarcan se solapan y complementan y, al converger, proporcionan un gran número de beneficios que enriquecen nuestra vida diaria y nos ayudan a tener una idea más clara de nuestro lugar en el mundo y de nuestra contribución a él. También entenderemos por qué vivir sin ikigai provoca en nosotros una sensación de vacío y falta de energía, al tiempo que acrecienta las dudas acerca de nuestra valía y de nuestro papel fundamental en este mundo.

CUATRO ELEMENTOS

El ikigai se basa en cuatro elementos fundamentales que, cuando se alinean, pueden guiar a una persona hacia una existencia llena de satisfacción y realización. Estos cuatro componentes son lo que amas, en lo que eres bueno, lo que el mundo necesita y por lo que te pueden pagar.

El primer elemento, **lo que amas**, se centra en aquellas actividades que despiertan nuestro entusiasmo y alegría. Son las cosas que nos hacen perder la noción del tiempo, que nos llenan de energía y que nos motivan a seguir adelante incluso en momentos de adversidad.

El segundo elemento, **en lo que eres bueno**, se refiere a nuestras habilidades y talentos innatos o adquiridos. Este componente enfatiza la importancia de reconocer y cultivar nuestras fortalezas, lo que nos permite destacar y sentirnos competentes en nuestras acciones.

El tercer elemento, **lo que el mundo necesita**, nos invita a mirar más allá de nosotros mismos y considerar cómo nuestras pasiones y habilidades pueden contribuir positivamente a la sociedad. Este aspecto del ikigai tiene que ver con la necesidad humana de sentirse útil y conectado con algo más grande que uno mismo.

El cuarto y último elemento, **por lo que te pueden pagar**, reconoce la realidad económica de nuestras vidas. Este componente dentro del ikigai subraya la importancia de encontrar una intersección entre nuestras pasiones, nuestras habilidades y las necesidades del mundo que también nos permita sustentarnos financieramente. Lograr este equilibrio asegura que podamos dedicarnos a nuestras actividades significativas sin la constante preocupación por la estabilidad económica.

Vamos a analizar con mayor detalle cada uno de estos elementos y ver qué herramientas y reflexiones pueden ayudarte a descubrir y cultivar tu propio ikigai.

LO QUE AMAS

Identificar lo que verdaderamente amamos es crucial, pues es lo que nos proporciona una fuente constante de motivación y felicidad. Este proceso implica una introspección profunda y una exploración de los intereses que nos mueven.

Aquí tienes algunos puntos sobre los que puedes reflexionar para reconocer las actividades y temas que realmente te entusiasman y te llenan de energía:

- Reflexiona sobre las tareas en las que te sumerges tanto que las horas pasan sin que te des cuenta.

- Piensa en los temas que te emocionan y sobre los que puedes hablar extensamente sin aburrirte.

- Recuerda las actividades de las que solías disfrutar cuando eras más joven y que, quizá, hayas dejado de lado. Considera si te gustaría seguir practicando alguna.

- Observa en qué prefieres invertir tu tiempo cuando no tienes obligaciones o responsabilidades que te lo impidan.
- Identifica las tareas que, al realizarlas, te dejan una sensación de vitalidad y entusiasmo.
- Piensa en lo que te gustaría hacer simplemente por el placer y la satisfacción que te brinda, sin considerar la recompensa económica.
- Reflexiona sobre lo que estabas haciendo en los momentos en los que te sentías verdaderamente feliz y en estado de plenitud.
- Piensa en cuáles son los contenidos que consumes con avidez y que captan tu atención.
- Considera las tareas que te proporcionan una sensación de calma y bienestar.
- Piensa qué actividades te gustaría probar, pero todavía no has tenido oportunidad de hacerlo.

Además de reflexionar sobre los puntos anteriores, realiza los siguientes ejercicios:

- Prepara una lista con todas las actividades que te hacen disfrutar. Señala las que están presentes en tu vida diaria y en tu trabajo.
- Durante una semana, anota las actividades que realizas cada día y cómo te sientes cuando las llevas a cabo y después. Busca patrones en tus tareas y las emociones que se despiertan al hacerlas.
- Elabora una lista con las actividades nuevas que te gustaría probar. Dedica un tiempo cada semana para materializar alguna de ellas y apunta cómo te sientes al realizarla.
- Pregunta a amigos y familiares para que te digan qué tareas creen ellos que te complacen más.
- Anota en un cuaderno vivencias en las que te has sentido más a gusto y busca patrones en las actividades que estabas realizando en ese momento.

Identificar lo que amas es un proceso continuo de autodescubrimiento y reflexión. Al descubrir lo que realmente te gusta hacer, estarás un paso más cerca de encontrar tu ikigai.

EN LO QUE ERES BUENO

Cuando dedicamos tiempo a lo que hacemos bien, incrementamos nuestra confianza y autoestima, y también somos más conscientes del valor genuino que podemos ofrecer a nuestro entorno. Identificar tus cualidades, habilidades y fortalezas es un paso esencial para encontrar tu ikigai.

Aquí tienes algunos puntos sobre los que puedes reflexionar para tomar conciencia de aquello en lo que eres realmente bueno:

- Reflexiona y apunta las tareas en las que sobresales sin mucho esfuerzo.
- Piensa en las cualidades y habilidades que otros suelen destacar de ti.
- Considera qué habilidades te parecen fáciles, pero resultan difíciles para otros.
- Identifica los temas por los cuales las personas te buscan para recibir orientación.
- Toma conciencia de las áreas en las que recibes mayores elogios o reconocimientos.
- Reflexiona sobre tus logros y analiza las habilidades clave que te permitieron alcanzarlos.
- Considera qué proyectos te han causado mayor satisfacción al llevarlos a cabo.
- Piensa en qué situaciones te sientes con mayor seguridad y confianza.

Acompaña tu reflexión con los siguientes ejercicios:

- Prepara una lista con las habilidades y talentos que has tenido desde joven. Añade al lado en qué momentos de tu vida se han manifestado y por medio de qué actividades.
- Apunta en un cuaderno cuáles son las competencias que has adquirido a través de la práctica y la experiencia.
- Anota los momentos en los que te has sentido más realizado. Escribe al lado de cada uno las habilidades que te permitieron alcanzar esos logros y cómo puedes seguir desarrollándolas.

- Habla con personas cercanas a ti y pide su opinión sobre tus habilidades y talentos. Anota sus comentarios y busca patrones en las áreas en las que coinciden.

- Durante una semana, apunta cuáles son tus actividades diarias. Marca aquellas en las que te sientes con mayor seguridad y escribe qué habilidades utilizas en cada una.

Reflexionar para identificar en qué eres bueno es un proceso que requiere honestidad y autoconocimiento. Al reconocerlo, avanzarás en el proceso de búsqueda de tu ikigai.

LO QUE EL MUNDO NECESITA

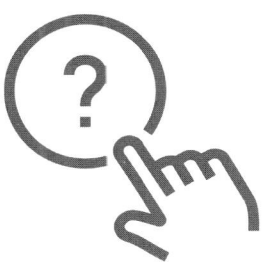

Encontrar maneras de impactar positivamente en la vida de los demás proporciona un profundo sentido de propósito y también fomenta un sentido de comunidad y pertenencia. Descubrir cómo puedes contribuir a las necesidades del mundo es otro de los componentes esenciales del ikigai.

Aquí tienes una serie de cuestiones que te ayudarán a reflexionar acerca de cuál puede ser tu forma de contribuir a la sociedad:

- Piensa cuáles son los problemas sociales, ambientales o económicos que te preocupan más.

- Identifica qué noticias o eventos sociales te generan un fuerte impacto emocional.

- Reflexiona sobre las causas sociales, ambientales o comunitarias que te inspiran y en las que te gustaría involucrarte de manera activa.

- Observa en qué actividades de servicio a la comunidad te sientes más útil y te generan mayor satisfacción.

- Piensa en qué hábitos o comportamientos puedes cambiar y que tengan un impacto positivo en el mundo.

- Pon atención en el tipo de ayuda que te piden frecuentemente tus amigos y familiares.

- Reflexiona sobre el legado que te gustaría dejar.

Realiza los siguientes ejercicios para completar tu reflexión acerca de lo que puedes aportar al mundo o a tu entorno más cercano:

- Prepara una lista con los problemas que te preocupan más tanto a nivel global como local. Anota de qué modo podrías tú contribuir para solucionarlos o, por lo menos, para mejorar la situación.

- Participa en actividades comunitarias y observa qué áreas de tu entorno necesitan mayor apoyo.

- Investiga qué movimientos y organizaciones trabajan en las áreas que te interesan. Considera cómo puedes involucrarte más en esas causas.

- Haz una lista de tus conocimientos y experiencias relevantes y apunta tres ideas acerca de cómo puedes aprovecharlos para aportar algo relevante a tu comunidad.

Identificar lo que el mundo necesita es un proceso continuo de observación, reflexión y acción. Al contribuir a las necesidades del mundo, estarás más cerca de encontrar el equilibrio de tu ikigai.

POR LO QUE TE PUEDEN PAGAR

Identificar las actividades por las que te pueden remunerar es esencial para lograr una fuente de ingresos sostenible. Este proceso implica comprender qué demanda el mercado laboral y conocer el valor de tus habilidades y cómo pueden ser retribuidas según esas necesidades.

Realizar una investigación previa y reflexionar sobre los siguientes aspectos te ayudará a enfocar el camino:

- Identifica cuáles son tus principales habilidades que el mercado laboral demanda y que te han permitido tener éxito en trabajos anteriores.

- Investiga sobre las tendencias actuales en el mercado laboral que están en línea con tus habilidades.

- Si has trabajado anteriormente, piensa en los proyectos que fueron especialmente bien valorados por tus jefes. Reflexiona sobre las razones que hubo detrás de esos éxitos y en cómo podrías replicarlos en el futuro.

- Piensa sobre qué áreas tienes conocimientos y habilidades especializadas que son difíciles de encontrar en el mercado laboral y que resultan una ventaja competitiva para ti.

- Reflexiona sobre tus habilidades y acerca de cómo podrías utilizarlas para iniciar tu propio negocio. Analiza la viabilidad de convertir tus competencias en una fuente de ingresos autónoma.

Realiza también estos ejercicios que te ayudarán a reflexionar y sacar conclusiones:

- Haz una lista de tus habilidades, tanto de las técnicas como de las blandas. Investiga cuánto se valoran en el mundo profesional y qué tipos de trabajos las requieren:

  - ¿Estas son las habilidades y competencias que el mercado laboral está dispuesto a remunerar?

  - ¿Involucran trabajos que tienen una demanda significativa y ofrecen una compensación económica acorde con tus habilidades?

- Enumera tus áreas de especialización y compara tus habilidades y competencias con las demandas del mercado. Considera cómo puedes posicionarte como un experto en estos nichos.

- Habla con mentores, colegas y profesionales de tu sector para que te orienten acerca de tu valor en el mercado. Apunta sus comentarios y sugerencias y considera cómo aplicarlos para mejorar tu potencial de ingresos.

Encontrar la actividad por la que te pueden pagar es un proceso que combina la autoevaluación con la investigación del mercado. Es necesario realizarlo para descubrir cómo tus habilidades y competencias pueden ser justamente remuneradas.

El equilibrio de estos cuatro elementos es lo que se busca en el camino del ikigai. Se trata de una tarea que lleva tiempo, reflexión y acción, aunque sin duda merece la pena para alcanzar una vida plena y con propósito.

CONVERGENCIA DE LOS CUATRO PILARES

Cada uno de los cuatro elementos que hemos analizado es esencial por sí mismo, pero la verdadera magia ocurre en la intersección de todos ellos. Cuando logramos alinear lo que amamos, en lo que somos buenos, lo que el mundo necesita y aquello por lo que nos pueden pagar, encontramos nuestro ikigai personal. Esta convergencia nos ofrece una hoja de ruta para vivir una vida llena de propósito, equilibrio y satisfacción.

A continuación vamos a ver cómo estos pilares encuentran áreas en las que convergen, lo que revelan de nosotros y cómo podemos llegar a alcanzar el punto central en el que se unen: el ikigai.

PASIÓN, MISIÓN, VOCACIÓN Y PROFESIÓN

Los cuatro componentes del ikigai tienen áreas que se solapan. Cada una de las intersecciones representa un aspecto clave de nuestra identidad. Estamos hablando de nuestra pasión, misión, vocación y profesión. Iremos analizando cómo hay intereses comunes que se van entremezclando en este mapa y van dotando de significado y orientación a nuestra vida.

En el contexto del ikigai, la **pasión** es el resultado de combinar lo que amas —tus intereses y pasatiempos— con aquello en lo que eres bueno —tus talentos y habilidades—. Es una parte fundamental del ikigai, pues proporciona un sentido de entusiasmo y energía que impulsa a una persona a seguir adelante. Puede definirse como un intenso deseo por algo. Es una fuerza que te lleva a dedicar tiempo y esfuerzo a una actividad no solo porque disfrutas de ella, sino también porque sientes que tienes una habilidad especial para llevarla a cabo. Cuando hallas actividades que se encuentran en la intersección de estos dos aspectos, estás identificando tu pasión.

La pasión proporciona la motivación necesaria para seguir adelante incluso en momentos difíciles. Actúa como una fuente constante de energía y te mantiene enfocado y comprometido. Dedicarte a algo que amas y en lo que eres bueno te da una profunda sensación de satisfacción y realización, y te ayuda a construir una vida con la que sientes que estás utilizando tus talentos al máximo y haciendo lo que realmente te gusta y con lo que disfrutas. Cuando trabajas en algo que te apasiona, estás motivado para mejorar y aprender más, pues la pasión te ayuda a superar tus límites y alcanzar niveles más altos de excelencia.

Ejemplo: un chef.

- Lo que ama: cocinar, experimentar con nuevos ingredientes y recetas, alimentar a otros y ver su disfrute.
- En lo que es bueno: habilidad culinaria, creatividad en la cocina, capacidad para presentar platos visualmente atractivos.
- Pasión: crear menús innovadores, trabajar en un restaurante o, quizá, abrir uno propio.

Si quieres cultivar la pasión:

- Prueba diferentes actividades para descubrir lo que realmente amas y en lo que eres bueno.
- No tengas miedo de salir de tu zona de confort y explorar nuevas áreas.
- Dedica tiempo a mejorar tus habilidades en las actividades que te interesan.
- Busca oportunidades de aprendizaje continuo, como cursos y talleres.
- Encuentra maneras de incorporar lo que amas y aquello en lo que eres bueno en tu rutina diaria.
- Rodéate de personas que compartan tus intereses y te apoyen en tu búsqueda de la pasión.

La **misión** es un concepto esencial en la filosofía del ikigai, y está situada en la intersección de lo que amas —tus intereses y pasatiempos— y lo que el mundo necesita —situaciones problemáticas que pueden beneficiarse de tu contribución—. Se refiere a un sentido de propósito que surge cuando encuentras una manera de utilizar tus intereses y lo que te gusta hacer para satisfacer una necesidad del mundo y contribuir al bienestar de la comunidad. Es la respuesta a esta pregunta: ¿cómo puedo lograr una diferencia positiva utilizando lo que amo hacer?

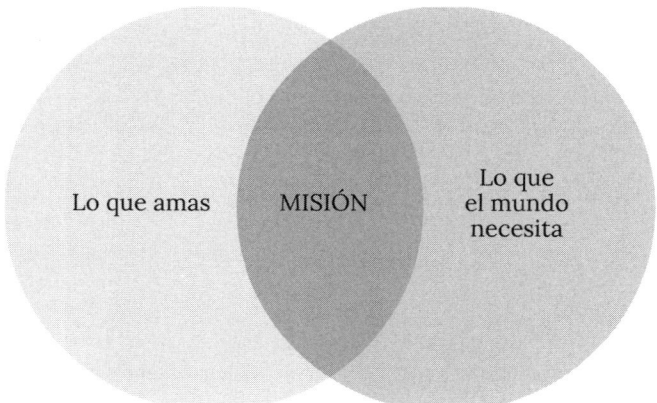

La misión proporciona un sentido de dirección y te guía hacia acciones que son significativas y beneficiosas para otros. Saber que estás contribuyendo a algo más grande que tú mismo te proporciona una fuerte motivación interna y te impulsa a superar desafíos y dificultades, porque eres consciente de que tus esfuerzos tienen un impacto positivo. Cumplir con una misión te brinda una profunda sensación de satisfacción y realización y te permite experimentar la alegría de ver cómo tus intereses y esfuerzos benefician a otros y marcan una diferencia en el mundo.

Ejemplo: un educador ambiental.

- Lo que ama: enseñar, pasar tiempo en la naturaleza, investigar sobre temas ambientales.

- Lo que el mundo necesita: concienciación y educación sobre la conservación del medio ambiente, soluciones para problemas ambientales.

- Misión: dedicar su vida a educar a las personas acerca de la importancia de proteger el medio ambiente a través de talleres, programas educativos y campañas de concienciación.

Si quieres indagar en tu misión:

- Tómate tiempo para explorar diferentes intereses y reflexiona sobre cómo pueden aplicarse a las necesidades del mundo.

- Participa en diversas actividades y voluntariados para descubrir áreas en las que tus pasiones pueden tener un impacto positivo.

- Infórmate sobre los problemas globales y locales que te interesan.

- Aprende sobre diferentes formas de abordar estos problemas y cómo puedes contribuir de manera efectiva.

- Conéctate con personas y organizaciones que comparten tu interés en estos temas.

- Colabora con otros para amplificar el impacto de tus esfuerzos y aprender de sus experiencias.

- Realiza acciones concretas para contribuir a tu misión, ya sea a través de proyectos personales, voluntariado o iniciativas profesionales.

- Comprométete a largo plazo y adapta tu enfoque a medida que aprendas y crezcas en tu misión.

La **vocación** es otro concepto fundamental dentro del ikigai, y se sitúa en la intersección de aquello por lo que te pueden pagar —demandas del mercado laboral— y lo que el mundo necesita —problemas y necesidades sociales, económicas, ambientales, etc.—. Representa una llamada profunda a realizar un trabajo que, además de proporcionarte una fuente de ingresos, contribuye positivamente a la sociedad. Cuando encuentras actividades que realizas y se hallan en la intersección de estos dos aspectos, estás identificando tu vocación. Hazte esta pregunta: ¿qué necesidades actuales en la sociedad me preocupan y en qué áreas puedo aportar soluciones que sean valoradas y compensadas económicamente?

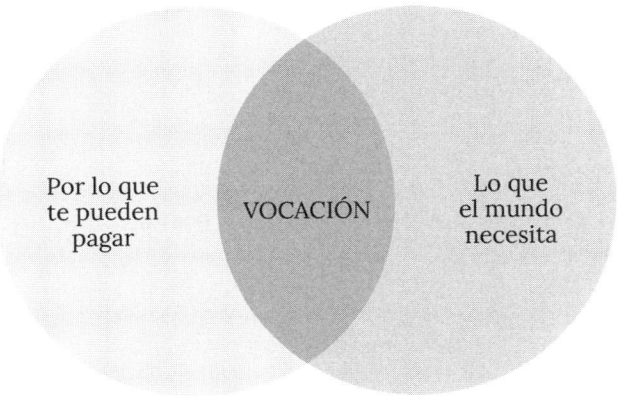

La vocación proporciona un sentido profundo de propósito. Saber que tu actividad tiene un impacto positivo en el mundo y marca una diferencia real te produce satisfacción personal y te mantiene comprometido y enfocado. Trabajar en tu vocación asegura que estás siendo compensado por tus esfuerzos, pues te permite un apoyo económico a la vez que realizas un trabajo significativo.

Ejemplo: un médico en una comunidad desatendida.

- Lo que el mundo necesita: atención médica accesible en comunidades con pocos recursos y mejora de la salud pública.
- Por lo que le pueden pagar: servicios médicos, atención a pacientes, prevención y tratamiento de enfermedades.
- Vocación: trabajar como médico en una clínica comunitaria ofreciendo servicios médicos esenciales a poblaciones vulnerables.

Para descubrir tu vocación:

- Reflexiona sobre las necesidades del mundo que te importan y cómo puedes contribuir a satisfacerlas.
- Explora diferentes actividades en sectores que se alineen con tus intereses.
- Invierte en tu educación y formación continua para desarrollar las habilidades necesarias para tu vocación.
- Busca oportunidades de aprendizaje y certificaciones en áreas que combinen impacto social y viabilidad económica.
- Conéctate con organizaciones y personas que trabajen en áreas de necesidad que te interesan.
- Participa en proyectos y voluntariados para ganar experiencia y comprender mejor las necesidades del mundo.
- Investiga las oportunidades de empleo en sectores que combinan impacto social y remuneración.
- Considera cómo puedes aplicar tus habilidades de manera que sean valoradas y remuneradas en el mercado laboral.

La **profesión**, en el ikigai, se sitúa en la intersección de aquello por lo que te pueden pagar —las demandas del mercado laboral— y en lo que eres bueno —tus habilidades y competencias—. Representa el trabajo en el que puedes emplear tus talentos y habilidades y te proporciona una fuente de ingresos. Cuando das con actividades que se encuentran en la intersección de estos dos aspectos, estás identificando tu profesión. Pregúntate: ¿cuáles son mis habilidades y talentos principales que otros valoran y están dispuestos a pagar por ellos?

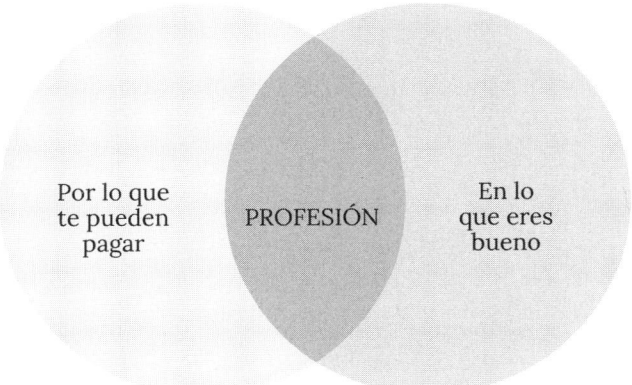

La profesión proporciona los ingresos para sostener tu vida diaria y te permite desarrollar y perfeccionar tus habilidades a lo largo del tiempo. Ofrece oportunidades de crecimiento, aprendizaje continuo y avance en tu carrera. Una profesión que se alinea con tus habilidades te brinda satisfacción y realización personal, y recibir un pago por lo que haces bien refuerza tu autoestima y te motiva a seguir mejorando.

Ejemplo: un ingeniero de *software*.

- En lo que es bueno: programación, resolución de problemas técnicos, diseño de *software*.

- Por lo que le pueden pagar: desarrollo de aplicaciones, sistemas informáticos, mantenimiento de *software*.

- Profesión: trabajar como desarrollador de *software* en una empresa de tecnología, creando y manteniendo aplicaciones que solucionen problemas específicos.

Para encontrar tu profesión adecuada:

- Invierte en tu educación y formación continua para mejorar tus habilidades.

- Asiste a cursos, talleres y certificaciones que te ayuden a mantenerte actualizado en tu campo.

- Conéctate con otros profesionales de tu sector para aprender de sus experiencias y oportunidades.

- Participa en eventos, conferencias y grupos profesionales para expandir tu red de contactos.

- Mantente informado sobre las tendencias y demandas del mercado laboral.

- Busca oportunidades que se alineen con tus habilidades y te permitan crecer profesionalmente.

- Asegúrate de equilibrar tu vida profesional con tu bienestar personal.

- Encuentra formas de mantener la motivación y evitar el agotamiento profesional.

Como habrás podido comprobar, al ir juntando los componentes del ikigai se van encontrando áreas de intersección que nos empiezan a revelar aspectos importantes de nuestra personalidad. Esto nos ayuda a conocernos un poco mejor y ser conscientes de hacia dónde se dirigen nuestros intereses. Para completar esta tarea, hay que unir estos cuatro pilares, representados en diferentes círculos, y buscar la intersección de todos ellos. Ese punto central es el que define nuestro propósito vital y donde se sitúa el equilibrio en nuestra vida: el ikigai.

El camino que hay que recorrer en la búsqueda de este propósito requiere de tiempo de reflexión, autoconocimiento, mirada interior sincera y mucha práctica. Es un proceso de aprendizaje continuo que necesita revisiones constantes y reajustes a medida que nuestra vida va cambiando y evolucionando. Sin embargo, cualquier esfuerzo merece la pena para encontrar esta convergencia y disfrutar de los beneficios que trae encontrar el ikigai y aplicarlo en nuestro día a día.

BENEFICIOS DE LA CONVERGENCIA

Al alinear los cuatro elementos, además de encontrar el propósito de tu vida, experimentas una mejora integral de tu bienestar. Esta armonía trae consigo beneficios, como mayor motivación, creatividad, resiliencia, reducción del estrés y un aumento de la autoestima. Asimismo, vivir con un propósito fortalece las relaciones personales y profesionales y fomenta un sentido de contribución positiva a la sociedad.

Analizamos los principales beneficios que esta convergencia puede aportar a tu vida:

- **Motivación interna**. Vivir según el ikigai genera una motivación interna poderosa al alinear tus pasiones, habilidades, necesidades del mundo y recompensas económicas. Este equilibrio proporciona un profundo sentido de propósito y satisfacción, y te impulsa a actuar con entusiasmo y compromiso. La autenticidad y la coherencia en tus acciones refuerzan tu bienestar emocional, mientras que el impacto positivo que tienes en la sociedad fortalece tu sentido de pertenencia. La estabilidad económica resultante te permite poner el foco en lo que amas y recibir reconocimiento por tu trabajo, lo que crea una fuente constante de energía y motivación interna.

- **Aumento de la autoestima**. Al conectar profundamente con lo que amas y en lo que eres bueno, se genera una sensación de competencia y realización, y, al contribuir positivamente a las necesidades del mundo, sientes que tus esfuerzos son valiosos y apreciados, lo que refuerza tu autovaloración. El reconocimiento y la remuneración por tu trabajo validan externamente tus habilidades y talentos e incrementan tu confianza. Además, mantener la coherencia entre tus valores y acciones reduce el estrés y mejora el bienestar emocional. Este equilibrio integral fortalece tu sentido de identidad y orgullo personal, lo que aumenta la autoestima y la hace más sólida y sostenible.

- **Reducción del estrés**. Crear una vida en armonía con tus pasiones, habilidades, necesidades del mundo y recompensas económicas reduce el estrés. Esta alineación te permite dedicar tiempo y energía a actividades que amas y en las que eres competente, lo que disminuye la tensión asociada a la disonancia entre tus deseos y tu realidad diaria. La claridad de propósito y dirección reduce la incertidumbre y la ansiedad, pues proporciona un camino claro que seguir. Además, la coherencia entre tus valores personales y tus acciones diarias aumenta tu bienestar emocional. La satisfacción y el sentido de contribución positiva al mundo también alivian el estrés, y esto genera una sensación de paz y equilibrio interior.

- **Ayuda para superar los desafíos**. Vivir según el ikigai te proporciona una motivación y resiliencia internas que son esenciales para superar desafíos. La pasión por lo que amas y la competencia en lo que eres bueno te impulsan a enfrentar dificultades con entusiasmo y confianza. La claridad de propósito te mantiene enfocado en tus metas a largo plazo y te ayuda a no desanimarte ante los obstáculos. Contribuir a algo que el mundo necesita te da una razón mayor para perseverar, mientras que la compensación económica asegura estabilidad y recursos para manejar adversidades. Esta combinación de propósito, pasión y estabilidad financiera te equipa con la fortaleza emocional y mental necesaria para superar cualquier reto que se presente en tu camino.

- **Mejora de las relaciones**. Al alinear tus pasiones y habilidades con lo que el mundo necesita y por lo que te pueden pagar, te conviertes en una persona satisfecha y realizada, lo que reduce el estrés y aumenta tu bienestar emocional. Esta satisfacción personal se traduce en interacciones positivas y genuinas con los demás. Además, cuando trabajas en algo que verdaderamente amas y valoras, desarrollas una gran empatía y comprensión, lo que fortalece tus conexiones sociales. El sentido de propósito y contribución también te conecta con personas que comparten tus valores e intereses, y te posibilita crear lazos profundos con ellas. Vivir según el ikigai te convierte en una persona equilibrada y presente, y esto redunda en la mejora de la calidad de tus relaciones.

- **Aumento de la creatividad**. Cuando trabajas en lo que amas y en lo que eres bueno, te sientes motivado y con energía, y esto estimula tu mente para explorar nuevas ideas y soluciones. La satisfacción y el sentido de realización que provienen de contribuir a lo que el mundo necesita fomentan un pensamiento libre y creativo. Además, el equilibrio y la reducción del estrés que se logran liberan tu mente de preocupaciones innecesarias, lo que permite un flujo creativo más natural. Este entorno enriquecido por la autenticidad y la pasión facilita la generación de ideas innovadoras y originales, y, como consecuencia, se potencia tu capacidad creativa.

- **Enriquecimiento de todas las áreas de la vida**. El equilibrio de los cuatro componentes del ikigai trae consigo una profunda satisfacción y sentido de propósito, lo que beneficia tu bienestar emocional y mental. La claridad en la dirección que vas a tomar te ayuda a establecer y alcanzar metas significativas y potencia tu crecimiento personal y profesional. Al reducir el estrés y aumentar la motivación interna, te vuelves más resiliente y capaz de enfrentar desafíos. Las relaciones se fortalecen gracias a una mayor autenticidad y empatía, mientras que la creatividad florece en un entorno de pasión y competencia. Además, la estabilidad económica derivada de trabajar en tu ikigai te proporciona seguridad y libertad para explorar nuevas oportunidades, y por eso tu vida se enriquece en todos sus aspectos.

Como has podido comprobar, son muchos los beneficios que se obtienen al vivir teniendo un propósito. En la siguiente práctica repasamos cómo puedes analizar, evaluar e integrar los cuatro elementos de tu ikigai.

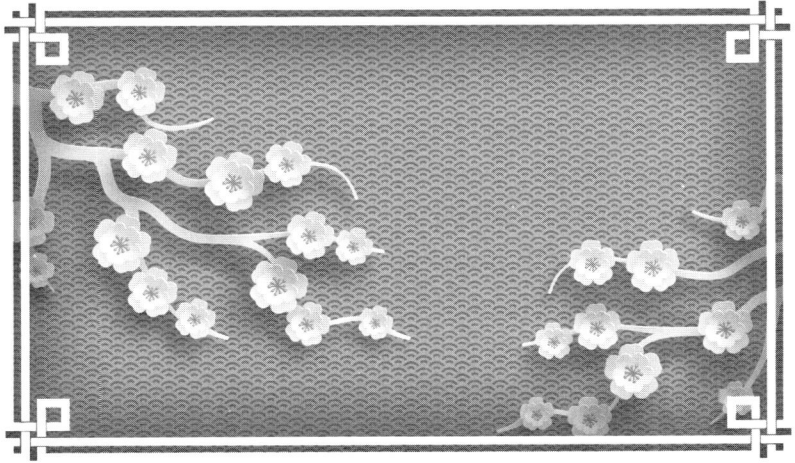

PRÁCTICA.
INTEGRA LOS CUATRO PILARES DEL IKIGAI

Para determinar si los cuatro pilares básicos —lo que amas, en lo que eres bueno, lo que el mundo necesita y por lo que te pueden pagar— están integrados en tu propósito vital, debes reflexionar y evaluar diferentes aspectos de tu vida.

1. **Reflexiona sobre lo que amas**

   Dedica unos minutos para pensar en estas cuestiones:

   - ¿Qué actividades te hacen perder la noción del tiempo debido a tu entusiasmo y disfrute?
   - ¿Qué temas o actividades despiertan tu emoción?
   - ¿Qué aficiones o intereses persigues con gusto y dedicación?

   Haz una lista de todas las actividades con las que disfrutas en tu tiempo libre y de las cosas que te entusiasman. Luego, señala cuántas de estas actividades están presentes en tu vida diaria y en tu trabajo.

2. **Evalúa en lo que eres bueno**

   Reflexiona ahora sobre tus habilidades y responde estas preguntas:

   - ¿Cuáles son tus habilidades y talentos más destacados?
   - ¿Qué actividades o tareas realizas con facilidad mientras otros pueden encontrar dificultades en ellas?
   - ¿En qué áreas has recibido reconocimiento o elogios de parte de otros?

   Haz un inventario de tus habilidades y talentos. Incluye tanto habilidades técnicas como blandas. Pregunta a amigos, familiares y compañeros para que te digan en qué creen que eres particularmente bueno.

3. **Considera lo que el mundo necesita**

   Piensa ahora en las principales dificultades presentes en el mundo en general o en tu entorno:

   - ¿Qué problemas sociales, ambientales o económicos te preocupan más?

- ¿Qué tipo de impacto positivo te gustaría tener en la vida de otras personas o en la sociedad?

- ¿Qué causas o proyectos te motivan a involucrarte activamente?

Elabora una lista de las causas y problemas que te preocupan. Reflexiona sobre cómo tus intereses, habilidades y experiencias pueden contribuir a resolver estas cuestiones. Considera oportunidades de voluntariado o participación en proyectos comunitarios.

4. Evalúa si te pagan por ello

Reflexiona ahora sobre el cuarto elemento, por lo que te pueden pagar:

- ¿Tu trabajo actual o tus actividades generan ingresos suficientes para vivir con cierta comodidad?

- ¿Sientes que desde el punto de vista económico estás siendo adecuadamente recompensado por tus habilidades y esfuerzos?

- ¿Tienes oportunidades de crecimiento y desarrollo financiero en tu campo actual?

Haz un análisis de tu situación financiera y tus fuentes de ingresos. Analiza si tu trabajo te proporciona satisfacción personal, profesional y estabilidad económica. Considera si hay maneras de mejorar tu situación financiera mientras sigues haciendo lo que amas y en lo que eres bueno.

5. Integración y evaluación

Después de reflexionar sobre los cuatro pilares anteriores, te resultará útil hacer una evaluación general:

- Dibuja un diagrama de Venn con cuatro círculos superpuestos, uno para cada pilar (lo que amas, en lo que eres bueno, lo que el mundo necesita y por lo que te pueden pagar).

- Llena cada círculo con las ideas y puntos que has identificado. Puedes utilizar notas adhesivas.

- Observa las áreas donde los cuatro círculos se superponen. Esta es el área que representa tu ikigai. Cuanto más grande sea este espacio de superposición, mayor será la integración de los cuatro pilares en tu vida.

6. Acciones y ajustes

- Si notas que algunos círculos no están bien representados o que la superposición es pequeña, identifica qué áreas necesitan más atención por tu parte.

- Establece metas concretas para integrar más los cuatro elementos en tu vida diaria y profesional.

- Investiga nuevas oportunidades que te permitan alinear estos pilares. Esto podría incluir cambios de carrera, educación adicional, voluntariado o nuevos proyectos.

Evaluar la integración de los cuatro elementos del ikigai en tu vida requiere introspección y un análisis honesto. Si reflexionas sobre estas áreas y actúas para alinearlas, puedes acercarte a una vida equilibrada, satisfactoria y llena de significado.

VIVIR SIN IKIGAI

Si observamos los diagramas que representan el ikigai y las áreas de convergencia, comprobamos que hay unos puntos en los que alguno de los cuatro componentes no se encuentra representado. En esos casos, es posible que nos sintamos con un cierto confort y satisfechos con la vida en general, pero quizá sigamos notando que nos falta algo.

El ikigai proporciona una dirección y un sentido de pertenencia y realización. Cuando alguno de sus cuatro componentes falta, es posible tener una sensación de vacío, incertidumbre, falta de equilibrio o dirección e insatisfacción.

Vamos a analizar estos cuatro puntos de intersección en os que uno de los elementos no está presente.

SENTIMIENTO DE INUTILIDAD

Es posible que tengas integrados tres pilares del ikigai: en lo que eres bueno, lo que amas y por lo que te pueden pagar. En ese caso, te sentirás satisfecho con la vida, aunque, al no estar contribuyendo de manera positiva en la sociedad, quizá sientas una desconexión con el mundo y se despierte en ti un cierto sentimiento de falta de utilidad y propósito.

ECONOMÍA INESTABLE

Si haces lo que amas, se te da bien y contribuyes a las necesidades del mundo, pero no tienes integrado el pilar por lo que te pueden pagar, seguramente disfrutarás de una vida con sensación de plenitud, pero la inseguridad financiera te causará estrés y ansiedad. Sin estabilidad económica, aunque las pasiones y talentos estén conectados en las actividades desarrolladas, es probable que tengas una sensac ón profunda de insatisfacción que afecte también a tu autoestima.

INCERTIDUMBRE

El ikigai también incluye hacer algo en lo que eres bueno. Si en tus actividades no tienes la oportunidad de desarrollar y utilizar tus habilidades principales, es posible que sientas que no estás alcanzando tu potencial, y esto puede llevarte a una falta de satisfacción y autoestima y añadir dudas acerca de tu desempeño. La sensación de estancamiento y frustración puede disminuir tu energía mental y emocional.

SENSACIÓN DE VACÍO

En tu vida puede que realices actividades que se te dan bien, por las que te pagan y que son útiles para el mundo, pero que no incluyen lo que amas. Si es así, es posible que te encuentres en una zona de cierto confort, pero a la vez estés experimentando aburrimiento y falta de entusiasmo, lo que puede provocarte una sensación de vacío y desmotivación. Si no te involucras en actividades que te apasionan, probablemente se despierte en ti una apatía generalizada que se traduzca en una falta de vigor y agotamiento frecuente.

Si te interesa saber si actualmente estás viviendo sin ikigai, realiza el siguiente test.

TEST. ¿VIVES SIN IKIGAI?

Este test te permitirá reflexionar sobre diferentes aspectos de tu vida y te ayudará a identificar cuáles son las áreas de mejora en las que debes trabajar para cultivar tu ikigai y dar un significado pleno a tu existencia.

Lee las siguientes afirmaciones y señala la respuesta con la que te identificas más. La primera opción que aparezca en tu mente es la adecuada, no trates de razonar.

1. **Me falta motivación y entusiasmo al comenzar el día.**

   a. Nunca.   b. A veces.

   c. Frecuentemente.   d. Siempre.

2. **Tengo dificultades para encontrar actividades que realmente me hagan disfrutar.**

   a. Nunca.   b. A veces.

   c. Frecuentemente.   d. Siempre.

3. **Siento que mis habilidades y talentos no están siendo utilizados o apreciados.**

   a. Nunca.   b. A veces.

   c. Frecuentemente.   d. Siempre.

4. **Me resulta difícil encontrar un sentido de propósito o significado en mi vida diaria.**

   a. Nunca.   b. A veces.

   c. Frecuentemente.   d. Siempre.

5. Siento que mis acciones o trabajo no tienen un impacto positivo en el mundo ni aportan ningún beneficio extra a las personas que me rodean.

   a. Nunca.
   b. A veces.
   c. Frecuentemente.
   d. Siempre.

6. Tengo una sensación de desconexión con el mundo y me siento aislado de los demás.

   a. Nunca.
   b. A veces.
   c. Frecuentemente.
   d. Siempre.

7. Me preocupa mi situación financiera y siento que mi trabajo no está bien recompensado económicamente.

   a. Nunca.
   b. A veces.
   c. Frecuentemente.
   d. Siempre.

8. Me siento insatisfecho con mis logros y progresos vitales.

   a. Nunca.
   b. A veces.
   c. Frecuentemente.
   d. Siempre.

9. La falta de equilibrio en mi vida me abruma y me causa estrés.

   a. Nunca.
   b. A veces.
   c. Frecuentemente.
   d. Siempre.

10. Siento que mi vida carece de dirección y claridad sobre lo que realmente quiero.

    a. Nunca.
    b. A veces.
    c. Frecuentemente.
    d. Siempre.

11. **Mis relaciones personales y profesionales se ven afectadas negativamente debido a una falta de equilibrio en mi vida.**

    a. Nunca.   b. A veces.

    c. Frecuentemente.   d. Siempre.

12. **Me resulta difícil motivarme para alcanzar mis objetivos a largo plazo.**

    a. Nunca.   b. A veces.

    c. Frecuentemente.   d. Siempre.

13. **Experimento una sensación constante de vacío en mi vida diaria.**

    a. Nunca.   b. A veces.

    c. Frecuentemente.   d. Siempre.

14. **Siento que no estoy aprovechando al máximo mi potencial y que mi vida podría ser más significativa.**

    a. Nunca.   b. A veces.

    c. Frecuentemente.   d. Siempre.

Una vez que completes el test, suma los puntos obtenidos aplicando los siguientes valores a cada respuesta: **a** (un punto), **b** (dos puntos), **c** (tres puntos), **d** (cuatro puntos).

PUNTUACIÓN:

- **20 o menos**. Es poco probable que estés viviendo sin ikigai. Parece que tienes un propósito y una dirección claros en tu vida.

- **Entre 21 y 28**. Algunas áreas necesitan más atención y ajuste. Reflexiona sobre qué aspectos podrían beneficiarse de cambios orientados a encontrar más propósito y satisfacción en tu vida.

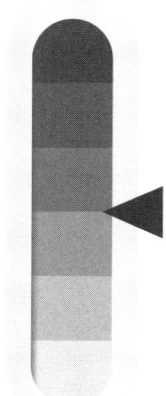

- **Entre 29 y 42**. Es probable que no tengas muy claro el ikigai en tu vida. Considera explorar tus intereses, habilidades y conexiones con los demás para encontrar más significado en tu vida y acercarte al propósito vital de tu existencia.

- **Superior a 42**. Parece que estás viviendo sin ikigai, lo que puede estar causándote una sensación profunda de vacío, inutilidad e incertidumbre. Es importante que hagas cambios significativos en tu vida para tener un mayor sentido de propósito y dirección.

Reflexiona acerca de tus respuestas y utilízalas solo como punto de partida para identificar áreas de mejora con las que empezar a trabajar.

La realización personal viene de aunar progreso y logro, y sin ikigai la percepción de estancamiento y de no avanzar hacia ninguna meta significativa incrementa la sensación de insatisfacción y vacío. El equilibrio entre las diversas áreas de la vida es fundamental para encontrar un sentido claro de propósito. Cuando este equilibrio se rompe, las personas pueden sentir que su vida carece de armonía y significado, lo que provoca una disminución de la autoestima y de la energía, porque elimina las fuentes principales de motivación, pasión y conexión con uno mismo y con el mundo. Encontrar y cultivar el ikigai es una manera de llenar este vacío, lograr un impulso que lleve a seguir adelante y disfrutar de una existencia plena y satisfactoria.

木漏れ日
Komorebi

La palabra *komorebi*
evoca un sentido de calma
y conexión con
el entorno natural.
Describe la belleza
y la serenidad de
los momentos en
los que los rayos del sol
se filtran a través
de las hojas de los árboles
y crean patrones de luz y
sombra en el suelo.
Resalta la capacidad
de la naturaleza para influir
en nuestras emociones
y estados de ánimo.

VIVIR UNA VIDA LARGA Y SANA

Vivimos en un mundo en el que la esperanza de vida varía significativamente de unos continentes a otros. Mientras la media mundial se sitúa en 73,4 años, hay muchos países que superan ya esta cifra y llegan a los 82-84 años de promedio. Aun así, existen regiones que logran desafiar estas normas: son las conocidas como «zonas azules», donde se encuentran algunas de las personas más longevas y saludables del planeta. Situadas en diferentes puntos del globo, estos lugares son enclaves donde la gente vive regularmente más de 100 años disfrutando de una vida activa y plena. El estudio de estas comunidades ofrece fascinantes descubrimientos sobre la longevidad y también revela prácticas y estilos de vida que pueden inspirarnos a mejorar la nuestra.

En este capítulo vamos a explorar las claves para una vida larga y sana que se han observado en las zonas azules del planeta, desde su dieta y el ejercicio que practican hasta la importancia que tiene la comunidad y el propósito vital para quienes habitan en estos lugares. Analizaremos cómo estos factores se integran para crear un estilo de vida que no solo alarga la cantidad de años vividos, sino que también mejora la calidad con la que se viven. A través de las lecciones aprendidas de las aldeas de los centenarios, descubriremos cómo podemos aplicar estos principios en nuestras rutinas, independientemente de dónde vivamos, para alcanzar una existencia más saludable y plena, a la vez que comprenderemos qué papel tiene en este objetivo tener presente el ikigai.

UN VIAJE POR LAS ZONAS AZULES DEL PLANETA

Es posible que alguna vez hayas oído hablar de las zonas azules del planeta. Son regiones del mundo donde las personas disfrutan de vidas excepcionalmente largas y saludables. Actualmente se reconocen cinco áreas azules, que fueron identificadas y popularizadas por el explorador y escritor Dan Buettner, que colaboró con *National Geographic* y varios demógrafos y epidemiólogos en el estudio de regiones con altas concentraciones de personas centenarias.

Estos cinco lugares son Okinawa (Japón), Icaria (Grecia), la provincia de Ogliastra en Cerdeña (Italia), Loma Linda en California (Estados Unidos) y la península de Nicoya (Costa Rica). A pesar de las diferencias culturales y geográficas de estas comunidades, la investigación permitió identificar las características que todas ellas compartían y que podrían dar una explicación al hecho de que sus habitantes vivieran hasta edades muy avanzadas y con buena salud. No se trata de una receta mágica, sino de una combinación de factores que, juntos, crean un entorno propicio para una vida extensa y saludable.

Analizar las costumbres de estas regiones nos ofrece la oportunidad de aprender cómo poner en práctica estilos de vida que pueden mejorar nuestra salud y nuestro bienestar físico y emocional.

LA ALDEA DE LOS CENTENARIOS (OGIMI) EN OKINAWA, JAPÓN

La aldea de Ogimi se ha hecho famosa por tener una de las tasas más altas de longevidad del mundo. La gran cantidad de centenarios que habitan en ella ha llamado la atención a los investigadores, que se han visto sorprendidos por esta vida larga y saludable de la que disfrutan.

Las personas de esta localidad de Okinawa comparten varias **características**:

- Una **dieta baja en calorías** y alta en nutrientes que incluye abundantes verduras, soja, tofu, miso, arroz y pescado azul y un bajo consumo de carnes, huevos, azúcar y grasas. Tienen una expresión, *Hara hachi bu*, que aconseja dejar de comer una vez que se sientan llenos al 80 por ciento.

- Un **estilo de vida activo**, con mucho trabajo físico y largas caminatas, incluso en la vejez, lo que contribuye a la salud física y mental de sus habitantes.

- Una **cultura** que da mucha importancia a las **conexiones sociales** y que tiene un sistema de apoyo social denominado *moai*, por el cual grupos de amigos se brindan entre ellos seguridad emocional y financiera a lo largo de toda la vida. Este fuerte sentido de comunidad y pertenencia también contribuye al bienestar emocional.

- Consideran fundamental para disfrutar de una vida larga y feliz tener un propósito en la vida, un **ikigai**, el motivo que te hace levantarte por la mañana.

ICARIA EN GRECIA

Icaria es también conocida por su gran número de habitantes de edad avanzada. Esta isla mantiene un cierto grado de aislamiento y las personas de más edad que han vivido siempre allí conservan hábitos de hace más de medio siglo. Quizá estas costumbres han favorecido su longevidad.

Las posibles **claves de su larga vida** son:

- Llevan una **dieta mediterránea** rica en vegetales, legumbres, frutas, pescado y un consumo significativo de aceite de oliva. Muchos de sus centenarios afirman que solo comen lo que cultivan y pescan. No toman carne y suelen beber una infusión diaria con hierbas secas, como salvia, tomillo, menta y manzanil a.

- Practican **actividad física diaria**, se desplazan a pie, e incluso las personas de edad avanzada disfrutan caminando por las escarpadas montañas del lugar.

- Suelen **echarse una siesta** de 30 minutos al día y duermen más de ocho horas diarias.

- Mantienen una **vida social activa**.

- **Viven sin prisas**, a un ritmo lento que les permite observar y evitar el estrés.

PROVINCIA DE OGLIASTRA EN CERDEÑA, ITALIA

Ogliastra se caracteriza por sus playas y bahías, por la naturaleza salvaje y unas escarpadas montañas. Entre los **factores** que pueden haber contribuido a la **longevidad** de sus habitantes destacan los siguientes:

- Siguen una **dieta mediterránea** rica en vegetales, frutos secos, legumbres, cereales integrales, frutas y aceite de oliva.

- **Mantienen relaciones saludables** con las personas de su entorno y, aunque habitan en casas independientes, nadie está solo.

- Conservan muchos trabajos que realizan de forma manual, lo que requiere un gran **esfuerzo físico** que los mantiene en forma. Se desplazan caminando de un lugar a otro, y esto activa también su metabolismo.

LOMA LINDA EN CALIFORNIA, ESTADOS UNIDOS

En esta localidad se encuentra una pequeña comunidad vinculada a la Iglesia Adventista del Séptimo Día, cuyas costumbres parecen haber favorecido la longevidad de sus habitantes.

Entre sus **hábitos** destacan los siguientes:

- Observan una **dieta fundamentalmente vegetariana**. La mayoría no come carne ni toma cafeína ni alimentos que contengan grasas saturadas.

- El consumo de **tabaco y alcohol no** está presente en sus vidas.

- Promueven un **estilo de vida activo**, se acuestan temprano y el sábado está dedicado al **descanso**; este día no hacen nada que se pueda considerar trabajo.

- La **religiosidad** de esta comunidad ayuda a sus miembros a vivir de acuerdo con un propósito superior, y esto favorece su equilibrio emocional y reduce las situaciones de estrés.

PENÍNSULA DE NICOYA EN COSTA RICA

Los habitantes de esta península de Costa Rica presentan una gran longevidad, lo que contrasta con ser una zona extremadamente pobre con ciertos problemas de higiene. Sin embargo, **algunos de sus hábitos** pueden contribuir a su alta esperanza de vida:

- Su **dieta** es rica en alimentos como calabaza, maíz, plátano y otras frutas frescas y verduras. La ingesta de carne es muy limitada. Gran parte de los alimentos los cosechan ellos mismos y consumen mayoritariamente alimentos frescos y no procesados.

- Incluyen **actividad física regular** en su día a día. Casi todo lo hacen a mano, lo que requiere esfuerzo físico. Se suelen desplazar de un lugar a otro a pie o en bicicleta.

- Dan importancia al **descanso regular**.

- Tienen una **cultura** que otorga un gran valor a las relaciones familiares y sociales, y su filosofía de vida fomenta una **actitud positiva** y reduce los episodios de estrés.

Una vez repasadas las costumbres de estas cinco zonas azules, vamos a ver cómo podemos aprender de ellas para lograr una vida más larga y, sobre todo, saludable y con propósito.

LAS CLAVES DE LOS CENTENARIOS

Analizar cuáles son los factores que se dan en todas las personas que viven una vida larga y feliz nos ofrece la posibilidad de incorporar algunos de sus secretos a la nuestra. Como hemos comprobado, uno de los factores más destacados en las zonas azules es la **dieta**. Los habitantes de estas regiones suelen seguir una alimentación rica en verduras, frutas, legumbres y granos enteros, con un consumo muy moderado de carne y productos procesados. Esta dieta no solo proporciona los nutrientes necesarios para una buena salud, sino que también reduce el riesgo de enfermedades crónicas.

Además de una alimentación saludable, la **actividad física regular** es una constante en las zonas azules. Sin necesidad de gimnasios o rutinas de ejercicio estructuradas, las personas de estas regiones se mantienen activas gracias a sus costumbres diarias. El trabajo agrícola, las caminatas por terrenos montañosos y otras formas de movimiento natural son parte de su vida cotidiana, lo que contribuye significativamente a su bienestar físico. **Descansar adecuadamente** también forma parte de sus hábitos, aspecto que no descuidan porque es una fuente importante de energía y bienestar.

Otro aspecto crucial es que llevan una **vida sin prisas** que les permite observar y aprender de lo que está a su alrededor, y gracias a esto **disfrutan plenamente de la naturaleza**. Estas costumbres favorecen que tengan una actitud positiva ante la vida y mantengan un alto grado de **optimismo**.

Los habitantes de las zonas azules valoran profundamente sus conexiones sociales y familiares y dan mucha importancia al **sentido de comunidad y propósito vital**.

La cohesión social y el apoyo mutuo son fundamentales en estas sociedades, lo que brinda no solo compañía, sino también una red de seguridad emocional que ayuda a reducir el estrés y mejorar la salud mental. Asimismo, tener un propósito claro en la vida, ya sea a través de la familia, el trabajo o la participación en actividades comunitarias, proporciona un sentido de dirección y significado que es vital para el bienestar a largo plazo.

Vamos a reflexionar sobre cada una de estas claves de vida de las personas centenarias y aprender a trasladarlas a nuestras costumbres cotidianas.

ALIMENTACIÓN SALUDABLE

Hemos visto que uno de los secretos que hay detrás de una buena salud es cuidar la alimentación. Una dieta saludable es aquella que proporciona los nutrientes necesarios y combina de manera equilibrada diferentes grupos de alimentos para asegurar que el cuerpo recibe las suficientes vitaminas, minerales, proteínas, grasas saludables, fibras y carbohidratos. Hay que tener en cuenta que cada cuerpo es diferente, y, para tener una dieta adecuada y personalizada, lo mejor es ponerse en manos de un especialista que controle los alimentos que son recomendables para cada uno en función de su genética y estado de salud.

Cuidar de la alimentación para que sea lo más saludable posible aporta una serie de **beneficios**:

- **Mejora la salud general**. Una dieta equilibrada ayuda a tener un peso corporal adecuado a la envergadura de cada uno, potencia la función inmunológica y proporciona la energía necesaria para las actividades diarias.

- **Favorece la prevención de enfermedades**. Una alimentación variada rica en verduras, frutas, fibras integrales y proteínas saludables puede reducir el riesgo de enfermedades cardíacas, diabetes tipo 2, hipertensión y el desarrollo de algunos tipos de cáncer.

- **Ayuda a tener una buena digestión**. Un consumo adecuado de fibra, presente en productos integrales, frutas y verduras, facilita el tránsito intestinal, previene el estreñimiento, reduce la incidencia del cáncer de colon y otras patologías digestivas, y contribuye a una menor absorción de colesterol en sangre y, por tanto, disminuye la aparición de enfermedades cardiovasculares. Una buena digestión y un aparato digestivo saludable son claves para mantener una vida saludable.

- **Proporciona energía positiva**. Una dieta equilibrada aporta la energía necesaria para realizar las actividades diarias y ayuda a sentirse bien y con fuerza. El rendimiento físico y mental aumentan, y esto repercute en el sentimiento de bienestar.

- **Mejora el estado anímico**. Una buena alimentación influye positivamente en el estado de ánimo y la función cognitiva. Hay alimentos que aumentan la serotonina, como el pescado azul, las nueces, almendras o pistachos, el brócoli, la soja, el tofu, las habas, los cereales integrales o frutas, como el plátano, la piña, el aguacate o la ciruela. Alimentos ricos en ciertos nutrientes, como ácidos grasos omega 3, antioxidantes y vitaminas del grupo B, pueden contribuir a reducir los síntomas de depresión y ansiedad.

Reflexiona sobre tus hábitos alimenticios con el fin de evaluar si llevas una dieta saludable y equilibrada. Para ello, dedica un tiempo a analizar las siguientes cuestiones:

- La diversidad en la alimentación asegura una ingesta equilibrada de nutrientes esenciales. Revisa si tu dieta es variada e incluye frutas, verduras, proteínas, carbohidratos complejos y grasas saludables.

- Evitar el consumo de alimentos ultraprocesados, ricos en azúcares añadidos, grasas saturadas y sal es clave para una dieta saludable. Comprueba en qué porcentaje están presentes en tu alimentación.

- Las frutas y verduras son alimentos vitales por su aporte de vitaminas, minerales y fibra. Piensa en la cantidad que consumes diariamente.

- La hidratación es fundamental para el buen funcionamiento del cuerpo. Reflexiona sobre la cantidad de agua que bebes cada día.

- Una alimentación saludable debe contribuir a una sensación de bienestar y vitalidad. Comprueba si tu dieta te proporciona suficiente energía y te sientes bien físicamente.

- Comer con atención plena ayuda a evitar el exceso de comida y fomenta una relación saludable con los alimentos. Reflexiona acerca de si escuchas las señales naturales de tu cuerpo para comer y dejar de comer, si respetas unos horarios, si te dejas o no llevar por la ansiedad, y si cuando comes estás pendiente solo de tu comida o realizas varias tareas a la vez.

Examinar estas cuestiones te ayudará a identificar áreas en las que puedes mejorar tus hábitos alimenticios, lo que te llevará a una vida más saludable y equilibrada. Algunas claves que te pueden servir son:

- Planifica tus comidas semanales con antelación para asegurarte de incluir alimentos variados, saludables y necesarios para tu organismo.

- Acostúmbrate a leer las etiquetas de los alimentos con el fin de hacer elecciones más saludables. Evita aquellos que tengan altos niveles de azúcar, sal y grasas saturadas.

- Reduce el consumo de alimentos procesados. Elaborar tus propias recetas te permite controlar los ingredientes y las porciones.

- Bebe suficiente agua al día y reduce al máximo el consumo de bebidas azucaradas o alcohólicas.

- Come practicando la atención plena para disfrutar y apreciar cada bocado y aprende a reconocer las señales de hambre y saciedad.

- Consulta con un profesional de la nutrición para obtener asesoramiento personalizado y asegurarte de que tu dieta cubre tus necesidades nutricionales y está adaptada a tu metabolismo y estado de salud.

El equilibrio en la alimentación es un factor esencial para una vida larga y saludable. Si cuidas tu dieta y tus hábitos alimenticios, podrás prevenir muchas enfermedades y aumentará tu bienestar general.

ESTAR EN MOVIMIENTO

Mantenerse físicamente activo de manera regular es indispensable para tener una vida saludable. Las actividades que se pueden realizar van desde las tareas cotidianas que implican movimiento a un ejercicio más estructurado. Hablamos de caminar, correr, nadar, practicar deportes, ir al gimnasio, pasear por la naturaleza, realizar actividades de jardinería o subir escale-

ras, por ejemplo. Evitar el sedentarismo es fundamental para el cuerpo, que debe mantenerse activo durante el día. Pasar muchas horas sentado frente a una pantalla, utilizar siempre el ascensor o ir en coche a todos los sitios son conductas que limitan el movimiento diario necesario para mantener la salud. Incorporar pausas activas y pequeños ejercicios puede contrarrestar sus efectos negativos.

Los principales **beneficios** que se obtienen de estar en movimiento son los siguientes:

- **Contribuye al control del peso corporal**. Estar en movimiento ayuda a quemar calorías, previene la obesidad y permite, por tanto, controlar el peso corporal.

- **Mejora la salud cardiovascular**. Una actividad física regular fortalece el corazón y mejora la circulación, lo que reduce el riesgo de enfermedades cardíacas, la hipertensión y los accidentes cardiovasculares. Ayuda también a aumentar los niveles de energía y reduce la sensación de fatiga.

- **Mejora la flexibilidad y el equilibrio**. Hay actividades, como el yoga y el taichí, que potencian la flexibilidad, la coordinación y el equilibrio, y esto puede reducir el riesgo de caídas y lesiones. Si se practica, además, una actividad física de resistencia, los músculos y los huesos también saldrán fortalecidos.

- **Mejora la calidad del sueño**. El ejercicio regular ayuda a conciliar más fácilmente el sueño y que este tenga un efecto reparador.

- **Ayuda a regular el metabolismo y refuerza el sistema inmunológico**. Estar en movimiento contribuye a mantener un metabolismo activo, lo que es vital para una buena digestión y para la regulación de la glucosa en sangre. El sistema inmunológico se ve también reforzado en su actividad de combatir infecciones y enfermedades.

- **Beneficia la salud emocional**. El ejercicio físico libera endorfinas, que mejoran el estado de ánimo y actúan como analgésicos naturales. Los síntomas de ansiedad y depresión se reducen y la autoestima mejora.

- **Aumenta la esperanza de vida**. Las personas que son físicamente activas tienden a vivir más tiempo y con mejor salud que las sedentarias.

Reflexionar sobre tu nivel de actividad física es fundamental para asegurar que mantienes tu cuerpo en movimiento y llevas un estilo de vida activo y saludable. Para ello, dedica un tiempo a analizar las siguientes cuestiones:

- Considera si incorporas movimiento en tu día a día, como levantarte cada hora para estirarte, dar pequeños paseos o usar las escaleras en lugar del ascensor.

- La Organización Mundial de la Salud recomienda para los adultos al menos 150 minutos de actividad aeróbica moderada o 75 minutos de actividad intensa por semana. Revisa si tu rutina diaria y semanal se alinea con estas directrices.

- Valora si prestas atención a las señales de tu cuerpo y ajustas la intensidad, duración y tipo de ejercicio según cómo te encuentres. Piensa si normalmente evitas el sobreesfuerzo y te permites descansar cuando es necesario.

- Reflexiona sobre si estás equilibrando diferentes tipos de ejercicio para trabajar todos los grupos musculares y mejorar la flexibilidad y la resistencia.

- Reducir el tiempo sedentario es tan importante como aumentar la actividad física. Analiza el tiempo que pasas realizando actividades sedentarias, como estar delante de una pantalla.

- Evalúa si tu régimen de ejercicios está mejorando tu estado físico y mental y si te sientes con más energía, más saludable y feliz que cuando no los practicas.

Pensar en estas cuestiones te ayudará a evaluar tu nivel de actividad física y detectar en qué áreas puedes mejorar para que tu cuerpo se beneficie de estar en movimiento. Ten en cuenta que este es un factor esencial que incide directamente en tu salud y calidad de vida y en tu bienestar emocional. Si necesitas incrementar tu actividad física, aquí tienes unas claves para lograrlo:

- Incorpora el ejercicio en tu rutina diaria, como caminar, subir escaleras, ir en bicicleta o hacer ejercicio por la mañana o después de la actividad laboral.

- Establece metas realistas con objetivos alcanzables que te motiven a mantener tu cuerpo activo y ajústalos según tu progreso y capacidades.

- Elige actividades con las que disfrutes cuando las practiques para que aumente la probabilidad de que las mantengas a largo plazo. Incorpora diferentes tipos de ejercicios para atender todas las pares de tu cuerpo.

- Participa en actividades físicas en grupo o con amigos con el fin de aumentar tu motivación y disfrute.

- Utiliza aplicaciones o dispositivos de seguimiento de actividad para controlar tu progreso y motivarte con tus logros.

- Si realizas ejercicio intenso, asegúrate de reservar tiempo para la recuperación muscular y observar un descanso adecuado para evitar lesiones y agotamiento.

Estar en movimiento e incorporar la actividad física en la rutina diaria mejora significativamente la calidad de vida y la sensación de bienestar.

DESCANSAR ADECUADAMENTE

Disfrutar de un descanso adecuado y reparador implica no solo dormir bien durante la noche, sino también hacer pausas y reponer energía durante el día. Hay tres factores clave para un descanso adecuado:

- **Sueño de calidad**. Es fundamental dormir unas ocho horas todos los días, en un entorno oscuro, silencioso, ventilado, con una temperatura adecuada y una cama cómoda. Hay que evitar las pantallas electrónicas antes de dormir y mantener una rutina de acostarse y levartarse todos los días a la misma hora para que nuestro cuerpo obtenga todos los beneficios de un sueño reparador.

- **Pausas regulares durante el día**. Es necesario hacer breves descansos en la jornada, sobre todo si se está trabajando o estudiando, para estirarse y despejar la mente, lo que aumenta la productividad y reduce el estrés. Si se tiene la necesidad, y la oportunidad, una pequeña siesta de 10-15 minutos puede ayudar a recargar energías sin interferir con el sueño nocturno.

- **Tiempo de relajación**. Cada día es fundamental buscar también alguna actividad que nos ayude a relajarnos, como la lectura, la meditación, el yoga o simplemente disfrutar de un paseo o un tiempo tranquilo. Esta práctica favorece el bienestar emocional y prepara el cuerpo para beneficiarse de un descanso.

Descansar adecuadamente es esencial para la salud y el bienestar general. Algunos de sus **beneficios** son:

- **Mejora el rendimiento cognitivo**. Tener sueño de calidad aumenta la memoria, la concentración, la creatividad y la capacidad para la resolución de problemas. La falta de sueño, por el contrario, puede deteriorar estas funciones cognitivas.

- **Favorece la salud física**. Un buen descanso es fundamental para la reparación y regeneración de los tejidos, el fortalecimiento del sistema inmunológico y la regulación hormonal:

  - Mejora la fuerza, la resistencia y la coordinación.

  - Hace que el cuerpo esté más fuerte y sea más eficiente en la lucha contra infecciones y enfermedades.

  - Ayuda a reducir los niveles de la hormona del estrés y el cortisol y mejora la respuesta del cuerpo ante momentos que generen tensión.

  - Regula hormonas como la leptina y la grelina, conocidas como «hormonas del hambre», lo que ayuda a controlar el peso y prevenir su aumento.

- **Regula el estado de ánimo**. Un descanso adecuado propicia un estado de ánimo estable y puede reducir los síntomas de ansiedad y depresión.

- **Favorece una vida más larga**. Descansar correctamente contribuye a una vida más larga y saludable. La falta crónica de sueño se asocia con un mayor riesgo de enfermedades y una esperanza de vida menor que si se duerme el tiempo que se precisa.

Reflexionar acerca de si descansas lo suficiente y si lo haces de la manera adecuada te ayudará a detectar si necesitas cambiar algunos de tus hábitos e incorporar nuevas rutinas. A continuación tienes una serie de cuestiones que te permitirán realizar un pequeño análisis de tu situación. Tómate un tiempo para indagar sobre estos aspectos:

- Evalúa si estás cumpliendo con la recomendación de dormir unas ocho horas diarias y si te vas a dormir y te levantas todos los días a la misma hora.

- Pon la mirada en el espacio en el que duermes. Considera si tu cama es cómoda, si utilizas las almohadas correctas, si el ambiente está ventilado y ligeramente fresco, y si no se escuchan ruidos.

- Reflexiona acerca de si evitas tomar estimulantes horas antes de ir a dormir.

- Piensa ahora en cómo es tu rutina con los dispositivos electrónicos. ¿Dejas de utilizarlos por lo menos una hora antes de irte a la cama y los dejas fuera de tu espacio de descanso?

- Valora si al despertar te sientes descansado y con fuerzas para afrontar el día o con sensación de cansancio. Evaluar cómo te sientes al despertar es un buen indicador de la ca idad de tu sueño.

- Examina si tus actividades durante el día, incluyendo el nivel de actividad física, la gestión del estrés y la incorporación o no de pausas de descanso, influyen en la calidad de tu sueño nocturno.

Si después de analizar las cuestiones anteriores consideras que necesitas mejorar la calidad de tu sueño, ten presentes estas claves:

- Establece una rutina de sueño. Acuéstate y levántate a la misma hora todos los días para regular tu reloj biológico.

- Crea un ambiente propicio para dormir en un espacio oscuro, fresco y silencioso.

- Evita el uso de pantallas electrónicas al menos una hora antes de dormir.

- Practica técnicas de relajación antes de acostarte, como la meditación, para preparar el cuerpo y la mente para el sueño.

- Limita el consumo de estimulantes, sobre todo horas antes de acostarte.

- Haz pequeñas pausas para descansar y renovar también la energía durante el día.

Descansar adecuadamente es esencial para disfrutar de una vida más saludable y, seguramente, más larga que si no lo haces.

VIVIR SIN PRISAS

Vivir sin prisas implica llevar un estilo de vida relajado y consciente que dé prioridad a la calidad de las experiencias, más que a su cantidad, y a disfrutar de cada una de ellas en el momento presente. Este enfoque vital aporta una serie de **beneficios**:

- **Mejora de la salud física**. Un ritmo de vida pausado y consciente reduce los niveles de estrés, lo que se traduce en una presión arterial baja, buena salud cardiovascular y un sistema inmunológico fuerte.

- **Aumento de la productividad y la creatividad**. Al enfocarse en el presente, en una tarea cada vez, y establecer prioridades, se acaba siendo más eficiente y productivo. Por otro lado, un ritmo de vida relajado y poco estresante fomenta la creatividad, ya que permite que las ideas fluyan con facilidad.

- **Mejora de la calidad de las relaciones**. Dedicar tiempo de calidad a la familia y amigos, sin prisas ni distracciones, fortalece las relaciones y fomenta una conexión profunda con los demás.

- **Mejora de la salud mental**. Practicar la atención plena ayuda a reducir los síntomas de ansiedad y depresión y favorece el bienestar emocional general. Vivir sin prisas permite a las personas ser amables consigo mismas, valorar sus logros y aceptar sus limitaciones sin la presión de compararse con estándares externos.

- **Aumento de la satisfacción con la vida**. Vivir de manera consciente y tener la capacidad de disfrutar de las pequeñas cosas permite experimentar satisfacción y felicidad con la vida cotidiana.

Reflexionar sobre el tipo de vida que llevas —si vives con muchas prisas y de una manera acelerada o, por el contrario, te tomas la vida con más calma— te ayudará a identificar áreas en las que puedes reducir el estrés y mejorar tu bienestar general. Tómate un tiempo para meditar acerca de las siguientes cuestiones:

- Evalúa cómo gestionas tu tiempo y si llevas una agenda excesivamente cargada. ¿Tienes la sensación de que estás constantemente corriendo de una tarea a otra o de que no tienes tiempo para completar tus actividades con calma?

- Reflexiona sobre si tu ritmo de vida está afectando a tu salud física y mental. Piensa si en algún momento tienes síntomas de ansiedad, padeces insomnio o sufres problemas digestivos.
- Considera si tu forma de vida te permite disfrutar de momentos de calidad con tus seres queridos y te deja tiempo para el autocuidado y la realización de actividades que te gustan.
- Piensa si eres capaz de disfrutar del momento presente, del aquí y ahora, o si te sueles preocupar más bien por el pasado o por el futuro.
- Evalúa el nivel de control que tienes sobre tu vida. ¿Sientes que controlas tus decisiones y tu tiempo o te da la sensación de que las demandas y expectativas externas te arrastran?
- Reflexiona sobre tus prioridades y valores para comprobar si tu ritmo de vida se alinea con ellos o se desvía.

Si al finalizar el análisis de las cuestiones anteriores consideras que tu ritmo de vida es demasiado acelerado, revisa los siguientes aspectos clave para disfrutar de los beneficios de vivir sin prisas:

- Practica la atención plena, permanece presente en el momento actual sin dejarte llevar por las preocupaciones del pasado o las ansiedades del futuro.
- Enfócate en una tarea cada vez. Evita la multitarea.
- Establece prioridades, determina qué es realmente importante y dedícale tiempo y energía.
- Evita compromisos innecesarios y delega tareas.
- Limita el uso de dispositivos electrónicos y redes sociales para reducir el estrés y la sobrecarga de información.
- Tómate tiempo para disfrutar de las actividades cotidianas, como comer despacio y saboreando cada bocado o mantener una conversación tranquila, sin prisas y practicando la escucha activa.
- Reserva tiempo para cuidarte y realizar actividades que te generen placer y bienestar.

Vivir sin prisas no solo mejora la salud y el bienestar, sino que también permite disfrutar más del día a día y de las relaciones con los demás. Es un enfoque de vida que activa la paz interior y la satisfacción personal.

DISFRUTAR DE LA NATURALEZA

Conectar con la naturaleza y disfrutar de ella es una práctica esencial para el bienestar. Mejora la salud física y mental y también da lugar a una mayor conexión con el medio ambiente. Implica interactuar de manera consciente con el entorno natural, incorporarlo a nuestra vida diaria, aprender y gozar de él.

Son muchos los **beneficios** que la naturaleza aporta a nuestro bienestar:

- **Aumento del respeto por el medio ambiente**. Disfrutar de la naturaleza implica observarla, aprender de ella y comprender cómo actúa, lo que fomenta el aprecio y el respeto por el entorno natural y produce comportamientos responsables y respetuosos con el medio ambiente.

- **Reducción de la fatiga**. La naturaleza ofrece un descanso de los estímulos constantes del entorno urbano y digital, lo que permite a la mente despejarse y relajarse. Además, la exposición a la luz natural y el aire fresco ayuda a mejorar la calidad del sueño, con todos los beneficios asociados que ya hemos visto anteriormente.

- **Mayor creatividad**. Observar la naturaleza y aprender de su ritmo permite nuevos enfoques a nuestra mente, que de este modo es capaz de prestar atención a pequeños e importantes detalles que las prisas cotidianas impiden captar. Este ambiente relajado influye positivamente en la capacidad de atención y aumenta la creatividad.

- **Fortalecimiento de las relaciones**. Las actividades al aire libre y en entornos alejados del estrés de la ciudad, desconectados de la tecnología y con tiempo para compartir con amigos y familiares son experiencias que fortalecen las relaciones y los vínculos entre las personas.

- **Bienestar físico y emocional**. Pasear, correr, nadar o cualquier otra actividad física que se practique al aire libre son excelentes para el cuerpo, pues fortalecen la salud cardiovascular, la musculatura y la resistencia. Además, pasar tiempo en la naturaleza favorece el sentido de conexión con la tierra, con el mundo que nos rodea, reduce el estrés y la ansiedad y mejora el estado de ánimo.

Para que seas consciente del papel que tiene la naturaleza en tu forma de vida actual, reflexiona sobre las siguientes cuestiones:

- Evalúa si dedicas tiempo en tu rutina diaria para estar al aire libre, bien sea para caminar, hacer ejercicio o simplemente sentarte en un parque y disfrutar de la naturaleza.

- Observa con atención los espacios en los que pasas más horas al día. ¿Tienes acceso a vistas de la naturaleza?, ¿te gusta tener plantas y llevar los aromas de la naturaleza a tu entorno?

- Reflexiona acerca de las actividades que realizas y que te ponen en contacto con la naturaleza, como practicar senderismo, dedicar tiempo a la jardinería u observar aves, por ejemplo.

- Piensa cuáles son los beneficios que la naturaleza aporta a tu vida cotidiana.

- Puntúa del uno al cinco cuál es tu grado de compromiso con la protección del medio ambiente en función de tu participación en prácticas sostenibles y ecológicas. Piensa en tus acciones cotidianas y valora si ayudan a proteger y cuidar de la naturaleza.

Si has detectado que la naturaleza no está demasiado presente en tu vida, aquí tienes unas claves que te ayudarán a incorporarla:

- Convierte en un hábito el pasar tiempo en la naturaleza. Empieza con pequeñas actividades diarias, como pasear por un parque.

- Practica la atención plena mientras disfrutas de la naturaleza. Presta atención a los olores, sonidos, colores y pequeños detalles.

- Coloca plantas en tu entorno o cultiva tu propio jardín o huerto.

- Planifica actividades para hacer al aire libre.

- Evita el uso de dispositivos electrónicos en los espacios naturales. Lleva la conexión precisa que garantice tu seguridad.

- Observa los cambios de luz y los sonidos de los amaneceres y atardeceres.

- Comparte tiempo de calidad con amigos y familiares rodeados de naturaleza.

Adoptar un enfoque consciente y regular hacia la interacción con la naturaleza transforma significativamente la calidad de vida, aumenta la conexión con el entorno y ayuda al autoconocimiento y a tener presente el propósito vital.

ENTRENAR EL OPTIMISMO

Una de las claves fundamentales para tener una vida larga y sana es entrenar el optimismo. Esto implica desarrollar una perspectiva positiva y resiliente ante la vida. Para ello es necesario poner el foco en los aspectos positivos y aprender a manejar las adversidades de una manera constructiva. Este entrenamiento requiere de práctica para aplicar una serie de técnicas que permiten cambiar la forma en que la persona percibe y reacciona ante las diferentes circunstancias.

Entrenar el optimismo proporciona una serie de **beneficios**:

- **Mayor resiliencia**. Las personas optimistas se recuperan antes de las adversidades y contratiempos, pues mantienen una perspectiva positiva y buscan soluciones constructivas.

- **Mejor rendimiento laboral y académico**. Con el optimismo, la motivación mejora, y con ella la productividad en el rendimiento del trabajo y en los estudios. Las personas optimistas suelen tener más claras sus metas y son más perseverantes ante cualquier contratiempo que las que no lo son.

- **Relaciones más satisfactorias**. Mantener una actitud optimista favorece una comunicación abierta, fomenta la empatía e incrementa el apoyo mutuo, y, por tanto, la calidad de las relaciones personales son mejores y más satisfactorias que con una actitud negativa.

- **Bienestar físico y emocional**. Las personas optimistas suelen tener una mejor salud cardiovascular, un sistema inmunológico más fuerte y una mayor esperanza de vida que las pesimistas. Es posible que esta actitud esté relacionada con una menor incidencia de enfermedades crónicas. Quienes entrenan el optimismo suelen manejar el estrés de manera satisfactoria y tienen resiliencia emocional, por lo que son menos propensos a sufrir depresión y ansiedad.

- **Satisfacción con la vida**. Ser optimista ayuda a sentirse satisfecho con la vida en general y a encontrar un significado y propósito en las actividades diarias.

Dedica unos minutos a reflexionar acerca de tu comportamiento para evaluar si actúas con optimismo en tu vida cotidiana. De este modo, tendrás una perspectiva clara de tu realidad e identificarás áreas de mejora. Aquí tienes unas cuestiones clave para tu análisis:

- Evalúa tu actitud ante las dificultades. ¿Tiendes a ver los desafíos como oportunidades de aprendizaje o como obstáculos?

- Reflexiona acerca de cómo son tus pensamientos al levantarte, si te despiertas esperando cosas buenas del día o con preocupación por lo que puede suceder en la jornada.

- Piensa ahora en cómo te hablas a ti mismo y cuál es el lenguaje interno que empleas para dirigirte a ti. Analiza si te hablas con confianza y reconoces tus logros o tiendes a criticarte.

- Analiza cómo suelen ser tus reacciones ante las noticias y los eventos, si te enfocas primero en sus aspectos negativos o si buscas su lado positivo y las posibles soluciones.

- Valora si dedicas tiempo en tu día a día para reflexionar sobre las cosas buenas de tu vida y expresas gratitud o tiendes a centrarte en lo que crees que te falta o te va mal.

Si después de reflexionar sobre las cuestiones anteriores consideras que necesitas entrenar un poco más tu optimismo, pon en práctica las siguientes estrategias:

- Identifica tus fortalezas y habilidades para superar los desafíos y alcanzar tus objetivos.

- Establece metas realistas y alcanzables y celebra cada logro, por pequeño que te parezca.

- Cuestiona tus pensamientos negativos automáticos y reemplázalos por afirmaciones positivas y constructivas.

- Imagina escenarios favorables y resultados de éxito en situaciones futuras.

- Pon atención en los aspectos positivos de tu vida y practica la gratitud diaria.

- Vive el momento presente y no anticipes en tu mente «desastres» futuros.

- Pasa tiempo con personas que te aporten energía positiva y apoyo emocional.

- Dedica tiempo a tu autocuidado.

Entrenar el optimismo enriquece la vida. Una actitud positiva y constructiva te aportará satisfacción, resiliencia y bienestar.

SENTIDO DE PERTENENCIA

El sentido de pertenencia hace referencia a la sensación de ser parte de algo más grande que uno mismo, como una comunidad, un equipo, un lugar de trabajo, una familia o cualquier otra agrupación social. Sentirse valorado y aceptado por los otros miembros del grupo es una necesidad humana fundamental que tiene un impacto significativo y aporta una serie de **beneficios** al bienestar emocional y físico de una persona:

- **Incrementa la autoestima**. Sentirse aceptado en una comunidad fortalece la autoestima. Si además se percibe que se puede contribuir y que el resto del grupo da valor a esa aportación, la confianza en uno mismo y el autoconcepto positivo se ven reforzados.

- **Promueve la resiliencia**. El apoyo emocional y práctico de un grupo facilita la superación de obstáculos personales y profesionales. Tener un fuerte sentido de pertenencia ayuda a manejar las adversidades con confianza.

- **Proporciona un sentido de seguridad**. Formar parte de un grupo crea un ambiente de seguridad emocional en el que uno siente libertad para expresarse sin temor a sentirse rechazado o excluido.

- **Fomenta el crecimiento personal**. Estar en un ambiente donde uno se siente seguro y aceptado ayuda en la exploración de nuevos intereses y permite la asunción de riesgos, lo que se traduce en el desarrollo de nuevas habilidades y en un significativo crecimiento personal.

- **Mejora el rendimiento y la productividad**. En un ambiente laboral, los empleados que se sienten incluidos en el grupo están comprometidos, motivados y satisfechos con el trabajo, por lo que el desempeño acaba siendo mejor y la productividad aumenta.

- **Estimula la lealtad y el compromiso**. Cuando se tiene un sentido de pertenencia a un colectivo, aumenta el compromiso con las metas y los valores del grupo y se fortalece la lealtad.

- **Mejora la salud mental**. Sentirse parte de una comunidad reduce considerablemente los niveles de estrés. La pertenencia proporciona un sistema de apoyo donde se pueden compartir experiencias y buscar ayuda, lo que a la vez alivia la posible sensación de ansiedad y mejora el estado anímico.

Reflexionar sobre tu sensación de pertenencia te ayudará a entender mejor tu conexión con diferentes grupos y entornos y cómo estas relaciones afectan a tu bienestar. A continuación tienes una serie de cuestiones que te permitirán realizar un pequeño análisis de tu situación. Tómate un tiempo para reflexionar sobre estos aspectos:

- Identifica en qué entornos sientes que te aceptan y valoran más. Reflexiona acerca de cuáles son las características de estos grupos que contribuyen a tu sensación de pertenencia.

- Piensa ahora en cuál crees que es tu contribución principal en estos grupos. Pueden ser acciones, comportamientos o habilidades que aportas en esas comunidades. ¿De qué modo tu participación influye en tu sentido de pertenencia?

- Si tuvieras que decir qué aspectos de tu identidad son valorados por los grupos a los que perteneces, ¿cuáles destacarías? Pueden estar relacionados con la cultura, los intereses, las habilidades, los valores, etc.

- ¿Te sientes libre para expresarte y ser tú en estos entornos o necesitas cambiar tu forma de ser para sentir que encajas?

- Identifica las emociones que se despiertan en ti cuando compartes tiempo en estos grupos. ¿Cómo te afectan?

- Piensa en algún conflicto o desacuerdo que haya surgido en alguno de los entornos que has seleccionado. ¿Te has sentido con la seguridad de poder manejar estos conflictos de manera constructiva?

Identificar y comprender tus conexiones actuales te permitirá tomar decisiones sobre cómo construir y mantener relaciones y entornos que apoyen tu bienestar general. Si necesitas fomentar el sentido de pertenencia, aquí tienes algunas claves:

- Participa regularmente en las actividades y eventos organizados por el grupo.

- Ofrece tu tiempo y habilidades para ayudar en proyectos y tareas.

- Dedica tiempo para conocer mejor a los integrantes de la comunidad a la que perteneces. Interésate por sus vidas, aficiones y opiniones.

- Mantén una comunicación clara y abierta con los demás miembros. Expresa tus pensamientos y sentimientos de manera honesta y respetuosa.

- Escucha atentamente sin juzgar.

- Ofrece apoyo emocional y práctico a los demás.

- Comparte experiencias y muéstrate con autenticidad.

- Identifica de qué manera puedes contribuir y aportar valor al grupo. Reconoce y aprecia también las contribuciones de otros.

- Trabaja para crear un entorno inclusivo donde todos los miembros se sientan bienvenidos y valorados.

- Respeta la diversidad.

- Asegúrate de entender y alinearte con el propósito y los valores del grupo en el que te incluyes.

Si tu sentido de pertenencia a una comunidad mejora, no solo tu vida se enriquece, sino que también fortalece al grupo en su conjunto y favorece la creación de un entorno cohesivo y solidario para todos.

UN PROPÓSITO DE VIDA

Contar con un propósito de vida implica conocer los valores que proporcionan significado a la existencia y tenerlos presentes a la hora de fijarse los diferentes objetivos vitales. Este propósito puede estar relacionado con aspectos personales, profesionales o sociales. Algunos **factores clave** para tener un propósito de vida son:

- **Autoconocimiento**. Ser consciente de los intereses, habilidades, pasiones, fortalezas y valores personales.

- **Tener metas claras**. Es decir, fijar objetivos a corto, medio y largo plazo que estén alineados con las pasiones y los valores propios.

- **Ser consciente de la contribución**. Es fundamental sentir que la vida tiene un impacto positivo en los demás y en el mundo. Para ello, hay que entender qué y de qué manera estamos aportando a la comunidad desde el trabajo, en las relaciones con los otros o a través de las diferentes actividades que se ponen en práctica.

- **Buscar la motivación intrínseca**. Para seguir adelante y sentir una satisfacción interna es importante realizar actividades que resulten gratificantes y significativas para uno mismo, más allá de las recompensas externas.

- **Vivir con coherencia**. El propósito de vida debe estar presente y reflejado en cada una de las acciones diarias que se emprenden. Esta coherencia es la que permite vivir de manera satisfactoria.

Los principales **beneficios** que se obtienen al tener un propósito de vida son los siguientes:

- **Motivación**. Las metas y objetivos bien definidos proporcionan un marco para tomar decisiones y priorizar las tareas de una manera efectiva. Tener un propósito claro de vida aumenta la motivación y la productividad.
- **Relaciones profundas y sinceras**. Las personas que comparten valores y objetivos tienden a desarrollar conexiones significativas y duraderas, por lo que un propósito de vida permite establecer relaciones profundas y sinceras con aquellos que tienen intereses vitales y valores semejantes a los nuestros.
- **Resiliencia**. Tener un propósito de vida marca una dirección y procura una base sólida para resistir las dificultades, por lo que las personas que lo tienen son capaces de enfrentar y superar las adversidades.
- **Satisfacción vital**. Vivir de acuerdo con tu propósito aumenta significativamente la sensación de gozo y felicidad. Sentir que se está realizando algo valioso mejora la calidad de vida.
- **Buena salud física y mental**. Las personas con un propósito de vida claro suelen experimentar niveles bajos de estrés, ansiedad y depresión. También se ha observado que puede estar asociado con una buena salud cardiovascular y con la longevidad.

Tener un propósito de vida es fundamental para llevar una vida placentera y plena. Tómate un tiempo para reflexionar sobre las siguientes cuestiones y descubrir si tienes uno claro que te orienta en el día a día:

- Valora si las acciones que realizas cotidianamente te ayudan a sentir que contribuyes a un objetivo mayor y te hacen crecer como persona.
- Evalúa si vives de acuerdo con tus principios fundamentales, si tus decisiones están alineadas con tus valores.
- Reflexiona acerca de si tienes metas específicas a corto, medio y largo plazo, y, en caso afirmativo, si te motivan y te proporcionan un sentido de dirección.

- Piensa en cómo tus acciones afectan a las personas que te rodean y evalúa si estás contribuyendo de manera significativa en tu comunidad.

- Considera si sientes pasión y entusiasmo por las actividades que realizas en tu vida diaria.

Es posible que a raíz de tu reflexión te hayan surgido algunas dudas acerca de tu propósito vital. Puede que hasta hayas sentido ese vacío que aparece al no tenerlo, esa ausencia de pasión y entusiasmo por lo que haces y por el sentido de tu vida. Si es así, sigue adelante en este camino de descubrimiento que tienes ante ti; aprende y disfruta de cada paso, de cada avance.

En estos primeros capítulos hemos profundizado en el concepto de ikigai, de dónde surge esta idea y cómo se relaciona con vivir una vida plena y con sentido. En el siguiente bloque vamos a analizar con detalle por qué es importante tenerlo y cómo ayuda a nuestro equilibrio y bienestar emocional, y, en la etapa final, recorreremos paso a paso el camino que nos llevará a encontrar nuestro propósito vital y a descubrir el secreto de una vida coherente, satisfactoria y plena.

PARTE II. IKIGAI Y BIENESTAR EMOCIONAL

改善
Kaizen

Término japonés que hace referencia a la mejora continua. Se traduce como «cambio para mejor» y se aplica tanto en el ámbito personal como en el profesional. El *kaizen* promueve la participación activa de todos los miembros de una organización para optimizar procesos y resolver problemas de forma continua. Su objetivo es crear un entorno de mejora constante que lleve a una mayor eficiencia y calidad a lo largo del tiempo.

UN PROPÓSITO DE VIDA SIEMPRE PRESENTE

En la búsqueda constante de sentido y significado, encontrar un propósito de vida se erige como uno de los pilares fundamentales para alcanzar el bienestar emocional y una existencia plena. La humanidad, desde tiempos inmemoriales, ha intentado desentrañar el misterio del propósito, una pregunta que ha ocupado la mente de filósofos, poetas y pensadores a lo largo de la historia. En un mundo cada vez más acelerado y lleno de distracciones, detenerse a reflexionar sobre el propósito personal puede parecer un lujo, pero en realidad es una necesidad vital para dar sentido a nuestra existencia.

El propósito de vida está intrínsecamente ligado al bienestar emocional. Numerosos estudios han demostrado que las personas que viven de acuerdo con su ikigai tienden a experimentar niveles más altos de felicidad, satisfacción y salud mental. Este vínculo se debe a que el propósito proporciona un marco coherente que da sentido a nuestras experiencias, incluso a las más difíciles.

Al integrar un propósito en nuestras vidas, transformamos las actividades cotidianas en actos llenos de intención y valor. Cada tarea, por pequeña que sea, se convierte en una pieza importante de nuestro día a día. Al mismo tiempo, los desafíos y las adversidades, lejos de permanecer como meros obstáculos, se transforman en oportunidades para crecer y aprender.

Vivir con ikigai nos permite ver los fracasos y las dificultades bajo una luz diferente, como momentos que nos retan a fortalecer nuestras habilidades y a profundizar en nuestro autoconocimiento. Esta resiliencia nos capacita para adaptarnos, prosperar y utilizar cada experiencia como un escalón hacia la realización personal.

LA IMPORTANCIA DE TENER UN PROPÓSITO

Tener un propósito de vida **proporciona una dirección** clara en la que moverse. Saber qué es lo que te apasiona y qué valoras motiva a levantarse cada día con entusiasmo y determinación. Este sentido de dirección aporta la **motivación intrínseca** necesaria para enfrentar los desafíos con una perspectiva positiva, superar obstáculos y mantenerse enfocado en las metas.

Vivir de acuerdo con este propósito **reduce el estrés y la ansiedad**, ya que centrarse en actividades que son significativas, gratificantes y alineadas con nuestros valores y prioridades genera una profunda satisfacción personal y un sentido de logro que trasciende los éxitos materiales y profesionales, lo que **fortalece la confianza en uno mismo** y contribuye a una mayor autoestima y bienestar emocional. Es esta conexión con algo mayor que nosotros mismos lo que enciende nuestra pasión y nos impulsa a levantarnos cada día con un renovado sentido de esperanza y entusiasmo.

Al perseguir tu propósito desarrollas habilidades y competencias que no solo te benefician a ti, sino también a la comunidad. Estas habilidades pueden ser técnicas, sociales o personales. Un ikigai bien definido **fomenta la creatividad** y la innovación, ya que motiva a buscar nuevas maneras de lograr los objetivos y de contribuir al bienestar común, y te impulsa a **salir de tu zona de confort**.

Compartir tu propósito con otros mejora la empatía y el entendimiento mutuo, y esto **fortalece las relaciones personales y profesionales**. Un ikigai compartido facilita la colaboración, ya que las personas con objetivos y valores comunes tienden a trabajar mejor juntas y a apoyarse mutuamente en la consecución de sus metas.

Tener un propósito o ikigai logra el **equilibrio entre los diferentes aspectos de la vida** al alinear nuestras pasiones, talentos, necesidades del mundo y fuentes de ingresos, creando una armonía entre lo que amamos y lo que hacemos. Esta integración nos permite vivir de manera coherente y significativa. Al encontrar propósito en nuestras actividades diarias, experimentamos **una mayor paz interior** y bienestar emocional. El ikigai nos guía en nuestras decisiones y prioridades, asegura que dediquemos tiempo y energía a lo que verdaderamente valoramos, y esto nos aporta una sensación de equilibrio y tranquilidad profunda.

TEST. ¿TIENES PRESENTE EL PROPÓSITO DE VIDA?

Este test te permitirá evaluar hasta qué punto tienes presente el propósito de vida. Lee las siguientes afirmaciones y señala la respuesta con la que te identifiques más.

1. **Dedico tiempo a reflexionar sobre el significado y propósito de mi vida.**

   a. Nunca.　　　　　b. A veces.
   c. Frecuentemente.　d. Siempre.

2. **Establezco metas a largo plazo que están alineadas con mis valores y pasiones.**

   a. Nunca.　　　　　b. A veces.
   c. Frecuentemente.　d. Siempre.

3. **Encuentro motivación para perseguir mis objetivos gracias a que poseo un sentido claro de propósito.**

   a. Nunca.　　　　　b. A veces.
   c. Frecuentemente.　d. Siempre.

4. **Busco actividades y proyectos que me hagan sentir que contribuyo positivamente al mundo.**

   a. Nunca.　　　　　b. A veces.
   c. Frecuentemente.　d. Siempre.

5. **Tengo un sentimiento de insatisfacción cuando no estoy trabajando en algo significativo para mí.**

   a. Nunca.　　　　　b. A veces.
   c. Frecuentemente.　d. Siempre.

6. **Dedico tiempo regularmente a la introspección y autoevaluación para asegurarme de que estoy en el camino correcto.**

   a. Nunca.
   b. A veces.
   c. Frecuentemente.
   d. Siempre.

7. **Mis decisiones diarias reflejan mis valores y lo que considero importante en mi vida.**

   a. Nunca.
   b. A veces.
   c. Frecuentemente.
   d. Siempre.

8. **Pienso que tener un propósito claro en la vida influye en mi bienestar y felicidad.**

   a. Nunca.
   b. A veces.
   c. Frecuentemente.
   d. Siempre.

9. **Encuentro satisfacción y sentido al ayudar a otros y contribuir a la comunidad.**

   a. Nunca.
   b. A veces.
   c. Frecuentemente.
   d. Siempre.

10. **Me esfuerzo por aprender y crecer continuamente para estar más alineado con mi propósito de vida y llevar una vida más equilibrada y coherente.**

    a. Nunca.
    b. A veces.
    c. Frecuentemente.
    d. Siempre.

Una vez que completes el test, suma los puntos obtenidos aplicando los siguientes valores a cada respuesta: **a** (un punto), **b** (dos puntos), **c** (tres puntos), **d** (cuatro puntos).

PUNTUACIÓN:

- **12 o menos**. En pocas ocasiones tienes presente el propósito de vida. Reflexionar sobre lo que tiene sentido y significado para ti podría enriquecer tu día a día.

- **Entre 13 y 20**. Das poca importancia a tener un propósito de vida. Puede ser útil que explores más a fondo tus valores y lo que te ayuda a sentirte realizado.

- **Entre 21 y 30**. Consideras importante tener un propósito de vida, aunque podrías beneficiarte de dedicar más tiempo a la reflexión y a alinear tus acciones con tus valores.

- **Superior a 30**. Das mucha importancia a tener un propósito de vida. Reflexionar y vivir de acuerdo con él es fundamental para ti.

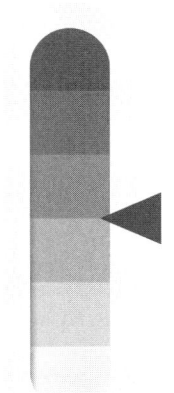

Examina tus respuestas y utilízalas para identificar si hay áreas en las que podrías profundizar para encontrar mayor significado en tu vida y mejorar tu sensación de bienestar y satisfacción con ella.

INTEGRAR EL PROPÓSITO EN LA VIDA COTIDIANA

Integrar el propósito en la vida cotidiana es crucial para alcanzar una existencia plena y satisfactoria y requiere un enfoque consciente y deliberado. Este proceso va más allá de identificar una meta a largo plazo; se trata de **infundir significado en cada acción diaria y encontrar valor en las pequeñas cosas**, lo que transforma nuestras actividades ordinarias en experiencias enriquecedoras. Al adoptar esta perspectiva, cada acción e interacción, por insignificante que parezca, adquiere un nuevo significado. Un simple gesto de amabilidad, una conversación atenta o el compromiso con un proyecto personal pueden convertirse en expresiones tangibles de nuestro propósito.

Las personas que viven alineadas con su propósito reportan niveles más altos de felicidad, satisfacción y salud mental. Integrar el propósito en la vida diaria tiene un **impacto significativo en nuestro bienestar emocional**. Esto se debe a que el propósito proporciona un marco coherente para nuestras experiencias que nos ayuda a encontrar sentido y valor incluso en las tareas más mundanas. Al reconocer el valor de nuestras acciones diarias, cultivamos una **actitud de gratitud** y apreciación, lo que enriquece nuestra existencia.

Tener presente el propósito en lo cotidiano no solo nos beneficia a nivel individual, sino que también tiene un efecto multiplicador en nuestra comunidad y en el mundo. Al **vivir de acuerdo con nuestros**

valores y metas, inspiramos a otros a hacer lo mismo, creando un entorno más positivo y colaborativo. Este enfoque proactivo y consciente nos permite enfrentar los desafíos con una mentalidad constructiva y ver cada obstáculo como una oportunidad para aprender y crecer.

DAR SENTIDO A LAS ACTIVIDADES DIARIAS

El hecho de dar sentido a las actividades cotidianas nos permite experimentar una mayor conexión con nosotros mismos y con los demás. Cuando nuestras acciones están alineadas con nuestros valores y metas, desarrollamos relaciones auténticas y significativas. Al contribuir de manera positiva a la vida de los demás, reforzamos nuestro sentido de propósito y creamos un impacto duradero en nuestra comunidad.

El primer paso para integrar el propósito en tu vida cotidiana es dedicar unos minutos al comienzo del día a la **reflexión y toma de conciencia**. Empieza la jornada recordando cuál es el tuyo. Esta simple práctica matutina te ayuda a enfocar tu mente y establecer intenciones claras antes de comenzar tu actividad rutinaria. Por ejemplo, si tu propósito es ayudar a los demás, puedes decidir que hoy prestarás especial atención a las necesidades de tus compañeros de trabajo o de tu familia.

Planificar con propósito es otra estrategia clave. Al elaborar tu lista de tareas diarias, pregúntate cómo puede cada una de esas actividades contribuir a alcanzarlo. Incluso las tareas más mundanas, como responder correos electrónicos o hacer la compra, cobran un nuevo significado cuando se les atribuye un propósito. Por ejemplo, hacer la compra puede ser una oportunidad para elegir alimentos que nutran tu cuerpo y mente y potencien tu bienestar general.

A continuación tienes una serie de **prácticas** que te ayudarán a alinear tus acciones diarias con tu propósito de vida:

- Dedica unos minutos cada día para escribir tus pensamientos, reflexiones y experiencias. Pregúntate cómo se han alineado con tu propósito de vida tus acciones de esa jornada.

- Practica la meditación diaria para conectar con tu interior y reflexionar sobre tu propósito. La meditación te ayuda a mantener la claridad y la paz interior.

- Define metas que estén alineadas con tu propósito de vida. Desglosa las metas a largo plazo en objetivos más pequeños y alcanzables que puedas medir cada semana.

- Planifica tu semana de manera que incorpores actividades que te acerquen a tus metas y que reflejen tu propósito.

- Encuentra aspectos de tu trabajo que te apasionen y que beneficien a los demás. Enfócate en ellos para sentirte en conexión con tu propósito.

- Crea una lista de tus valores fundamentales. Comprueba que tus decisiones y acciones diarias reflejan esos valores.

- Antes de adoptar decisiones, pregúntate si están alineadas con tu propósito y tus valores.

- Mantén una rutina de autocuidado que incluya ejercicio, alimentación saludable y tiempo para relajarte y recuperar energía.

- Rodéate de personas que compartan tus valores y que te apoyen en tu camino hacia el cumplimiento de tu propósito.

- Revisa periódicamente tus acciones cotidianas para asegurarte de que se encuentran alineadas con tu propósito de vida. Ajusta estas acciones cuando sea necesario.

Ser consciente del peso y significado de cada acción diaria y tener presente el propósito vital para actuar en el día a día requieren dedicación y práctica. Piensa que no hay acción pequeña en el camino del ikigai.

EL VALOR DE LAS PEQUEÑAS COSAS

Una parte esencial de vivir según tu ikigai es reconocer y valorar cada detalle de la vida cotidiana. A menudo, nos enfocamos en grandes metas y logros y olvidamos que son las pequeñas acciones y momentos los que realmente configuran nuestra existencia y nos **conectan con nuestro propósito vital**. Las pequeñas cosas, como un acto de amabilidad, una conversación sincera o el simple disfrute de una comida, tienen un impacto profundo en nuestra sensación de bienestar y satisfacción. Al apreciar y dar importancia a estos momentos, cultivamos una **actitud de gratitud y presencia** que nos permite vivir más conscientemente y en armonía con nuestro ikigai.

El valorar las pequeñas cosas nos ayuda a mantenernos conectados con nuestro propósito en los momentos de rutina y en los días difíciles. Nos recuerda que **cada día ofrece oportunidades** para vivir de acuerdo con nuestros valores y para contribuir de manera positiva al mundo que nos rodea. Este enfoque nos permite transformar tareas ordinarias en actos extraordinarios llenos de significado que conectan con el propósito de cuidar de ti mismo y de los demás.

La práctica del ikigai trata no solo de grandes cambios o descubrimientos, sino de una serie de pequeños y significativos pasos diarios que nos acercan a una vida más rica y satisfactoria. Al integrar el aprecio por los detalles cotidianos, logramos un **equilibrio emocional** y una paz interior que nos sustentan en nuestro camino hacia la realización personal. En este sentido, cada pequeña cosa cobra un valor inmenso al actuar como un recordatorio constante de que nuestra razón de ser está presente en cada momento y en cada acción.

A continuación tienes una serie de **prácticas** que te ayudarán a adquirir conciencia del valor de cada detalle:

- Cada noche, escribe tres pequeñas cosas que contribuyen a tu bienestar y propósito de vida.

- Cada mañana, piensa qué pequeña acción puedes realizar ese día que se alinee con tu propósito.

- Practica la atención plena durante las actividades cotidianas. Aprecia cada momento y encuentra significado en las pequeñas tareas diarias.

- Fortalece tu propósito de contribuir positivamente a la vida de los demás con un pequeño acto cada día, como sonreír al saludar o ayudar a un compañero.

- Realiza una pequeña caminata cada día y presta atención plena a tu entorno. Aprecia la belleza y el valor del momento.

- Muestra tu agradecimiento a las personas que han impactado positivamente en tu día.

- Antes de dormir, reflexiona sobre una pequeña acción que hayas realizado durante el día y en cómo se alinea con tu propósito.

Estos ejercicios diarios te ayudarán a ser más consciente de las pequeñas acciones cotidianas que impactan positivamente en tu vida y en la de los demás, y te permitirán conectar con tu propósito de vida.

CONVERTIR LOS DESAFÍOS EN OPORTUNIDADES

Cuando enfrentamos desafíos, cada obstáculo se convierte en una oportunidad para reforzar nuestro ikigai. Las dificultades diarias son ocasiones que se nos presentan para aplicar y fortalecer nuestras habilidades, pasiones y valores. Este enfoque nos permite **mantener una actitud positiva y constructiva** al transformar el estrés y la adversidad en catalizadores de cambio y aprendizaje.

El ikigai nos ayuda a identificar y cultivar nuestras fortalezas, lo que aumenta nuestra confianza y capacidad para manejar situaciones difíciles. En lugar de sentirnos abrumados, nos inclinamos a buscar soluciones creativas y efectivas que reflejen nuestro propósito. Esta práctica también fomenta **la flexibilidad y la adaptabilidad**, ya que estamos más dispuestos a ver los cambios y las incertidumbres como partes naturales del camino hacia la realización personal.

Al estar conectados con nuestro propósito, encontramcs significado incluso en los momentos más desafiantes. Esto nos permite **mantener la motivación y el enfoque**, recordándonos que cada dificultad superada es un paso más hacia una vida plena y significativa. En este sentido, el ikigai nos guía en tiempos de tranquilidad y también nos sostiene y nos impulsa cuando enfrentamos adversidades, convirtiendo cada desafío en una valiosa ocasión para crecer y avanzar hacia nuestros objetivos.

A continuación tienes una serie de **prácticas** que te ayudarán a ver los desafíos cotidianos como oportunidades de aprendizaje:

- Al final del día, anota un desafío que se haya presentado durante la jornada y piensa cómo puedes convertirlo en una oportunidad de mejora.

- Piensa en qué has aprendido de algún desafío del día.

- Cuando te enfrentes a un obstáculo, cambia el pensamiento negativo por otro positivo. Por ejemplo, en vez de decirte: «Esto es difícil», elabora una afirmación positiva: «Esto es una oportunidad de aprender».

- Evalúa cómo te has comportado ante un desafío que considerabas insuperable y reflexiona sobre lo que podrías hacer de manera diferente para que se transformara en una oportunidad de aprendizaje.

Convertir los desafíos en oportunidades es una práctica poderosa. Enfrentar problemas con una mentalidad orientada al propósito de vida te permite ver cada obstáculo como una ocasión para crecer y aprender.

CELEBRA TUS LOGROS Y PRACTICA LA GRATITUD

Celebrar los logros, por pequeños que sean, nos permite reconocer y valorar nuestro progreso. Esta práctica aumenta nuestra autoestima y motivación y también **nos conecta con nuestras metas** y aspiraciones, alineándolas con nuestro ikigai. Cada logro celebrado es un recordatorio de nuestras capacidades y nos anima a continuar avanzando.

Practicar la gratitud nos permite reconocer las **conexiones entre nuestras acciones y nuestro propósito**, y eso nos presenta una visión más clara de cómo nuestras pequeñas acciones contribuyen a un objetivo mayor. Al ser agradecidos, cultivamos una actitud positiva y abierta, lo que nos posibilita ver oportunidades y recursos que de otro modo podrían haber pasado desapercibidos.

Integrar la celebración de logros y la gratitud en nuestra rutina diaria nos ayuda a tener presente nuestro ikigai y a reforzarlo de manera constante. Estas prácticas nos proporcionan momentos de reflexión y apreciación y fortalecen nuestra conexión con lo que verdaderamente importa. Al celebrar y agradecer, reconocemos el valor de nuestras experiencias y aprendizajes, lo que nos impulsa a vivir de manera más intencional y alineada con nuestro propósito.

A continuación tienes una serie de **prácticas** que te ayudarán a fortalecer tu actitud de celebrar y agradecer:

- Al final del día, dedica unos minutos a pensar en un logro, por pequeño que sea, que hayas alcanzado durante el día y esté en línea con tu propósito vital. Piensa también en qué te gustaría conseguir al día siguiente.

- Mantén una lista continua de logros y añade los de cada día. Revisa regularmente esa lista y celebra cada éxito conseguido.

- Reconoce y celebra las pequeñas victorias diarias que reflejan tu compromiso con tu propósito de vida.

- Escribe diariamente tres cosas por las que quieras mostrar tu agradecimiento.

- Expresa gratitud a las personas que te rodean y reconoce las contribuciones que hacen a tu vida.

Estos ejercicios diarios te ayudarán a celebrar tus logros, a practicar la gratitud y a fortalecer la conexión con tu propósito. Al integrar estas prácticas en tu rutina, desarrollas una mentalidad positiva y proactiva que te permite reconocer y valorar cada paso en tu camino del ikigai.

PRÁCTICA.
INCLUYE EL PROPÓSITO DE VIDA
EN TU RUTINA DIARIA

Integrar tu propósito de vida en las actividades cotidianas puede transformar tus experiencias diarias para que sean significativas y gratificantes. Esta práctica te ayudará a dar sentido a las actividades diarias, a las pequeñas cosas, y te permitirá celebrar y agradecer los logros que consigas y que te conectan con tu propósito. Para ello, sigue los pasos indicados a continuación.

1. **Haz una reflexión matutina**

   Al comienzo del día, dedica 10 minutos para reflexionar:

   - Siéntate en un lugar tranquilo donde no te interrumpan.
   - Reflexiona sobre tu propósito de vida y establece una intención para el día que se alinee con ese propósito.

   Ejemplo: «Hoy, me comprometo a ser amable y paciente con todos los que me encuentre, y ayudaré a crear un ambiente positivo a mi alrededor».

2. **Realiza una planificación consciente**

   Dedica entre 10 y 15 minutos al comienzo de la semana y otros 5 minutos cada día para realizar esta planificación:

   - Elabora tu lista de tareas y, al planificar tu semana y tu día, incluye actividades que estén alineadas con tu propósito de vida.
   - Incorpora acciones significativas y asegúrate de que cada tarea tenga un propósito claro y se conecte con tus valores.

   Ejemplo: si tu propósito es el autocuidado, planifica tiempo para el ejercicio, comidas saludables y momentos de descanso.

3. **Practica la atención plena en las actividades diarias**

   Mientras realizas tus actividades diarias, enfócate en el momento presente. Evita hacer varias cosas a la vez y presta atención a cada tarea. Aprecia los detalles y pon a prueba tus sentidos para ser consciente de lo que te rodea y disfrutar de las acciones cotidianas. Ejemplo: al ducharte, concéntrate en el sonido del agua, el olor del jabón, la sensación de la temperatura del agua en tu piel y el acto de limpieza.

4. Encuentra significado en lo pequeño

Durante tus actividades diarias, valora las pequeñas cosas y encuentra significado en las tareas más simples y cotidianas. Reconoce cómo cada acción contribuye a tu bienestar o al de los demás. Ejemplo: al comer, piensa en cómo los alimentos nutren tu cuerpo y te brindan energía. Saborea cada bocado.

5. Convierte los desafíos en oportunidades

Cada vez que te encuentres con una dificultad en el día:

- Pregúntate qué puedes aprender de ella.
- Transforma tu pensamiento en una afirmación positiva.
- Por la noche, anota las dificultades del día y, al lado de cada una de ellas, lo que has aprendido y cómo puedes transformarlas en algo positivo.

Ejemplo: si tienes un crítica en el trabajo, úsala como una oportunidad para mejorar tus habilidades y demostrar tu capacidad de adaptación y crecimiento.

6. Conecta con los demás

Apreciar y ayudar a los demás puede dar sentido a tus acciones cotidianas:

- Reserva momentos del día para compartir tiempo de calidad con tu familia y amigos.
- Practica la escucha activa en las conversaciones.
- Muestra aprecio y gratitud hacia los demás.

Ejemplo: dedica unos minutos a escuchar activamente a un amigo demostrando empatía y apoyo.

7. Celebra los logros y practica la gratitud

Dedica cinco minutos al final del día para celebrar y agradecer:

- Reconoce tus éxitos y celebra las pequeñas victorias y los avances que haces encaminados a vivir con propósito. Cada logro te motivará a continuar progresando en tu camino con entusiasmo y determinación. Ejemplo: «Hoy me felicito por haber manejado una situación estresante con calma y compasión y haberme mantenido fiel a mi propósito».

- Lleva en tu cuaderno una lista de logros y revísala con regularidad, especialmente en los momentos que sientas que te estancas.

- Lleva un diario de gratitud. Cada noche, escribe tres cosas por las que estés agradecido y cómo estas se relacionan con tu propósito de vida. Ejemplo: «Estoy agradecido por haber ayudado a un compañero de trabajo hoy, lo que refuerza mi propósito de apoyar a los demás».

- Repasa regularmente el diario para recordar todo aquello que agradeces y está en tu vida.

- Muestra tu agradecimiento a las personas que impacten positivamente en tu día a día.

8. Reflexiona y ajusta

Dedica unos 10 o 15 minutos al final de la semana para hacer una revisión de tu plan y poder ajustar lo que creas necesario:

- Reflexiona sobre cómo tus acciones diarias se alinearon con tu propósito esa semana. ¿Qué has logrado?

- Ajusta tu planificación para la siguiente semana teniendo en cuenta aquello que quieres reforzar. ¿Qué podrías hacer de manera diferente?

Ejemplo: «Esta semana, he sentido más conexión con mi propósito al dedicar tiempo a la lectura y el aprendizaje. La próxima semana quiero enfocarme más en ayudar a mis amigos».

Esta práctica te ayudará a integrar tu propósito de vida en todas tus actividades, desde las más grandes hasta las más pequeñas. Al reflexionar, planificar conscientemente, practicar la presencia y la gratitud y celebrar tus logros, transformarás tu vida cotidiana en una serie de actos significativos que te acercarán a una existencia plena y satisfactoria.

金継ぎ
Kintsugi

La práctica del *kintsugi*
consiste en reparar
cerámica rota utilizando
barniz de resina
espolvoreado con polvo
de oro, plata o platino.
Busca realzar las grietas
y roturas como celebración
de la historia
y la imperfección
del objeto. Simboliza
la resiliencia y la belleza
de lo imperfecto,
de lo vivido, enseñando
que las cicatrices pueden
transformarse en algo
hermoso y valioso.

LA IMPORTANCIA DE SENTIRSE ÚTIL

La sensación de utilidad es un pilar fundamental para el bienestar emocional. Está intrínsecamente relacionada con cómo percibimos nuestro valor y propósito en la vida. La utilidad se refiere a la sensación de que ruestras acciones tienen un impacto positivo en nosotros mismos y en los demás, lo que fortalece nuestra autoestima, aumenta nuestros sentimientos de satisfacción y logro y nos otorga un sentido de pertenencia.

Desde una perspectiva psicológica, cuando nos sentimos útiles, experimentamos un mayor sentido de propósito y dirección. Este sentimiento puede provenir de diferentes ámbitos, como el trabajo, las relaciones interpersonales o las propias actividades cotidianas. Además, el hecho de sentirse útil reduce los síntomas de depresión y ansiedad. Las personas que se sienten activas y productivas suelen tener su mente enfocada en objetivos y logros, lo que las distrae de pensamientos negativos y promueve una mentalidad positiva. Por el contrario, la falta de acción y la sensación de no estar aportando nada al entorno cercano es posible que acaben provocando trastornos emocionales.

En un contexto social, sentirse útil fortalece las relaciones interpersonales. Tener la opción de contribuir al bienestar de los demás genera un sentido de comunidad y supone un refuerzo emocional. Ser consciente de la contribución que se hace al grupo fortalece la conexión, el apoyo entre los miembros se vuelve más sólido y aumenta la sensación de felicidad, lo que es esencial para disfrutar de una vida plena y satisfactoria.

Sentirse parte de una comunidad y tener actividades de las que ocuparse diariamente fomenta la motivación y ayuda a despertarse cada mañana con ganas de vivir. A continuación vamos a analizar con más detalle cómo estos dos factores están relacionados con nuestro ikigai.

FORMAR PARTE DE UNA COMUNIDAD

Las comunidades proporcionan un sentido de pertenencia, identidad, apoyo y propósito. Fomentan la colaboración y el aprendizaje, actúan como redes de seguridad, y sentirse parte de ellas mejora la salud mental. Tienen, además, el poder de generar cambios significativos en cada persona, pues enriquecen la experiencia humana al ofrecer un entorno en el que las personas pueden crecer, prosperar y sentirse conectadas.

Formar parte de una comunidad significa pertenecer a un grupo de personas que comparten intereses, objetivos, valores o una identidad común. Este sentido de pertenencia puede manifestarse en diferentes contextos, como vecindarios, grupos de trabajo, organizaciones sociales, etc. La comunidad proporciona un espacio donde sus miembros pueden conectar, colaborar y apoyarse mutuamente.

Establecer relaciones significativas, cuidar de las amistades, trabajar en equipo y compartir el ikigai son prácticas esenciales para fomentar un sentido de pertenencia sólido en una comunidad. Estas acciones fortalecen los vínculos entre los miembros y también promueven un ambiente de apoyo, colaboración y propósito común. Al cultivar estos aspectos, las comunidades pueden desarrollar una identidad colectiva fuerte, mejorar el bienestar general y garantizar su resiliencia y sostenibilidad a lo largo del tiempo. A continuación vamos a analizar cómo cada una de estas prácticas beneficia el sentido de pertenencia comunitario.

ESTABLECER RELACIONES SIGNIFICATIVAS

Las relaciones significativas y saludables, ya sean familiares, amorosas o de amistad, tienen un gran impacto en nuestra calidad de vida. Contar con personas en las que confiar en momentos de estrés, tristeza o crisis ayuda a afrontar mejor las adversidades, lo que supone un importante **apoyo emocional**. Estar conectado con otros está asociado también con una **mejor salud mental** y con una probabilidad menor de experimentar síntomas de ansiedad o depresión.

Las relaciones saludables desafían y ayudan en el **crecimiento personal**. Nos hacen aprender más sobre nosotros mismos y de cómo interactuamos con los demás, lo que fortalece nuestras habilidades sociales y la comprensión emocional. Además, ser valorado y respetado por otros **mejora la autoestima** y el autoconcepto, lo que refuerza la sensación de identidad y pertenencia. Aprender a manejar los desacuerdos dentro de las relaciones de manera saludable favorece la adquisición de habilidades importantes para la resolución de conflictos que se pueden aplicar en diversas áreas de la vida.

Tener a quien acudir para compartir experiencias, celebrar logros o disfrutar de actividades en compañía aumenta los niveles de **felicidad y satisfacción general con la vida**. Diversos estudios han mostrado que las personas con conexiones sociales fuertes y saludables tienen menos riesgos de padecer enfermedades cardíacas y tienden a ser **más longevas**. El aislamiento social, por el contrario, se asocia con un mayor riesgo de mortalidad. El estudio de Desarrollo de Adultos de Harvard de 2012 ("Triumphs of Experience: The Men of the Harvard Grant Study") indica que la calidad de las relaciones personales es un factor determinante de la felicidad, la salud y la longevidad. Aquellas personas que al envejecer mantienen relaciones satisfactorias tienen menos problemas de salud física y mental.

Como ves, sentirse parte de una comunidad y establecer relaciones significativas es un aspecto clave para mantenerse sano física y emocionalmente. Es la motivación más grande para levantarse cada mañana y disfrutar de una vida satisfactoria. Por eso, es fundamental que hagas un pequeño alto en el camino para comprobar si tus relaciones gozan de buena salud y si puedes hacer algo para mejorarlas.

TEST. ¿TIENES RELACIONES SIGNIFICATIVAS EN TU VIDA?

Este test te permitirá reflexionar sobre las relaciones que mantienes en tu vida y te ayudará a identificar cuáles son los aspectos que debes reforzar para que esas conexiones sean más profundas. Lee las siguientes afirmaciones y señala la respuesta con la que te identifiques más.

1. **Mis amigos y familiares me apoyan emocionalmente en momentos difíciles.**

   a. Nunca. b. A veces.
   c. Frecuentemente. d. Siempre.

2. **Siento que puedo mostrarme tal como soy y que mis opiniones y sentimientos son valorados por los demás.**

    a. Nunca.   b. A veces.
    c. Frecuentemente.   d. Siempre.

3. **Tengo conversaciones profundas y significativas con las personas cercanas a mí.**

    a. Nunca.   b. A veces.
    c. Frecuentemente.   d. Siempre.

4. **Disfruto y valoro el tiempo que paso con mis amigos y familiares.**

    a. Nunca.   b. A veces.
    c. Frecuentemente.   d. Siempre.

5. **Mis relaciones me proporcionan un sentido de pertenencia y me ayudan a ser mejor persona.**

    a. Nunca.   b. A veces.
    c. Frecuentemente.   d. Siempre.

6. **Recibo retroalimentación constructiva de las personas cercanas que favorecen mi crecimiento y desarrollo personal.**

    a. Nunca.   b. A veces.
    c. Frecuentemente.   d. Siempre.

Una vez que completes el test, suma los puntos obtenidos aplicando los siguientes valores a cada respuesta: **a** (un punto), **b** (dos puntos), **c** (tres puntos), **d** (cuatro puntos).

PUNTUACIÓN:

- **12 o menos**. Es posible que tus relaciones actuales no sean tan significativas como quisieras. Reflexiona sobre qué aspectos podrías trabajar para mejorar la calidad de las mis-

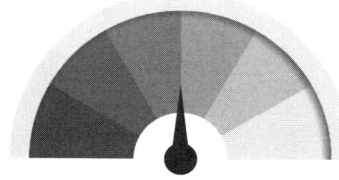

mas o trata de establecer nuevas relaciones en tu vida más saludables y emocionalmente más valiosas.

- **Entre 13 y 18**. Tienes algunas relaciones importantes en tu vida, aunque hay un margen de mejora. Trabaja en profundizar estas conexiones para aumentar el vínculo emocional.
- **Superior a 18**. Tienes relaciones significativas que enriquecen tu vida. Estas conexiones te proporcionan apoyo, crecimiento y un fuerte sentido de pertenencia. Mantén y nutre estas relaciones para fortalecer la unión.

Utiliza este test solo como una herramienta de reflexión. Si sientes que necesitas orientación para mejorar tus relaciones o bienestar emocional, no dudes en buscar ayuda específica de un profesional.

Hay algunas **claves que permiten mantener relaciones significativas** y que merece la pena tener en cuenta para profundizar en el grado de conexión y fortalecer la unión con otras personas:

- Hablar y comunicarse abierta y honestamente, asegurando que todas las partes se sientan escuchadas y comprendidas.
- Practicar la escucha activa para entender lo que la otra persona está comunicando sin juzgar ni evaluar.
- Mostrar aprecio y gratitud hacia el otro, reconociendo sus contribuciones y valor en nuestra vida.
- Compartir tiempo de calidad en actividades comunes.
- Trabajar en la confianza y en el compromiso. Cumplir las promesas y practicar la honestidad son requisitos fundamentales para consolidar una buena relación.
- Practicar la empatía para fortalecer los lazos y hacer que la otra parte se sienta comprendida y apoyada.
- Establecer límites saludables que respeten el espacio personal y las necesidades emocionales de cada uno.
- Fomentar el crecimiento mutuo y animar a la otra parte a perseguir sus intereses y lograr sus objetivos.
- Resolver los conflictos de manera constructiva, sin agresividad y buscando soluciones que beneficien a todos.
- Aprender a perdonar tanto los errores del otro como los de uno mismo.

Las relaciones que significan algo importante en nuestra vida se basan en la autenticidad, la confianza y el entendimiento mutuo. Estas relaciones son el pilar de una comunidad sólida y cohesionada.

CUIDAR DE LAS AMISTADES

Tener relaciones significativas es importante porque suponen un **apoyo emocional** fundamental para nuestras vidas. Contar con amigos para poder hablar y en quienes confiar puede aliviar el estrés y la ansiedad. Además, nos hacen sentir parte de un grupo y contribuyen a mejorar nuestra autoestima y a **sentirnos valorados**. También ponen ante nuestros ojos perspectivas diferentes que nos ayudan a crecer y desarrollarnos como personas. En momentos de crisis pueden proporcionar ayuda práctica y emocional y hacer que **aumente nuestra fortaleza** para superar los obstáculos. Y, desde luego, compartir experiencias con ellos **enriquece nuestras vidas**.

Queremos tener amigos, confiamos en ellos y les exigimos su presencia y apoyo, aunque a veces olvidamos que hay que cultivar estas relaciones para que los vínculos se vayan fortaleciendo. Es fundamental estar ahí para ellos cuando lo necesitan, prestar atención a cómo se sienten y a lo que está ocurriendo en sus vidas para convertirnos en parte fundamental de su red de apoyo. Por eso, es importante que compruebes si estás suficientemente pendiente de tus amistades y cuidas de ellas.

TEST. ¿CUIDAS DE TUS AMISTADES?

Este test te permitirá tomar conciencia de cómo es tu grado de atención con tus amigos y te ayudará a identificar cuáles son los aspectos que debes reforzar para que estas conexiones sean más profundas. Lee las siguientes afirmaciones y señala la respuesta que mejor refleje tu comportamiento.

1. **Me aseguro de mantenerme en contacto de manera regular con mis amigos.**

   a. Nunca.   b. A veces.
   c. Frecuentemente.   d. Siempre.

2. **Escucho activamente y con interés cuando mis amigos comparten sus dificultades o sus éxitos.**

   a. Nunca.   b. A veces.
   c. Frecuentemente.   d. Siempre.

3. **Ofrezco ayuda y apoyo a mis amigos cuando lo necesitan sin que tengan que pedírmelo.**

   a. Nunca.   b. A veces.
   c. Frecuentemente.   d. Siempre.

4. **Recuerdo y celebro los momentos importantes de la vida de mis amigos.**

   a. Nunca.   b. A veces.
   c. Frecuentemente.   d. Siempre.

5. **Siento una alegría sincera cuando a mis amigos les va bien y celebro sus logros.**

   a. Nunca.   b. A veces.
   c. Frecuentemente.   d. Siempre.

6. **Me esfuerzo en que mis amigos sientan mi aprecio y gratitud hacia ellos.**

   a. Nunca.   b. A veces.
   c. Frecuentemente.   d. Siempre.

Una vez que completes el test, suma los puntos obtenidos aplicando los siguientes valores a cada respuesta: **a** (un punto), **b** (dos puntos), **c** (tres puntos), **d** (cuatro puntos).

PUNTUACIÓN:

- **12 o menos**. Es posible que no estés prestando la atención necesaria a tus amistades. Reflexiona sobre cómo podrías mejorar este aspecto y dedicar más tiempo y esfuerzo para cuidar de tus amigos.

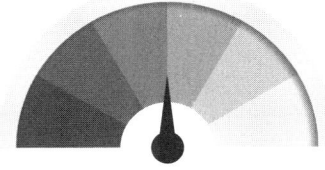

- **Entre 13 y 18**. Prestas atención a tus amistades, aunque hay espacio de mejora. Busca cómo puedes estar más presente en sus vidas y que sientan tu apoyo.

- **Superior a 18**. Te ocupas de tus amistades y les prestas atención. Mantén este nivel de compromiso y sigue fortaleciendo estos vínculos tan significativos.

Utiliza este test solo como una herramienta de reflexión y toma de conciencia de tu comportamiento. Identificar áreas de mejora en tus relaciones te ofrece la oportunidad de reforzar tus conexiones y aumentar tu bienestar emocional.

Existen **estrategias fundamentales para cuidar de las amistades** que ayudan a fortalecer las relaciones personales:

- Mantener contacto regular con los amigos a través de llamadas, mensajes o encuentros en persona.

- Interesarse por sus vidas y compartir experiencias.

- Practicar la escucha activa en las conversaciones para mostrar que se valora y se tiene en cuenta su perspectiva.

- Agradecer a los amigos su presencia y apoyo.

- Participar en actividades conjuntas.

- Estar presente para apoyar a los amigos en momentos de necesidad y celebrar sus logros.

- Respetar las diferencias y aceptar a los amigos por ser ellos mismos.

Cuidar de las amistades implica dedicar tiempo, esfuerzo y atención para mantener y fortalecer las conexiones con aquellas personas que son importantes en nuestra vida y que nos aportan el valor y el respeto que necesitamos para sentirnos parte de una comunidad que da un significado mayor a nuestra existencia.

TRABAJAR EN EQUIPO

La habilidad de trabajar en equipo permite construir y **fortalecer relaciones** personales dentro de la comunidad y favorece la creación de una red de apoyo entre sus miembros. Cada uno de ellos aporta habilidades, conocimientos y experiencias únicas, y esta diversidad permite abordar problemas desde **diferentes enfoques**, lo que lleva a adoptar decisiones más efectivas. La confianza y la cooperación entre ellos aumenta y el **intercambio de recursos** beneficia a todos.

Un buen trabajo en equipo crea un ambiente en el que sus componentes **se sienten seguros** para proponer nuevas ideas sin temor a ser juzgados. Fomenta también el **sentido de pertenencia** y cohesión, lo que hace que los individuos se sientan parte integrante del grupo.

Un factor clave para formar parte de una comunidad es aprender a trabajar en equipo para contribuir con nuestras aportaciones, sentirnos útiles y aprender de las experiencias y habilidades de los demás miembros. Es importante que analices si tu aportación a la comunidad a la que perteneces favorece el trabajo en equipo.

TEST. ¿SABES TRABAJAR EN EQUIPO?

Este test te permitirá reflexionar sobre cómo es tu comportamiento al trabajar en equipo. Analiza cada afirmación y señala la respuesta que sinceramente refleje mejor tu experiencia.

1. **Escucho activamente las ideas y opiniones de los demás.**
   - a. Nunca.
   - b. A veces.
   - c. Frecuentemente.
   - d. Siempre.

2. **Colaboro de manera efectiva con mis compañeros para alcanzar objetivos comunes.**
   - a. Nunca.
   - b. A veces.
   - c. Frecuentemente.
   - d. Siempre.

3. **Mantengo una comunicación abierta y honesta con los miembros del equipo.**
   - a. Nunca.
   - b. A veces.
   - c. Frecuentemente.
   - d. Siempre.

4. **Me comprometo en la búsqueda de soluciones que beneficien a todo el equipo.**
   - a. Nunca.
   - b. A veces.
   - c. Frecuentemente.
   - d. Siempre.

5. Reconozco y valoro las contribuciones de cada miembro del grupo sin distinción.

a. Nunca.
c. Frecuentemente.
b. A veces.
d. Siempre.

6. Manejo de manera constructiva los conflictos que surgen en el equipo.

a. Nunca.
c. Frecuentemente.
b. A veces.
d. Siempre.

Una vez que completes el test, suma los puntos obtenidos aplicando los siguientes valores a cada respuesta: **a** (un punto), **b** (dos puntos), **c** (tres puntos), **d** (cuatro puntos).

PUNTUACIÓN:

- **12 o menos**. Es posible que tengas dificultades para trabajar en equipo. Reflexiona sobre tus áreas de mejora y busca oportunidades para desarrollar habilidades de colaboración. Considera la posibilidad de asistir a cursos sobre esta cuestión o solicitar asesoramiento.

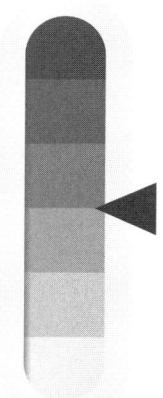

- **Entre 13 y 18**. Tienes algunas habilidades para trabajar en equipo, aunque hay espacio de mejora. Podrías esforzarte en escuchar más activamente, ser más flexible en la adopción de decisiones o aprender a manejar mejor los conflictos.

- **Superior a 18**. Tienes buenas habilidades para trabajar en equipo. Mantén este nivel de compromiso y sigue buscando maneras de crecer y progresar.

Utiliza este test solo como una herramienta de reflexión. Mejorar tus habilidades para trabajar en equipo favorecerá tu conexión con los otros miembros del grupo y aumentará tu motivación y sentido de pertenencia a ese colectivo.

Hay algunas **claves para favorecer el trabajo en equipo dentro de la comunidad** y que merece la pena tener en cuenta:

- Establecer canales de comunicación claros y abiertos para todos los miembros.

- Promover la transparencia en la toma de decisiones y en la difusión de información relevante.

- Asegurar que todos los miembros de la comunidad se sientan valorados e invitados a participar.

- Desarrollar una visión y objetivos comunes que logren alinear a los miembros de la comunidad hacia un propósito co ectivo.

- Establecer metas claras y alcanzables que motiven a sus miembros a colaborar y comprometerse.

- Reconocer y celebrar públicamente los logros y contribuciones de los integrantes del equipo o comunidad.

- Fomentar una cultura de apoyo mutuo de manera que los miembros se sientan cómodos pidiendo y ofreciendo ayuda.

El trabajo en equipo es esencial para lograr objetivos comunes y superar desafíos colectivos. Saber que la aportación al grupo tiene valor y contribuye a la mejora de la comunidad fortalece el propósito vital.

COMPARTIR EL IKIGAI

Compartir el ikigai con los demás es fundamental para la formación y fortalecimiento de una comunidad que permanece unida. Cuando las personas comparten sus propósitos de vida, se establecen **conexiones más profundas** y significativas que si no lo hacen. Estas relaciones se basan en la autenticidad y el entendimiento mutuo, lo que refuerza el sentido de pertenencia y compañerismo. Sus miembros se sienten comprendidos y respaldados en sus esfuerzos, con lo que se crea una **red de apoyo** que es esencial para enfrentar desafíos y celebrar logros.

Al compartir propósitos de vida se descubren **valores y objetivos comunes**. Esta alineación de principios y metas contribuye a la formación de una identidad colectiva fuerte y coherente. Una comunidad cuyos miembros comparten y apoyan el ikigai de los demás está más unida que si no lo hicieran, ya que sus integrantes tienden a realizar acciones conjuntas que beneficien a todos ellos. Esto puede incluir voluntariado, proyectos comunitarios o iniciativas de cambio social. Las personas que viven según su ikigai inspiran a otras a encontrar y perseguir sus propósitos vitales. Este efecto multiplicador crea una cultura de proactividad y **compromiso en la comunidad**.

Analiza con el siguiente test si tu ikigai está alineado con los valores y objetivos de tu comunidad.

TEST. ¿COMPARTES IKIGAI CON LOS MIEMBROS DE TU GRUPO O COMUNIDAD?

Compartir un propósito de vida con los otros miembros de tu grupo o comunidad es fundamental para llevar una vida plena y satisfactoria. Este test te permitirá analizar cuál es tu realidad y te ayudará a identificar los aspectos que debes revisar para fortalecer tu ikigai. Lee las siguientes afirmaciones y señala la respuesta con la que te identifiques más.

1. **Los objetivos y valores de mi grupo están alineados con mis propios objetivos y valores.**

   a. Nunca.
   b. A veces.
   c. Frecuentemente.
   d. Siempre.

2. **Siento que mi participación en el grupo contribuye a un propósito mayor que me apasiona.**

   a. Nunca.
   b. A veces.
   c. Frecuentemente.
   d. Siempre.

3. **Tengo conversaciones significativas con los miembros de mi comunidad sobre nuestras metas y aspiraciones comunes.**

   a. Nunca.
   b. A veces.
   c. Frecuentemente.
   d. Siempre.

4. **Experimento satisfacción y crecimiento personal al contribuir al propósito de grupo.**

   a. Nunca.
   b. A veces.
   c. Frecuentemente.
   d. Siempre.

5. En mi comunidad los miembros trabajamos juntos de manera armoniosa para alcanzar objetivos comunes y significativos.

    a. Nunca.   b. A veces.
    c. Frecuentemente.   d. Siempre.

6. Cuento con un fuerte sentido de comunidad y pertenencia dentro de mi grupo.

    a. Nunca.   b. A veces.
    c. Frecuentemente.   d. Siempre.

Una vez que completes el test, suma los puntos obtenidos aplicando los siguientes valores a cada respuesta: **a** (un punto), **b** (dos puntos), **c** (tres puntos), **d** (cuatro puntos).

PUNTUACIÓN:

- **12 o menos**. Es posible que no compartas un ikigai claro con los miembros de tu grupo. Expón tus inquietudes a los demás y busca formas de alinear tus metas con las de la comunidad. Reflexiona sobre tus valores y objetivos personales y considera si este grupo es el adecuado para ti.

- **Entre 13 y 18**. Tienes cierto grado de alineación con el propósito del grupo, aunque hay espacio para mejorar. Podrías trabajar en comunicar tus propias metas y valores y en escuchar activamente y entender los de los demás miembros.

- **Superior a 18**. Compartes ikigai con los miembros de tu comunidad. Esto enriquece tu experiencia personal y fortalece al grupo en su conjunto. Sigue cultivando y nutriendo esta conexión.

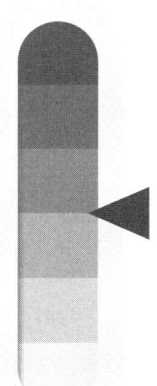

Utiliza este test solo como una herramienta de reflexión. Si compartes ikigai con otros miembros de tu comunidad, vuestra conexión será sólida y aumentará tu satisfacción vital y tu sentido de pertenencia al grupo.

Compartir el ikigai enriquece la vida del individuo y también transforma y fortalece al grupo. Los vínculos profundos, la identidad colectiva y el impacto social positivo son solo algunos de los beneficios que emergen cuando las personas viven y comparten su propósito de vida. Tener un ikigai que compartir proporciona dirección, motivación, bienestar emocional y la oportunidad de establecer relaciones de calidad en una comunidad unida y comprometida con el interés común.

LA FELICIDAD DE ESTAR OCUPADO

Analizamos ahora otro factor clave que incrementa nuestra sensación de sentirnos útiles y contribuye a fortalecer nuestro ikigai: conservar la motivación por realizar tareas que pongan nuestro cuerpo y nuestra mente en acción. Numerosos estudios han demostrado que las personas que se mantienen activas y ocupadas tienden a vivir más tiempo. La actividad física y mental regular mantiene el cuerpo en movimiento y está asociada con una menor incidencia de enfermedades crónicas y una mayor longevidad. La ocupación en actividades físicas reduce el riesgo de problemas cardiovasculares, diabetes tipo 2 y ciertos tipos de cáncer. Estar activo combate el sedentarismo, un factor de riesgo para muchos trastornos, como la obesidad o la diabetes. La estimulación mental, por su parte, está vinculada a una menor prevalencia de enfermedades neurodegenerativas, como el alzhéimer.

Estar ocupado no significa simplemente llenar el día con actividades, sino **comprometerse en tareas valiosas y productivas** que fomenten el bienestar personal y social. La ocupación activa y significativa es fundamental para la salud mental, física y emocional y tiene una influencia notable en la esperanza de vida y la longevidad.

Una vida activa y con significado tiene muchos **beneficios** asociados:

- Ayuda a mantener la mente enfocada, lo que reduce la preocupación excesiva y, como consecuencia, disminuyen también el estrés y la ansiedad.

- Mejora el estado de ánimo y la sensación de felicidad y satisfacción gracias a la liberación de endorfinas y otros neurotransmisores positivos.

- Fortalece la confianza en uno mismo y refuerza la autoestima.

- Ayuda a mantener el cerebro activo y saludable, de modo que previene el deterioro cognitivo.

- Fomenta el aprendizaje continuo y el desarrollo de nuevas competencias, lo que mantiene la mente ágil y flexible.

- Ayuda a evitar enfermedades relacionadas con el sedentarismo, como la obesidad y la diabetes.

- Aumenta los niveles de energía y mejora la calidad del sueño, lo que a su vez permite ser más activo durante el día.

- Proporciona un sentido de propósito y satisfacción personal.

Las personas ocupadas tienden a establecer y mantener rutinas saludables. La regularidad en las actividades promueve hábitos positivos, como la alimentación equilibrada, el ejercicio regular y el cuidado personal. Desarrollar actividades que requieren nuevas habilidades o conocimientos promueve el aprendizaje continuo y el desarrollo personal. Si estas tareas son, además, creativas, estimulan la imaginación.

Sentirse ocupado y útil proporciona un sentido de propósito y dirección en la vida, un factor clave en la longevidad, ya que las personas que lo poseen tienden a cuidar mejor de su salud, a mantenerse activas y comprometidas con el aprendizaje continuo y encuentran el motivo de levantarse cada mañana con ganas de vivir.

BUSCAR RUTINAS Y FUENTES DE INSPIRACIÓN

Las **rutinas** proporcionan un marco estructurado que **reduce la incertidumbre y el estrés** asociados a la falta de organización y aseguran que las tareas importantes se realicen de manera eficiente. Al convertir ciertas actividades en costumbres, disminuye también el esfuerzo mental necesario para realizarlas.

Establecer rutinas diarias permite incorporar hábitos saludables, como el ejercicio regular, una dieta equilibrada y un sueño de calidad, todo lo cual ayuda a **mejorar la salud física**. Al mismo tiempo, la organización que brindan las rutinas reduce el estrés y la ansiedad y permite un **estado mental más calmado**. Dichas rutinas fomentan la autodisciplina y la responsabilidad, facilitan el establecimiento de metas a largo plazo y un progreso constante hasta su consecución: por eso favorecen el **desarrollo y la realización personal**.

Cuando quieras establecer una rutina en tu vida, ayúdate de estas **estrategias**:

- **Define prioridades**. Identifica lo que consideras esencial y cuáles son las tareas a las que das mayor importancia. Asigna tiempo específico del día para estas actividades y asegúrate de cumplir con lo escrito en tu agenda.

- **Crea hábitos gradualmente**. Ve paso a paso e introduce de forma paulatina tus nuevos hábitos para que se integren de manera natural en tu vida diaria. Sé constante con la práctica.

- **Ajusta tu rutina**. Revisa periódicamente tu nuevo hábito para asegurarte de que sigue siendo efectivo e importante para ti. Sé flexible y haz pequeños ajustes si consideras que te van a ayudar a establecer la rutina. Un exceso de rigidez puede llevarte al agotamiento o aburrimiento y hacer que abandones la nueva actividad.

- **Evita las excusas**. Si algo te impide llevar adelante tu práctica diaria, antes que buscar excusas, analiza si es que el hábito que tratas de implantar ha dejado de ser interesante para ti o es necesario llevar a cabo algún ajuste.

Las **fuentes de inspiración**, por su parte, permiten renovar y **mantener alta la motivación**, especialmente en momentos de desánimo. Además, generan entusiasmo y energía e impulsan a las personas a actuar y perseguir sus objetivos con mayor fuerza. También proporcionan conocimientos y sabiduría que **enriquecen el desarrollo personal y profesional**.

Buscar inspiración permite ver las cosas desde diferentes perspectivas, amplía el horizonte mental y **estimula la creatividad**. También fortalece la resiliencia emocional y ayuda a mantener una actitud proactiva y optimista ante la vida.

Si quieres **encontrar fuentes de inspiración**, puedes poner en práctica algunas de estas ideas:

- Lee libros, artículos, blogs y escucha pódcasts que te interesen y desafíen tu forma de pensar.

- Viaja y explora nuevos lugares y culturas para ampliar tus horizontes y encontrar inspiración en diferentes partes del mundo.

- Busca mentores que te inspiren y te ofrezcan orientación.

- Únete a redes y comunidades de personas con intereses similares para compartir ideas y motivación.

- Dedica tiempo cada día para la reflexión personal y medita sobre tus objetivos, logros y áreas de mejora. Practica la atención plena para estar presente y con la mente abierta a nuevas ideas.

PRÁCTICA.
CONVERTIR UNA ACTIVIDAD EN UNA RUTINA

El encadenamiento de hábitos es una técnica poderosa para convertir una actividad en una rutina diaria. Consiste en vincular la nueva acción que deseas incorporar a tu vida con un hábito ya establecido. Esta práctica se basa en aprovechar el poder de las asociaciones mentales y la consistencia. Para ello, sigue estos pasos:

1. **Identifica un hábito existente**

   Fíjate en un hábito que ya tengas bien establecido y que realices diariamente. Por ejemplo, cepillarte los dientes, tomar café por la mañana o salir a caminar después del almuerzo.

2. **Elige la nueva actividad**

   Define claramente la nueva actividad que deseas convertir en una rutina. Asegúrate además de que sea específica y realizable. Por ejemplo, hacer 15 minutos de ejercicio o dedicar media hora a leer o meditar.

3. **Establece la asociación**

   Vincula la nueva actividad con el hábito existente. La idea es realizar la actividad que quieres incorporar inmediatamente antes o después del hábito ya establecido. Por ejemplo, si deseas meditar, podrías decidir hacerlo justo después de cepillarte los dientes por la mañana.

4. **Crea un recordatorio visual**

   Utiliza recordatorios visuales para reforzar la asociación. Puedes usar notas adhesivas, alarmas en tu teléfono o cualquier otra señal visual que te recuerde que te has propuesto realizar la nueva actividad antes o después del hábito establecido. Por ejemplo, siguiendo con el ejemplo anterior, si deseas incorporar tu nuevo hábito después de cepillarte los dientes, puedes colocar una nota al lado del cepillo o en el espejo del baño.

5. **Mantén la consistencia**

   Repite la nueva actividad cada vez que realices el hábito existente. La consistencia es clave para que la acción que quieres incorporar se convierta en una costumbre automática.

6. **Lleva un registro de tu progreso**

   Puedes usar un diario, una aplicación de seguimiento o simplemente marcar en un calendario cada día que completes la nueva actividad.

7. **Evalúa tu progreso regularmente y ajusta la rutina**

   Si encuentras dificultades, analiza y modifica la asociación para que sea más fácil su seguimiento.

El encadenamiento de hábitos es una estrategia eficaz para transformar una actividad deseada en una rutina establecida. Es fácil de integrar y te ayudará a alcanzar tus objetivos de manera eficiente y sostenible.

FAVORECER EL APRENDIZAJE CONTINUO

El aprendizaje continuo es un proceso vital que supone la adquisición constante de conocimientos y el desarrollo de habilidades lo largo de la vida. Aprender cosas nuevas mejora la memoria, la capacidad de concentración, mantiene la mente activa y estimula el cerebro. Cada vez que aprendemos algo experimentamos una **sensación de logro y satisfacción personal**, lo que es fundamental para el bienestar emocional. Mantenerse ocupado con el aprendizaje reduce el tiempo dedicado a los pensamientos negativos y preocupaciones, por lo que disminuyen la ansiedad y el estrés.

Siempre hay algo nuevo que aprender, y esto permite explorar una amplia variedad de temas e intereses y mantener la motivación. La exposición a nuevas ideas y conocimientos **fomenta la creatividad y la innovación** y permite encontrar soluciones diferentes a problemas complejos. En un mundo en constante cambio, el aprendizaje continuo permite adaptarse a nuevas situaciones y desafíos, lo que nos hace **más resilientes frente a las adversidades**.

Aquí tienes **algunas ideas** que puedes poner en práctica para fomentar el aprendizaje continuo en tu vida:

- Dedica tiempo a la lectura regular de libros y artículos sobre temas que te interesen y que sean relevantes para tu desarrollo personal y profesional.

- Utiliza recursos en línea, como *webinars*, pódcasts y tutoriales para aprender de manera autónoma.

- Inscríbete en cursos y talleres para continuar desarrollando tus habilidades y conocimientos.

- Busca mentores que te guíen en tu proceso de aprendizaje.

- Únete a personas que tengan intereses similares para aprender juntas y compartir conocimientos.

- Aplica lo que aprendes en proyectos prácticos y cotidianos que te permitan experimentar y consolidar tus conocimientos.

El aprendizaje continuo es esencial para mantenerse ocupado en actividades que estimulan mentalmente y proporcionan un sentido de logro y satisfacción. Ayuda a sentirse útil y motivado con los desafíos que se presentan en la vida.

FOMENTA EL APRENDIZAJE CONTINUO

1 Dedica tiempo a la lectura

2 Utiliza recursos en línea

3 Inscríbete en cursos y talleres

4 Busca mentores y únete a personas con intereses similares a los tuyos

PRÁCTICA.
FAVORECER EL APRENDIZAJE CONTINUO

La técnica de trabajar con bloques de tiempo es una práctica efectiva para fomentar el aprendizaje continuo. Implica reservar periodos específicos del día o de la semana exclusivamente para actividades de aprendizaje, asegurando un progreso constante y sostenido en la adquisición de nuevos conocimientos y habilidades.

Al establecer bloques de tiempo regulares se crea una rutina que facilita el aprendizaje. Este método ayuda a gestionar el tiempo de manera eficiente, pues elimina la multitarea y permite un enfoque profundo en una sola actividad. Para mantener el interés y reforzar el aprendizaje, es útil variar las propuestas dentro de los bloques, alternando entre lectura, ejercicios prácticos y revisión de material.

Sigue los pasos que se indican a continuación.

1. **Identifica áreas de interés o necesidad**

   ▪ Prepara una lista de las áreas en las que deseas o necesitas mejorar. Pueden estar relacionadas con tu trabajo, tu desarrollo personal o tus aficiones.

   ▪ Establece objetivos claros y específicos para tu aprendizaje. Por ejemplo, «mejorar mis habilidades en diseño gráfico» o «aprender los fundamentos de la fotografía digital».

2. **Planifica el tiempo de aprendizaje**

   ▪ Reserva bloques de tiempo regulares en tu calendario dedicados exclusivamente al aprendizaje. Pueden ser diarios o semanales, dependiendo de tu disponibilidad y preferencias.

   ▪ Decide la duración y la frecuencia de estos bloques. Por ejemplo, 30 minutos al día, una hora tres veces por semana o dos horas los fines de semana.

3. **Selecciona recursos**

   ▪ Elige una variedad de recursos de aprendizaje que se adapten a tus objetivos. Puedes incluir libros, cursos en línea, tutoriales, pódcasts o artículos, entre otros.

   ▪ Asegúrate de tener acceso fácil y rápido a estos recursos durante tus bloques de tiempo asignados.

4. Crea un entorno propicio para la práctica

- Elige un espacio tranquilo y cómodo donde puecas concentrarte sin interrupciones.

- Minimiza las distracciones: apaga las notificacicnes de tus dispositivos y asegúrate de que el entorno esté libre de ruidos innecesarios.

5. Lleva un registro del aprendizaje

- Anota las actividades de aprendizaje realizadas durante cada bloque de tiempo. Utiliza un cuaderno, una aplicación de seguimiento o una simple hoja de cálculo.

- Revisa tu progreso regularmente para evaluar si estás alcanzando tus objetivos de aprendizaje. Ajusta tus métodos y recursos según sea necesario para optimizar tu avance.

6. Mantén la motivación y la disciplina

- Establece metas intermedias y celebra los logros a lo largo del camino. Así mantendrás la motivación y serás consciente del progreso.

- Considera unirte a algún grupo con intereses comunes para compartir experiencias y que te ayude a ser constante.

La técnica de utilizar bloques de tiempo es una estrategia efectiva para incorporar el aprendizaje continuo en tu vida diaria. Al reservar tiempo específico para adquirir nuevos conocimientos y habilidades puedes asegurar un progreso constante y alcanzar tus objetivos de manera más eficiente y sostenible.

DESPERTAR CADA MAÑANA CON GANAS DE VIVIR

Despertar cada mañana con entusiasmo y ganas de vivir es **señal de bienestar**. Este estado de ánimo positivo está estrechamente relacionado con la felicidad, la ocupación productiva y el sentimiento de utilidad. Establecer metas y objetivos genera entusiasmo y compromiso diarios, y tener un ikigai proporciona dirección y significado a la vida. Saber por qué te levantas cada mañana te motiva a empezar el día con energía y determinación.

Iniciar el día con entusiasmo reduce los niveles de estrés y ansiedad, pues se está motivado para afrontar los desafíos de la jornada y la energía y vitalidad aumentan, por lo que las personas que comienzan así por la mañana tienden a ser más activas.

Despertar con ganas de vivir puede marcar una gran diferencia en tu bienestar general y en tu nivel de actividad diaria. A continuación tienes algunas **estrategias** que pueden ayudarte a abrir los ojos cada día con una sonrisa:

- **Planifica tu día**. Organiza el plan diario la noche anterior. Tener un plan claro puede reducir el estrés y hacer que te despiertes con mayor tranquilidad y motivación.

- **Establece una rutina matutina agradable**. Mantén una hora constante para despertarte todos los días y crea un ritual de despertar con el que disfrutes, como escuchar música que te guste, meditar, practicar yoga... Estas actividades te proporcionan algo positivo para anticipar cada mañana.

- **Visualiza el éxito**. Tómate unos minutos al levantarte para marcarte unas metas alcanzables para el día. Visualízate después lográndolas y piensa en cómo te sentirás. Incluye también actividades de las que disfrutes y piensa en esos momentos de placer.

- **Haz una reflexión positiva**. Dedica un momento a reflexionar sobre lo que va bien en tu vida y agradécelo.

- **Toma un desayuno saludable**. Prepárate un desayuno nutritivo que aporte energía a tu cuerpo y mente. Disfruta del momento y saborea cada alimento.

- **Conecta con tus pasiones**. Dedica tiempo del día a actividades que te apasionen y te hagan feliz. Saber que podrás hacer algo con lo que disfrutas puede ser una gran motivación para empezar la jornada..

- **Ten presente tu ikigai**. Trabaja en proyectos o actividades que estén alineados con tu propósito. Esto te proporcionará una razón poderosa para levantarte cada mañana.

Al establecer rutinas agradables, definir metas claras, practicar la gratitud, cuidar tu salud física, tener presente tu ikigai, planificar actividades placenteras, mantener una actitud positiva y preparar el día con anticipación, puedes transformar tus mañanas y comenzar cada día con un sentido de propósito y alegría. Despertar con ganas de vivir es esencial para una vida plena y feliz.

PRÁCTICA.
EL DIARIO DE GRATITUD
Y LA INTENCIÓN DIARIA

El diario de gratitud combinado con la intención diaria es una práctica que puede ayudarte a encontrar un motivo poderoso para despertarte cada mañana con entusiasmo y propósito. Esta práctica se basa en reflexionar sobre las cosas por las que te sientes agradecido y establecer una intención positiva para el día, lo que crea un marco mental optimista y enfocado. Para ello, sigue estos pasos:

1. **Prepara tu diario**

   Selecciona un cuaderno o un diario que te guste y en el que puedas escribir con comodidad. Mantenlo en un lugar accesible, como tu mesita de noche, para que sea lo primero que veas al despertarte.

2. **Establece un tiempo en tu rutina diaria**

   Reserva unos minutos cada mañana para esta práctica. Puede ser antes o después de tus actividades matutinas habituales, como desayunar o ducharte.

3. **Escribe tu agradecimiento**

   - Tómate un momento para reflexionar sobre las cosas buenas de tu vida que agradeces. Puedes incluir personas, experiencias, logros, aspectos de tu salud o simplemente pequeñas cosas que te traen alegría.

   - Escribe en tu cuaderno al menos tres cosas que desees agradecer.

   Ejemplo: «Agradezco el apoyo de mi familia»; «Aprecio oír el canto de los pájaros cada mañana»; «Me siento afortunado de tener buena salud».

4. **Establece una intención diaria**

   Piensa en una intención o un objetivo positivo para tu día. Puede ser algo relacionado con tu actitud, una tarea específica que desees completar, una cualidad que te gustaría cultivar o una manera en que quisieras interactuar con los demás. Sigue los pasos indicados a continuación para formular correctamente tu intención:

- Reflexiona sobre tus metas y valores. Piensa en lo que es importante para ti y en lo que quieres lograr o sentir durante el día. Considera tus objetivos a corto y largo plazo, así como tus valores personales.

- Escribe tu intención en el cuaderno. Esto refuerza tu compromiso y te sirve como recordatorio visual. Ejemplo: «Hoy completaré el proyecto que he estado posponiendo»; «Hoy voy a acompañar mi saludo con una sonrisa».

- Formula tu intención de manera clara y positiva. En lugar de decir «No quiero estar estresado», podrías decir «Quiero abordar mis tareas con calma y enfoque».

- Cierra los ojos y visualiza cómo vivirás y sentirás tu día cuando actúes de acuerdo con tu intención. Imagina los detalles y las emociones asociadas con esa vivencia.

- Durante el día, repite mentalmente tu intención, especialmente en momentos de estrés o cuando necesites redirigir tu enfoque. Esto te ayudará a mantenerla presente y activa en tu mente.

5. Revisa y reflexiona

Al final del día, dedica unos minutos para revisar tu diario:

- Reflexiona sobre cómo se ha desarrollado tu jornada en relación con las cosas por las que mostraste tu gratitud y si lograste cumplir tu intención diaria. Ejemplo: en el caso de las propuestas de gratitud mostradas anteriormente, estas reflexiones podrían ser: «Pienso en el apoyo que recibí de mi familia durante el día»; «Recuerdo el canto de los pájaros al amanecer»; «Me siento bien por haberme cuidado y comido de forma saludable».

- Anota cualquier aprendizaje o ajuste que quieras hacer para el día siguiente.

Esta revisión te ayudará a mantener un ciclo continuo de mejora y reflexión.

Utilizar el diario de gratitud y la intención diaria es una práctica sencilla pero poderosa que puede transformar tu forma de empezar el día porque te ofrece un sentido de propósito, positividad y motivación. Esta rutina te ayuda a enfocar tu mente en lo que realmente importa y a vivir cada día con mayor intencionalidad y satisfacción. Reconocer tus logros y cualidades positivas regularmente refuerza tu autoestima y confianza.

Como hemos visto, mantener una actividad física y mental es esencial para una vida saludable y longeva. Los beneficios abarcan desde el bienestar psicológico y cognitivo hasta la salud física y las conexiones sociales. Además de mejorar la calidad de nuestra existencia, también puede aumentar nuestra esperanza de vida. Sentirnos útiles y estar ocupados con actividades que nos apasionan nos mantiene conectados, y fortalecer nuestro ikigai nos permite disfrutar de una existencia plena, satisfactoria y longeva.

仕方がない

仕方がない
Shikata ga nai

Expresión japonesa
que refleja una actitud
de aceptación
y resignación ante
circunstancias que están
fuera de nuestro control.
Shikata ga nai es una forma
de aceptar la realidad tal
como es, en lugar
de resistirse a ella.
Se traduce literalmente
como «no se puede evitar».

Esta perspectiva
puede ayudar a manejar
el estrés y la frustración
cuando se enfrentan
situaciones difíciles
o imprevistas.

ACEPTAR LA REALIDAD Y VIVIR EL MOMENTO

En un mundo que se mueve a un ritmo vertiginoso, lleno de cambios constantes e incertidumbre, la habilidad de aceptar la realidad y dejar de controlar cada aspecto de nuestras vidas se ha convertido en una necesidad esencial para el bienestar emocional y mental.

Aceptar la realidad no significa resignarse pasivamente ante las circunstancias, sino más bien reconocer y abrazar el momento presente con todas sus imperfecciones y desafíos. Esta aceptación se convierte en la base para responder a los eventos de la vida de manera más efectiva y con mayor claridad. Dejar de controlar implica abandonar la ilusión de que podemos prever y manejar cada detalle de nuestras vidas. Este control, a menudo, se convierte en una fuente de ansiedad y frustración cuando las cosas no salen según lo planeado. Al renunciar a esta necesidad de control, abrimos espacio a la espontaneidad y la flexibilidad y permitimos que las oportunidades inesperadas y las nuevas perspectivas enriquezcan nuestra experiencia.

En lugar de luchar contra la corriente, aprender a fluir con ella nos permite ahorrar energía, reducir el estrés y encontrar soluciones creativas y sostenibles. La práctica de dejar que todo fluya, basada en la aceptación y la adaptabilidad, nos invita a adoptar una perspectiva más serena y equilibrada frente a las vicisitudes de la vida diaria. Está estrechamente relacionada con el concepto de atención plena o *mindfulness*, que nos enseña a vivir en el momento presente, observando nuestros pensamientos y emociones sin juzgarlos ni tratar de cambiarlos. Este enfoque nos ayuda a mantener la calma y la concentración, incluso en medio de la turbulencia, y nos posibilita la toma de decisiones sabias y conscientes.

Este capítulo explora cómo aceptar la realidad tal como es, sin la constante necesidad de intervención o modificación, puede llevarnos a una existencia más armoniosa y menos estresante. Profundizaremos en las técnicas y los enfoques que nos ayudarán a vivir el presente, soltar el control y permitir que las cosas fluyan de manera natural. Descubriremos que la atención plena puede ser una aliada poderosa en este proceso y que integrar estas prácticas en nuestra vida diaria nos lleva a una existencia más equilibrada.

LA HABILIDAD DE PERMITIR QUE TODO FLUYA

La habilidad de permitir que todo fluya, a menudo referida como «dejar fluir» o «soltar», es una práctica mental y emocional que implica aceptar las situaciones tal como vienen sin tratar de controlarlas o resistirse a ellas. Este enfoque puede ser especialmente útil en momentos de estrés o incertidumbre, y es una pieza central en muchas filosofías y prácticas de *mindfulness* y bienestar emocional.

Los **aspectos clave** de esta habilidad son:

- **Aceptar la realidad**. La capacidad de dejar fluir comienza con la aceptación de lo que es, sin juzgar si es bueno o malo. Esto no significa resignación o pasividad, sino reconocer y aceptar la realidad para tener la capacidad de responder a ella de manera efectiva.

- **Conciencia del momento presente**. Estar plenamente presente en el aquí y ahora es fundamental para dejar fluir. Esto implica una atención plena, que significa observar los pensamientos, sentimientos y sensaciones, pero sin aferrarse a ellos.

- **Desapego de los resultados**. Al dejar fluir, se reduce la importancia de los resultados específicos. En lugar de estar obsesionado con un único resultado, se valora el proceso y se está abierto a diversas posibilidades y desenlaces.

- **Resiliencia emocional**. Dejar que las cosas fluyan requiere una cierta dosis de resiliencia emocional, la capacidad de enfrentar las emociones incómodas, como la incertidumbre, el miedo o la decepción, sin dejar que dicten nuestras acciones.

- **Flexibilidad y adaptabilidad**. Ser flexible y adaptarse a las circunstancias cambiantes son aspectos cruciales de esta habilidad. Esto significa estar dispuesto a ajustar los planes y las expectativas a medida que surgen nuevas informaciones o situaciones.

- **Práctica de la meditación o *mindfulness***. La práctica regular del *mindfulness* es muy útil para cultivar la habilidad de dejar fluir, como veremos más adelante en este capítulo. Ayuda a centrar la mente, reducir el estrés y mejorar la capacidad de responder a los eventos de la vida.

- **Confianza y paciencia**. La confianza en uno mismo y en el proceso de la vida es fundamental para dejar que las cosas fluyan. Esto va acompañado de paciencia, una aceptación de que algunas cosas requieren su propio tiempo para desarrollarse.

Fomentar la habilidad de dejar fluir puede llevar a una vida más tranquila y satisfactoria, reduciendo los niveles de estrés y aumentando la satisfacción personal. Además, es una forma de mejorar las relaciones interpersonales, ya que frena la tendencia a querer controlar o cambiar a los demás.

CONCEPTO DE *FLOW*

Flow, también conocido como el estado de flujo, es un término psicológico introducido por el psicólogo Mihály Csíkszentmihályi. Este concepto se refiere a una experiencia óptima de inmersión total y absorción en una actividad, caracterizada por un enfoque completo y de disfrute en el proceso. Durante el flujo, las personas suelen experimentar una profunda implicación y un sentido del tiempo alterado que, a menudo, hace perder la noción del mismo.

Algunos **aspectos clave** del estado de flujo son:

- **Equilibrio entre habilidad y desafío**. El flujo ocurre cuando hay un equilibrio perfecto entre los desafíos de una tarea y las habilidades de una persona. Si la tarea es demasiado fácil o demasiado difícil en comparación con las habilidades que se poseen, es menos probable que se alcance el flujo.

- **Claridad de objetivos**. Durante las actividades que inducen al flujo, los objetivos suelen estar claramente definidos, de modo que la persona sabe exactamente qué es lo que se espera y puede involucrarse completamente en alcanzarlos.

- **Retroalimentación inmediata**. La actividad proporciona una forma de retroalimentación inmediata, en la cual el éxito y el avance son evidentes. Esto ayuda a la persona a ajustar su actuación y mantener el rumbo hacia el objetivo.

- **Concentración en la tarea en sí**. La persona está completamente absorta en la tarea, con un alto grado de concentración. Durante el flujo, las distracciones se desvanecen del campo de conciencia y la atención se enfoca solo en la actividad.

- **Sensación de control**. Aunque la tarea puede ser desafiante, las personas suelen experimentar un gran sentido de control personal sobre el resultado y su capacidad para manejar los desafíos presentados.

- **Pérdida de la autoconciencia**. Durante el flujo, las personas a menudo pierden la conciencia de sí mismas, y sus preocupaciones cotidianas o el sentido del yo se disuelve, centrando todo su ser en la actividad en cuestión.

- **Transformación del tiempo**. La percepción del tiempo puede cambiar; muchas personas sienten que el tiempo «vuela» cuando están en un estado de flujo.

El estado de flujo es altamente gratificante y puede contribuir al crecimiento personal y a un rendimiento óptimo. Sumergirse en tareas que nos apasionan nos permite alcanzar un alto nivel de concentración e inspiración. Se asocia con actividades variadas, que incluyen el trabajo, el aprendizaje, el deporte y las artes. Buscar situaciones en las que el flujo es posible puede mejorar la satisfacción y la motivación en la vida diaria, así como aumentar la productividad y la creatividad.

El estado de *flow* sirve para lo siguiente:

- **Mejorar el rendimiento**. Permite alcanzar niveles óptimos de rendimiento en diversas actividades, desde el trabajo y el estudio hasta el deporte y las artes. Las personas en estado de flujo son más productivas, creativas y eficientes.

- **Aumentar el aprendizaje y la creatividad**. La concentración intensa y la inmersión total abren la posibilidad de descubrir nuevas ideas y perspectivas, por lo que se facilita el aprendizaje profundo y la resolución creativa de problemas.

- **Incrementar el bienestar emocional**. Las experiencias de flujo están asociadas con una alta satisfacción y disfrute. Estas situaciones contribuyen significativamente al bienestar emocional y a la felicidad general.

- **Reducir el estrés y la ansiedad**. Al estar completamente inmerso en una actividad placentera y desafiante, las preocupaciones y el estrés disminuyen. El flujo actúa como un refugio psicológico que brinda un descanso de las presiones diarias.

- **Favorecer el desarrollo personal y profesional**. A medida que se dominan nuevas habilidades y se enfrentan desafíos, la confianza y la autoestima también aumentan. Experimentar el *flow* regularmente puede conducir al crecimiento personal y profesional.

- **Fomentar la resiliencia**. La práctica de alcanzar este estado puede fortalecer la resiliencia, ya que enseña a enfrentar y superar desafíos con una actitud positiva y comprometida.

El *flow* es un estado mental altamente beneficioso que mejora el rendimiento, fomenta el aprendizaje y la creatividad y contribuye al bienestar emocional. Comprender y cultivar las condiciones para entrar en estado de flujo puede transformar tanto las experiencias cotidianas como las actividades más exigentes, lo que conduce a una vida más plena y satisfactoria.

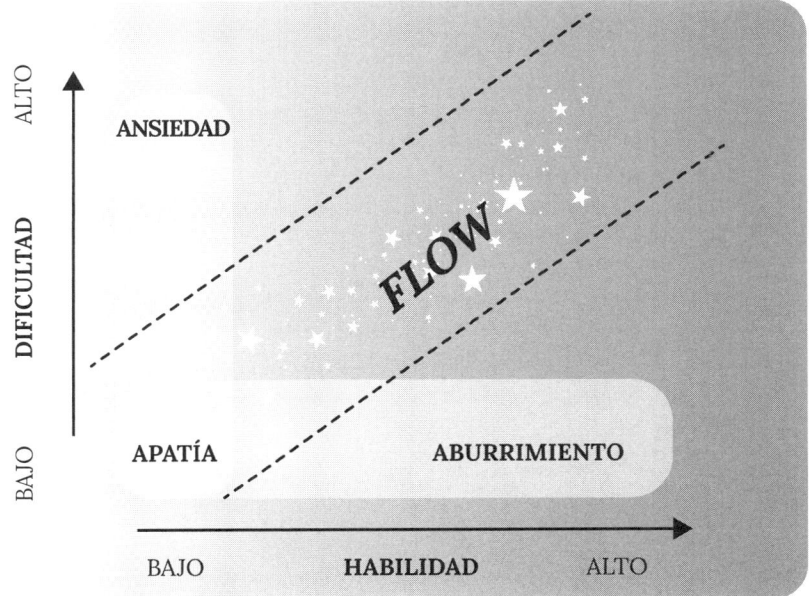

FLUIR CON LA PASIÓN

Fluir con la pasión significa permitir que el entusiasmo y la dedicación por una actividad o interés te guíen y te absorban completamente en el proceso, lo que lleva a una experiencia de flujo. Este concepto se entrelaza con el descrito por Mihaly Csikszentmihalyi, pero se enfoca de manera específica en la energía y el entusiasmo que provienen de hacer algo que amas profundamente.

Cuando estás apasionado por algo, te sumerges completamente en la actividad. Toda tu atención está concentrada en ella y te sientes presente en el momento. Fluir con la pasión a menudo implica una dosis alta de creatividad y autoexpresión. Te permite explorar nuevas ideas, soluciones y formas de hacer las cosas que amas. La combinación de habilidades y desafíos adecuados, junto con la pasión, puede llevar a un rendimiento excepcional.

Al igual que con el estado de flujo, cuando fluyes con la pasión, puedes perder la noción del tiempo. Es posible que las horas parezcan minutos porque estás absorto en lo que haces. A menudo, esta experiencia está ligada también a un sentido de propósito personal. Sientes que tu actividad tiene un significado y valor más profundos, lo que aumenta tu motivación y compromiso y mejora tu bienestar emocional al proporcionarte una fuente constante de alegría y satisfacción. Esto tiene efectos positivos en tu salud mental y en tu calidad de vida en general.

Para fluir con la pasión, es importante identificar lo que realmente te apasiona y buscar oportunidades para involucrarte en esas actividades. Esto requiere de un proceso de autoexploración y experimentación que te dé la posibilidad de descubrir y cultivar tus intereses y talentos. Una vez que encuentres aquello que te apasiona, darte permiso para sumergirte en ello sin restricciones ni distracciones, lo que te ayudará a experimentar plenamente el estado de flujo y disfrutar de los beneficios que trae consigo.

PRÁCTICA.
EL *FLOW* CON UN PROYECTO CREATIVO

Esta práctica te permitirá entrar en un estado de flujo trabajando en un proyecto creativo con el que disfrutes. Solo necesitas 90 minutos para realizar la sesión. Sigue los pasos indicados a continuación.

1. **Elige una actividad creativa**

   Selecciona una actividad que te apasione y que tenga un equilibrio adecuado entre desafío y habilidad. Puede ser pintar, escribir, tocar un instrumento musical, programar, diseñar, cocinar, etc.

2. **Prepara el entorno**

   Encuentra un lugar tranquilo donde no puedan interrumpirte y apaga tus dispositivos electrónicos para evitar posibles distracciones.

   Asegúrate de tener todos los materiales y herramientas necesarios a mano antes de comenzar.

3. **Establece un objetivo claro**

   Define un objetivo específico para tu sesión y asegúrate de que sea alcanzable dentro del tiempo disponible, y también lo suficientemente desafiante.

   Ejemplo: «Escribir 1000 palabras de mi historia»; «Completar el boceto de una pintura»; «Aprender a tocar una nueva pieza musical».

4. **Inicia la práctica con una rutina de entrada**

   Dedica unos minutos a una breve rutina que indique a tu mente que estás a punto de comenzar una actividad importante. Puede ser respirar profundamente, estirarte o repetir una afirmación motivadora.

5. **Enfócate en el proceso, no en el resultado**

   Concentra tu atención en la actividad misma y no en el resultado final. Disfruta cada paso del proceso creativo. Si te encuentras pensando en el resultado final, suavemente redirige tu atención de vuelta al proceso.

6. **Utiliza un temporizador**

Programa un temporizador que te avise a los 90 minutos. Durante este tiempo, comprométete a trabajar ininterrumpidamente en tu proyecto.

7. **Sumérgete en la actividad**

Deja que el tiempo se desvanezca. Si tu mente se distrae, reconduce tu atención de vuelta al trabajo. Mantén una actitud abierta y curiosa, y permite que las ideas fluyan con libertad sin juzgarlas de inmediato.

8. **Aplica una retroalimentación inmediata**

Observa y responde a los resultados de tus acciones en tiempo real. Por ejemplo, si estás pintando, ajusta los colores y las formas según lo que ves en el lienzo.

9. **Haz una reflexión final**

Al final de los 90 minutos, detén tu actividad y reflexiona sobre la experiencia:

- ¿Te sentiste completamente inmerso?
- ¿Perdiste la noción del tiempo?
- ¿Qué aspectos de la actividad te ayudaron a mantener el enfoque?

Repite este ejercicio con regularidad. Con el tiempo, ajusta los elementos (como la elección de actividad, el entorno o la duración) para optimizar tu capacidad de entrar en el estado de flujo.

Esta práctica te permitirá mejorar el rendimiento y trabajar de manera más eficiente y creativa, reducir tus niveles de estrés y ansiedad, aumentar tu satisfacción general y mejorar tus habilidades en esa actividad más rápidamente.

FLUIR CON LO COTIDIANO

Al igual que se puede fluir con la pasión, también se puede hacer con lo cotidiano. En este caso, se trata de abordar las actividades diarias con una actitud de aceptación, presencia y adaptabilidad, permitiendo que las cosas se desarrollen de manera natural sin tratar de forzar o controlar excesivamente cada aspecto. Es una forma de vivir en armonía con los eventos diarios y responder a ellos de manera flexible y equilibrada.

Fluir con lo cotidiano implica aceptar las situaciones tal como son, sin resistirse ni tratar de cambiarlas inmediatamente. Esto no significa resignación, sino una comprensión de que ciertas cosas están fuera de nuestro control y que es más útil adaptarse a ellas. También requiere estar presente en el aquí y ahora, en lugar de preocuparse por el pasado o el futuro, y ser flexible y adaptable ante los cambios y las sorpresas que puedan surgir en el día a día. Al permitir que las cosas fluyan y no tratar de controlarlas excesivamente, se reduce el estrés y la ansiedad, y esto conduce a una vida más tranquila y equilibrada.

Para entrar en estado de flujo, no hay que estar demasiado apegado a un resultado específico. Es necesario enfocarse más en el proceso y en disfrutar cada momento, independientemente del resultado final, y confiar en que las cosas se vayan a desarrollar como deben y que se tiene la capacidad de manejar lo que venga. Esto implica una actitud de confianza en uno mismo y en el curso natural de los eventos. Aunque es necesario tener planes y metas, fluir con lo cotidiano también significa estar abierto a la espontaneidad y a los cambios de plan. Es un equilibrio entre tener una dirección y estar disponible para las oportunidades inesperadas.

Al permitir que las cosas fluyan y no tratar de controlarlas excesivamente se puede encontrar alegría y satisfacción en las tareas diarias, desde las más simples hasta las más complejas. Este enfoque reduce el estrés y la ansiedad y promueve una vida equilibrada y serena, con la que es posible disfrutar plenamente de cada momento y adaptarse a los cambios con resiliencia.

LA ATENCIÓN PLENA

La práctica de la meditación se basa en cultivar la atención plena, o *mindfulness*, que nos permite estar completamente presentes en el momento. En lugar de dejarnos llevar por la corriente de pensamientos automáticos, aprendemos a anclarnos en el ahora, a respirar conscientemente y a observar sin juicio. Este enfoque consciente calma nuestra mente y nos permite responder a las situaciones de la vida con mayor ecuanimidad y sabiduría. Estar presentes nos posibilita **conectar más profundamente con nosotros mismos y con los demás**. Esta conexión nos lleva a una mayor claridad mental y emocional y facilita una comprensión profunda de nuestras verdaderas necesidades y deseos.

Los **beneficios** del *mindfulness* son numerosos, desde la mejora de la salud mental y la reducción del estrés hasta el aumento de la concentración y la creatividad. La atención plena nos proporciona las herramientas para navegar por la vida con una mayor sensación de paz y satisfacción. A través de su práctica regular podemos cultivar una mente tranquila y un corazón abierto, y transformar nuestra relación con nosotros mismos y con el mundo que nos rodea.

En el mundo actual, en el que las demandas y las distracciones son constantes, la mente se encuentra en un estado perpetuo de agitación. Las preocupaciones sobre el futuro, los arrepentimientos por cuestiones del pasado y las múltiples tareas del presente pueden generar un caos interno que afecte a nuestro bienestar emocional y físico. En este contexto, la meditación surge como una herramienta poderosa y accesible para entrenar la mente, a la que se le ofrece un refugio de calma y claridad.

Meditar es una técnica que permite transformar la relación con nuestros pensamientos y emociones. A través de la meditación aprendemos a observar nuestros procesos mentales sin dejarnos arrastrar por ellos y desarrollamos una mayor conciencia y control sobre nuestra mente. Este entrenamiento mental nos ayuda a reducir el estrés y la ansiedad, ya que nos liberamos de la carga de lo que no podemos controlar, a la vez que mejora nuestra concentración, creatividad y capacidad de tomar decisiones.

La práctica de la atención plena o *mindfulness* puede integrarse en cualquier momento del día. Entrenar la mente también implica desarrollar cualidades, como la paciencia, el no juicio o el desapego, entre otras actitudes que veremos a continuación.

LAS ACTITUDES DEL *MINDFULNESS*

Jon Kabat-Zinn estudió meditación budista en la India y creó un programa de reducción del estrés a su regreso a los Estados Unidos en los años setenta. Fue uno de los pioneros en traer el *mindfulness* a Occidente. Kabat-Zinn destaca varias actitudes esenciales que son fundamentales para cultivar una mente plena y consciente y que vamos a analizar a continuación.

Además de guiar la práctica formal de la meditación, también pueden integrarse en nuestra vida cotidiana para fomentar el bienestar y la resiliencia.

Originalmente habló de siete actitudes, aunque posteriormente las amplió a nueve. Reconoce que puede haber otras importantes, pero que de algún modo están relacionadas con estas.

1. Mente de principiante

Es la actitud de la curiosidad. Mirar a tu alrededor con la intención de descubrir nuevas cosas, prestando atención a los detalles, observando el entorno como si fuera la primera vez. Supone aceptar que el momento presente es siempre nuevo. Tendemos a ver el mundo desde la óptica de lo que ya conocemos, lo que ya creemos. Recuerda cuántas veces has visto a los niños disfrutando con atención de lo que les rodea, preguntando por todo y manifestando su sorpresa ante cada nuevo hallazgo. ¿No has pensado en alguna ocasión que ojalá pudieras sentir tú tanta alegría al realizar las actividades cotidianas y que pudieras aprender y descubrir algo nuevo cada día?

Shoshin es un concepto del budismo zen que se traduce como «mente de principiante» y se refiere a tener una actitud de **apertura, entusiasmo y falta de ideas preconcebidas ante una situación**. A los adultos nos cuesta apartar las experiencias previas que guardamos en nuestra mente, las creencias que tenemos arraigadas, y, en la mayoría de las ocasiones, nos movemos en modo automático, de una manera aparentemente práctica. Ante muchas situaciones nos comportamos como si fueran repetidas, con la sensación de que ya sabemos todo lo necesario y no es posible aprender nada nuevo: actuamos con mente de experto y no vemos la realidad. Pero nada es inmutable, los hechos no suceden siempre del mismo modo, y hay muchos detalles que pasamos por alto y de los que no somos conscientes.

La mente de principiante tiene espacio para la sorpresa, te coloca en el aquí y en el ahora, no emite juicios a partir de experiencias previas y está dispuesta a aprender. Abre un camino a la creatividad, a la imaginación, a preguntarse constantemente y estar atento a los detalles. Consiste en mirar el mundo con los ojos de un niño, en recuperar parte de esa inocencia e ilusión.

Lo más importante para empezar es ser consciente de que tú y todo lo que te rodea estáis en constante movimiento. Lo siguiente es que aceptes el reto de mirar todo como si fuera la primera vez, de estar presente en el aquí y ahora y dejar aparte las ideas previas que tienes de cada cosa.

Puedes poner en práctica la mente de principiante en las **actividades de tu vida cotidiana**: al caminar, al hacer la compra, al ir a clase, mientras preparas la comida, al comer, etc. Haz la prueba a partir de ahora y disfruta de los detalles. Mientras comes, por ejemplo, puedes poner tu atención en los sabores, en las texturas, en la temperatura, en el punto de sal, en sentir el contacto de la comida en tu boca, etc. Imagina que es la primera vez que tomas ese alimento, seguro que descubres matices de los que no eras consciente. Prueba con otras actividades y activa siempre «una nueva mirada».

También puedes practicar en tus **relaciones con los demás**. Cualquier día es bueno para empezar a observar a las personas con las que te relacionas habitualmente como si fuera la primera vez que las ves. Practica tu curiosidad, mira con detalle su versión actual sin percibir solo el reflejo de lo que ya crees saber de ella. Recuerda la mirada fresca de la niñez y utilízala. Puede que la realidad de hoy te sorprenda.

Regálate una pequeña pausa entre tus tareas y date un respiro. En este espacio de tiempo observa y **escucha tu cuerpo**. Nota tu respiración y haz un breve escaneo mental de la cabeza a los pies, sin prisas, y simplemente siente, sin necesidad de poner ninguna etiqueta a las sensaciones o a las emociones que percibes. Al observarlas con la mente de principiante serás capaz de separarte de ellas, de verlas desde fuera, y dejar de igualar tu identidad a lo que sientes.

2. No juicio

Cada vez que nos encontramos delante de una realidad emitimos de manera casi automática nuestro juicio. Necesitamos poner rápidamente una etiqueta a lo que sucede y discernir si es bueno o malo, si nos gusta o no nos gusta, si lo amamos o lo odiamos, si nos agrada o desagrada, etc. Con los juicios aplicamos un filtro rápido de lo que nos acontece que nos impide ver la realidad tal y como es; lo que vemos es el reflejo de cómo somos y cómo interpretamos las vivencias. Esta clasificación rápida que hacemos con los juicios resulta útil si hablamos de supervivencia, pues aportan rapidez en la toma de decisiones instantáneas. En contra, dichos juicios ocurren tan deprisa que no somos conscientes de que evaluamos constantemente nuestro entorno condicionando nuestra interpretación. Son los responsables de que nos inquietemos por querer algo que no tenemos o por no querer algo que tenemos.

Son el origen de nuestra agitación emocional continua que nos hace sentirnos insatisfechos con la vida.

El «no juicio» es la capacidad de aplicar distancia de los juicios que nuestra mente subconsciente genera. Es poner la atención en las experiencias presentes sin quedar atrapados en ideas, gustos u opiniones previos de lo que estamos observando en cada momento. Nos ayuda a separar la realidad de nuestras reacciones automáticas. Aplicar el «no juicio» es una invitación a no tener que estar evaluando constantemente nuestros pensamientos, sensaciones y emociones como buenos o malos, sino simplemente ser conscientes de ellos y de cómo aparecen y desaparecen, sin más. No se trata de una actitud pasiva, sino de ser capaces de separar la realidad de automatismos antiguos y poder acercarnos a la misma de manera más inteligente.

Practicar el «no juicio» es todo un reto para nuestra mente. Para empezar, decirle que «no» haga algo es poner el foco precisamente en esa actividad, así que mejor centrar la atención en «ir más allá del juicio», ser conscientes de él para tomar distancia y poder apartarlo. Puedes entrenar con cualquier actividad cotidiana para adquirir este hábito. Escoge cada día una en la que poner tu atención y que etiquetes al instante como agradable o desagradable, me gusta o no me gusta, etc. Analiza después qué pensamientos y sensaciones te acompañaban mientras realizabas la actividad y si has sido consciente de ellos en el momento.

3. Paciencia

La paciencia consiste en no querer acelerar el ritmo natural de los sucesos y en reconocer que cada cosa necesita su tiempo para desarrollarse. Es la habilidad de mantener una actitud serena durante la espera, especialmente ante circunstancias difíciles. Implica una calma interior y compasión y benevolencia hacia uno mismo y al acontecimiento en sí.

Vivimos en un mundo de prisas y exigencias, anhelando conseguir con rapidez algo que todavía no existe, y es que la mente tiende a anticiparse a la realidad que se vive en cada momento. La paciencia necesita que observemos nuestra tendencia a querer anticipar cada instante y desear que llegue rápidamente el siguiente.

En muchas ocasiones, seguramente, tienes la sensación de que las cosas van más lentas de lo que esperas, o quizá quieras que se desarrollen de otro modo. Si lo piensas, seguro que se te ocurren varios ejemplos solo en el día de hoy. Mientras haces eso, pierdes la oportunidad de vivir el momento al tiempo que aumenta tu estrés y ansiedad, y es posible que sientas frustración por no poder cambiar el ritmo marcado.

Ser paciente no es sentarse a esperar sin hacer nada, sino elegir conscientemente con calma y serenidad qué hacer en el momento presente. Cuando te encuentres realizando una actividad y detectes que estás tratando de acabarla con prisas para ponerte con la siguiente, o creas que la realidad no avanza a un ritmo alineado con tus expectativas, párate un momento y respira. Trata de poner en práctica lo siguiente:

- Observa qué ocurre en tu interior, qué sientes cuando las cosas no avanzan al ritmo que esperas.

- Presta atención a tu cuerpo e identifica qué sensaciones corporales van asociadas a esa impaciencia.

- Observa también qué pensamientos cruzan tu mente y qué emociones se asocian a cada uno de ellos.

- Vive el momento y pon el foco en el ahora, no en expectativas o resultados futuros.

4. Confianza

Confiar es tener seguridad en alguien o en uno mismo y creer que algo va a ir bien aunque no tengamos control sobre lo que sucede; la confianza es la actitud que nos lleva a confiar.

La confianza puede estar depositada en los demás, en la seguridad que tenemos de que estarán disponibles y nos prestarán su ayuda cuando la necesitemos; en nosotros mismos cuando apostamos sin miedo por nuestros conocimientos, capacidades e intuición para tomar decisiones; en la propia vida cuando esperamos que nos proporcione las experiencias necesarias para aprender y evolucionar, aunque a veces no resulten agradables.

Para confiar en los demás es necesario confiar primero en nosotros mismos, y para eso debemos conocernos bien, escucharnos, saber lo que nos pasa, tener seguridad en nuestras capacidades y en la fortaleza de nuestro mundo interior, que nos van a ayudar a vivir cada experiencia vital obteniendo de ella el mayor aprendizaje. Confiar implica moverse con seguridad más allá de la certidumbre y saber gestionar el miedo de no saber qué va a ocurrir en el momento siguiente. La confianza es una actitud que hay que entrenar también y cultivarla cada día.

Hay cuatro acciones importantes que te ayudarán a aumentar y afianzar tu confianza:

- Sé consciente de momentos de inseguridad en tu vida diaria y observa las sensaciones que se producen en tu cuerpo y los pensamientos que cruzan tu mente. No los juzgues, solo comprueba que si no te aferras a esas ideas aparecen y desaparecen por sí solas.

- Proponte por lo menos un reto semanal para hacer algo que normalmente no te atreves a poner en práctica. Empieza por cosas sencillas y te darás cuenta de que poco a poco te atreves con nuevas propuestas.

- Escribe en un cuaderno los éxitos que vayas logrando y revísalos cuando detectes un signo de inseguridad en tu vida.

- Modifica tu postura. Cuando te encuentres en un momento de falta de confianza, fíjate en cuál es la posición de tu cuerpo. Ahora estírate, pon la espalda recta, echa los hombros hacia atrás, separa tus piernas un poco, nota tus pies anclados con fuerza al suelo y respira profundamente. Observa cómo han cambiado tus sensaciones.

5. Desapego y dejar ir

El desapego es la capacidad de salir de nuestra zona de confort y aprender a dejar de necesitar, de depender y de vivir con miedo a perder cosas a las que nos aferramos. No significa que no nos importen, sino que las podemos valorar desde un punto de vista más objetivo, flexible y dinámico. Liberarse de dependencias hace que se viva en ausencia de miedo.

Muchas veces nos aferramos a personas, emociones, situaciones y cosas como si nos fuera imposible seguir viviendo sin ellas. Esto hace que vivamos con miedo a perder cualquiera de ellas, pasando por alto la realidad de que todo cambia y nada permanece inalterable, lo que nos hace vivir con angustia e impide nuestra felicidad. Retener nos desgasta. En ocasiones nos aferramos a cosas por costumbre —puede que incluso nos causen malestar— porque creemos que forman parte de una realidad que consideramos única.

Dejar ir es soltar lastre, liberarse de preocupaciones, dejar que todo fluya, no tratar de retener lo que está destinado a cambiar o marcharse definitivamente. Es como respirar, tomar aire y dejarlo salir. Consiste en vivir con más naturalidad. El dolor de una pérdida no se puede evitar, el sufrimiento por seguir aferrado a ella sí.

Practicar esta actitud supone aprender a observar, analizar y aceptar para seguir abriéndose a nuevas posibilidades. Si quieres empezar a entrenar esta actitud, puedes empezar por los siguientes pasos:

- Descubre cuáles son tus apegos, tantos los que tengas por cosas materiales como los internos de pensamientos y creencias. Observa si esos apegos te están impidiendo que se abran nuevas posibilidades.

- Contempla los apegos con amabilidad y sin juicio. Simplemente toma conciencia de su existencia.

- Identifica qué emociones y sentimientos te generan esos apegos. Reflexiona acerca del propósito que cumplen en tu vida, qué necesidades estás tratando de cubrir y cómo puedes satisfacerlas con tus acciones.

- Contempla la posibilidad de ver las cosas desde otro punto de vista, dejando a un lado las certidumbres y probando algo desconocido.

- Aprende a reírte de ti mismo. Al hacerlo muestras un grado de desapego, te vuelves más flexible y empiezas a relativizar.

Vive el presente, acepta y asume la realidad. Si algo ha cumplido su función, **agradece lo que hizo por ti y déjalo ir**.

6. Aceptación

La aceptación es el reconocimiento activo de que las cosas son como son. Consiste en ser consciente de la realidad, sin reacciones emocionales que distorsionen el foco, para decidir cómo relacionarnos y actuar ante ella. Aceptar es un hecho voluntario que no impide buscar cambios, una vez que se conoce cuál es el punto de partida para actuar a partir de él. Resistirse a la realidad y no aceptarla envuelve cualquier experiencia en una capa de sufrimiento innecesario.

Puedes empezar a practicar esta actitud en el día a día. Es necesario un entrenamiento continuo para que, poco a poco, quede incorporada de manera natural en tu vida y te ahorre muchos desgastes emocionales tratando de cambiar las cosas sobre las que no tienes poder de actuación. Por ejemplo, durante una semana, proponte cada día el objetivo de poner tu atención en una situación o comportamiento que observes que te desagrade y sobre los que no puedes actuar (un atasco, un día de lluvia, has perdido un tren, etc.):

- Observa cuál es tu reacción ante ese hecho y qué emociones se activan en ti. Sé consciente de la energía que estás gastando en resistirte a aceptar esa realidad.

- Analiza si te está provocando un malestar añadido: nervios, impotencia, etc., y qué pensamientos pasan por tu cabeza. Fíjate qué sensaciones físicas estás sintiendo durante todo este proceso.

- Prueba a no dar vueltas a esa realidad ni a reaccionar emocionalmente ante ella. Acepta los hechos como se presentan y reflexiona acerca de si hay algo que te estés perdiendo por aceptarlo.

- Observa cómo reacciona tu cuerpo cuando no gastas energía en resistirte a esa situación.

Sigue practicando hasta que interiorices esta forma de actuar. Verás cómo el estrés disminuye.

7. No esforzarse. Aprender a ser

No forzar consiste en dejar que la vida fluya sin intervenir constantemente en cada situación para que el recorrido sea otro. Se trata de «aprender a ser» y no de «hacer» en todo momento. Es mantener una actitud distendida que permita estar presente en la experiencia tal como aparece, sin emitir juicios y sin actuar precipitadamente. Invita a poner el foco en vivir desde la facilidad y no luchando permanentemente contra la realidad. De este modo, la acción que surja no irá acompañada de esfuerzos desproporcionados que lleven al estrés, a estar de mal humor o a dejar de encontrar el sentido a las cosas.

Podemos ver un ejemplo muy claro en la naturaleza. Cuando estamos nadando y entramos en una zona de remolino que nos lleva mar adentro, la primera respuesta suele ser esforzarse en nadar más rápido empleando más potencia para tratar de salir de ahí lo antes posible. Los que mantienen la calma y entienden que el proceso natural del mar es terminar llevando todo a la orilla, dejan de malgastar la energía en nadar contracorriente, permanecen haciendo el esfuerzo único de flotar en su superficie y esperan que la propia marea les acabe sacando de allí. Esta actuación de «no esfuerzo» les salva la vida.

Como puedes ver, el no esfuerzo no significa ni falta de interés ni pereza, sino estar en el tiempo presente, moverse al ritmo de la realidad y adoptar las mejores decisiones en cada momento sin tratar de forzar resultados. Supone poner el foco en los procesos, ser consciente de ellos, decidir sin precipitación y sin estar tan pendiente de obtener rápidamente resultados.

En una sociedad en la que estamos muy acostumbrados a que se dé un valor desproporcionado al sobreesfuerzo en sí mismo, aparentemente resulta una paradoja defender esta actitud. Sin embargo, aprender a desarrollarla supone una conducta más natural ante la vida que facilita la toma de decisiones y ayuda a emplear la energía allí donde es necesaria sin malgastarla en acciones poco productivas, como tratar de controlarlo todo o que las cosas sigan únicamente el camino que nosotros queramos.

Para practicar esta actitud, ante todo es necesario que pongas tu atención en el día a día y prestes atención a tus tareas cotidianas:

- Elige cada día una de las tareas rutinarias que desarrolles y observa si a la hora de realizarla estás actuando desde la facilidad, la rigidez, la necesidad de control o desde la aceptación.

- Si consideras que no la estás haciendo aproximándote a ella desde la facilidad, pregúntate de qué otro modo podrías actuar para no malgastar energía. Reflexiona acerca de si estás teniendo en cuenta la situación actual o si tu mente está peleando por que sea otra distinta.

- Cuando vayas a empezar un nuevo proyecto, observa cómo es tu relación con el proceso y con el resultado que tienes que lograr. Observa si te centras en abordar cada situación sin rigidez, prestando atención al momento para adoptar decisiones que faciliten, con las que incluso disfrutes, o si solo estás obsesionado por cómo llegar cuanto antes al resultado.

Tomar conciencia de cómo afrontas tus tareas te ayudará a modificar tu forma de actuar cuando sea necesario.

Solo los humanos nos empeñamos en abrir un paraguas durante un vendaval —con el esfuerzo que eso supone y con el nulo resultado que obtenemos— para que no caigan algunas gotas en nuestra cabeza mientras nos llega agua por todos los lados. Ser conscientes en el día a día de los momentos en los que estamos esforzándonos por luchar contra la situación que se nos presenta, tomando decisiones rígidas o de control que requieren de un gran esfuerzo por nuestra parte, nos ayudará a vivir con más tranquilidad.

8. Gratitud

La gratitud consiste en apreciar lo que tenemos ahora, en este momento, en lugar de preocuparnos o estar pendientes de lo que no poseemos o nos gustaría conseguir. Es tomar conciencia de lo que la vida nos regala cada día, de lo que podemos disfrutar, de lo que nos hace aprender.

En nuestra vida tenemos muchas cosas de las que disfrutamos sin darles el valor que realmente tienen. Muchas veces estamos solo pendientes de lo que nos falta o nos gustaría tener y no agradecemos los detalles que hacen de nuestra cotidianeidad un lugar más agradable: el aroma del café, el agua caliente de la ducha, la luz de un nuevo amanecer, el olor de la ropa recién lavada, el desayuno de cada día, una risa, una conversación, un mensaje de apoyo, etc. Empieza a practicar esta actitud en tu vida para mejorar tu bienestar:

- Al levantarte, piensa en tres cosas que tengas la oportunidad de disfrutar. Busca el detalle. Por ejemplo, respirar el aroma del jabón, sentir el agua caliente que cae en tu cuerpo durante la ducha, apreciar el olor del café o la luz que entra por la ventana y va aumentando de intensidad, etc. Agradece esos momentos y toma conciencia del bienestar que te aportan.

- Durante el día comparte con los demás esa gratitud y contribuye a generar momentos gratos para otros: sonríe al saludar, sé amable al dirigirte a alguien, manda un mensaje amable, etc.

- Antes de irte a dormir, piensa en qué tres cosas quieres agradecer del día que ha transcurrido y por las que te sientes una persona afortunada. Respira profundo y nota dentro de ti esa gratitud.

- Puedes escribir esos detalles cotidianos agradables en papelitos que guardes en una caja. Ábrela una vez por semana y toma algunos al azar. Léelos y siente de nuevo la gratitud por esos momentos.

El acto de agradecer muestra no solo respeto hacia los demás y lo que te rodea, sino también hacia ti y a lo que da significado a tu vida. Para desarrollar esta actitud, recuerda esto: «Nunca te acuestes sin agradecer una cosa más».

9. Generosidad

Es una actitud relacionada con la atención, la compañía, la motivación, el afecto, el reconocimiento y el tiempo compartido con otras personas. Es el equilibrio del dar y recibir. Al igual que el cuerpo se mantiene con vida gracias al equilibrio de intercambios de nuestros sistemas, nosotros formamos parte de un circuito natural, y la generosidad nos permite ver que al dar nos conectamos con una red de recursos, energía y fuerza del que recibimos también. Practicar la generosidad es el mejor regalo que nos hacemos a nosotros mismos.

Cada día hay muchas oportunidades para poner en práctica la generosidad tanto contigo como con los demás. Las pequeñas acciones cotidianas pueden cambiar el flujo continuo de las cosas. Lleva tu atención hacia ellas. Por ejemplo, sonríe al cruzarte con alguien, dedícale tu atención, ofrece tu apoyo a alguna persona que lo necesite, cuida tus palabras y sé amable, escucha activamente y de manera desinteresada, y también regálate tiempo, háblate con cariño, escucha tu voz interior...

Observa cómo te sientes cada vez que actúas con generosidad y cómo afecta esto a tu energía.

ACTITUDES DEL MINDFULNESS

PRÁCTICA.
ENTRENA LA CAPACIDAD DE ESTAR PRESENTE

Aprender cómo meditar puede ser una herramienta fundamental para entrenar y fortalecer la mente en medio de las demandas del mundo actual. Si bien el *mindfulness* utiliza la meditación como una de sus técnicas, no es necesario entrar en el estado meditativo para alcanzar la atención plena. Hay tres acciones sencillas con las que se puede practicar:

1. Prestando atención a la respiración.

2. Observando los pensamientos.

3. Practicando la atención plena durante cualquier tarea cotidiana.

Aquí tienes cinco ejercicios con los que puedes entrenar tu capacidad de estar presente en el aquí y ahora.

Ejercicio 1. Respiración consciente

- **Encuentra un lugar tranquilo**. Siéntate en una silla cómoda o en el suelo con la espalda recta. Puedes usar un cojín si lo prefieres.

- **Cierra los ojos**. Relaja los hombros y reposa tus manos sobre las rodillas o en el regazo.

- **Pon atención en tu respiración**. Observa cómo entra y sale el aire de tus fosas nasales y cómo se mueve tu abdomen con cada respiración. Inspira y espira pausadamente y con un ritmo constante.

- **Observa sin juzgar**. Si tu mente se distrae, observa los pensamientos sin emitir ningún juicio y, suavemente, redirige tu atención a la respiración.

Repite el ejercicio durante cinco minutos y aumenta gradualmente el tiempo según te sientas cómodo. Esta práctica te ayudará a relajar cuerpo y mente y centrará tu atención en algo externo a tus problemas.

Ejercicio 2. Escaneo corporal

- **Acuéstate o siéntate cómodamente**. Cierra los ojos y haz unas cuantas respiraciones profundas para relajarte.

- **Comienza el escaneo por los pies**. Lleva tu atención a tus extremidades y observa cualquier sensación presente: calor, frío, hormigueo, tensión, etc.

- **Continúa con el resto del cuerpo**. Poco a poco, ve subiendo y pon tu atención en cada parte de él: tobillos, pantorrillas, rodillas, muslos, caderas, abdomen, pecho, manos, brazos, hombros, cuello y, finalmente, la cabeza.

- **Observa sin intentar cambiar nada**. Si encuentras tensión o dolor, simplemente obsérvalo sin tratar de mitigarlo. Solo nota cómo se siente.

- **Finaliza con la respiración**. Termina el escaneo llevando tu atención de vuelta a la respiración durante unos minutos.

Esta técnica te permite entrar en contacto con tu cuerpo y tomar conciencia de él.

Ejercicio 3. Atención plena en las actividades cotidianas

- **Elige una actividad diaria**. Puede ser lavar los platos, ducharse, caminar o comer, por ejemplo.

- **Enfócate en la actividad** y observa cada detalle. Por ejemplo, si estás desayunando, siente la textura del alimento que está en tu boca, respira el olor del café y saborea cada bocado. Dirige tu atención solo a disfrutar del momento.

- **Usa los sentidos**. Utilízalos para experimentar la actividad plenamente.

- **Vuelve al presente**. Si tu mente se distrae, tráela suavemente de vuelta a la actividad que estás realizando.

Ejercicio 4. Registro de pensamientos y emociones

- **Encuentra un momento tranquilo** y siéntate con un cuaderno y un bolígrafo.

- **Reflexiona sobre tu día**. Toma unos minutos para cerrar los ojos y reflexionar sobre cómo te sientes.

- **Escribe sin juzgar**. Anota tus pensamientos y emociones tal como son, sin intentar analizarlos ni emitir juicios.

- **Observa patrones**. Con el tiempo, verás si hay esquemas que se repiten en tus pensamientos y emociones. Esto puede ayudarte a entender mejor tus reacciones y a cultivar una mayor autocompasión.

Ejercicio 5. Pausas de atención plena durante el día

Es importante que durante el día hagas pausas para ser consciente del aquí y ahora:

- **Establece recordatorios**. Usa alarmas en tu teléfono o notas adhesivas para que te acuerdes de practicar regularmente pausas de atención plena.

- **Haz una respiración profunda**. Cuando suene el recordatorio, detente, cierra los ojos y realiza tres respiraciones profundas.

- **Escanea tu cuerpo**. Nota cualquier tensión en él y relájala conscientemente.

- **Regresa a la tarea**. Abre los ojos y continúa con lo que estabas haciendo. Llevarás contigo un poco más de atención y calma.

Integrar la práctica de la atención plena en tu vida diaria no requiere grandes cambios ni mucho tiempo. Se trata de cultivar una actitud de presencia y aceptación, observando cada momento con curiosidad y sin juicio. Al practicar estas técnicas regularmente puedes mejorar tu bienestar mental y emocional, reducir el estrés y vivir de manera más plena y consciente.

PARTE III.
ENCUENTRA
TU IKIGAI

侘寂
Wabi-sabi
Acepta la imperfección.

La filosofía del *wabi-sabi*
nos enseña a aceptar
la imperfección
y a encontrar paz
y belleza en las cosas
simples y naturales,
en contraposición
a la búsqueda de
la perfección
y la opulencia. Nos invita
a apreciar lo transitorio
y lo imperfecto
en nuestras vidas.

CONÓCETE A TI MISMO

Uno de los retos más grandes y transformadores es el de conocerse a uno mismo. En este capítulo dedicado a encontrar tu ikigai empezarás tu viaje de introspección y autodescubrimiento, una aventura que, aunque pueda parecer solitaria, está repleta de revelaciones y crecimiento personal.

Tomar conciencia de uno mismo es el primer paso en esta aventura. Vivimos en un mundo que se mueve a gran velocidad, donde las distracciones son constantes y el tiempo para reflexionar es escaso. Sin embargo, vivir el momento presente y practicar la autorreflexión es crucial para entender quiénes somos realmente, más allá de las expectativas y roles que la sociedad nos impone. Al detenernos y mirar hacia dentro, comenzamos a desentrañar lo que hay detrás de nuestras experiencias, creencias y emociones. Este proceso nos permite identificar patrones de comportamiento, comprender nuestras reacciones y conectar con nuestras emociones más profundas.

Una parte esencial de esta búsqueda interior es identificar nuestras pasiones, talentos y fortalezas. Todos poseemos características únicas que nos distinguen. A menudo, estas cualidades permanecen ocultas o no les damos el valor adecuado debido a la falta de autoexamen o a la influencia de opiniones externas. Reconocer nuestras fortalezas no solo nos proporciona una mayor autoconfianza, sino que también nos abre la puerta a un potencial sin explotar. Al valorar lo que nos hace únicos podemos orientarnos hacia metas y caminos que realmente armonicen con nuestra esencia.

El viaje hacia el autoconocimiento también implica creer en uno mismo. La autoconfianza es el motor que impulsa nuestro crecimiento y nos permite enfrentar los desafíos con una mentalidad positiva. Sin embargo, no es una tarea sencilla; requiere un esfuerzo consciente para desafiar las dudas y superar las inseguridades y los miedos. Aprender a valorarnos es fundamental para disfrutar de una vida plena.

En los siguientes apartados exploraremos estrategias y prácticas que te ayudarán a profundizar en el autoconocimiento, a descubrir y potenciar tus fortalezas y a cultivar la fe en ti. Conocerse a uno mismo es un proceso continuo que enriquece cada aspecto de nuestra existencia y que precisa de nuestra máxima atención.

TOMAR CONCIENCIA

Tomar conciencia es fundamental en el camino del autoconocimiento. Implica desarrollar una percepción profunda y clara de nosotros mismos: cuáles son nuestras emociones, pensamientos, comportamientos, y cómo influyen en nuestra vida cotidiana. Supone observarnos a nosotros mismos con una mirada honesta y sin juicio, lo que nos permite vivir de manera auténtica y significativa.

Este camino comienza con la **autorreflexión**, que significa dedicar tiempo a pensar en nuestras experiencias, analizar nuestras reacciones y explorar nuestras emociones. La meditación, el diario personal y las conversaciones significativas son herramientas valiosas en este proceso. A través de estas prácticas, comenzamos a identificar patrones en nuestros pensamientos y comportamientos, y a comprender las razones que hay detrás de nuestras acciones y emociones. Cuando nos conocemos bien, podemos tomar decisiones informadas que reflejen nuestros verdaderos deseos y valores, en lugar de simplemente seguir lo que se espera de nosotros. Este nivel de **autoconocimiento** nos da la capacidad de establecer límites saludables, priorizar nuestras necesidades y perseguir nuestros objetivos con claridad y determinación.

La **conciencia de nuestras emociones y reacciones** nos ayuda a gestionar mejor el estrés y los conflictos. Al reconocer lo que desencadena nuestros actos, podemos desarrollar estrategias para manejar nuestras respuestas de manera constructiva. Esto no solo mejora nuestra salud mental, sino que también enriquece nuestras relaciones personales y profesionales. A medida que somos más conscientes de nosotros mismos, nos volvemos más abiertos a aprender y evolucionar. Esta **mentalidad de crecimiento** nos permite adaptarnos a los cambios y aprovechar nuevas oportunidades con una perspectiva positiva.

Vivir el momento presente es una parte integral del proceso de tomar conciencia. Al enfocarnos en el aquí y ahora podemos experimentar la vida con mayor plenitud y evitar que nuestras mentes se distraigan con preocupaciones sobre el pasado o el futuro. La atención plena es una práctica que nos ayuda a estar presentes y conscientes en cada momento, lo que nos permite apreciar y dar más valor a nuestras experiencias cotidianas.

Tomar conciencia es un viaje hacia el interior que nos lleva a vivir con mayor **autenticidad, propósito y satisfacción**. Al practicar la autorreflexión y fomentar nuestro autoconocimiento nos capacitamos para adoptar decisiones más acertadas y desarrollar una vida plena y enriquecedora. Esta dinámica no solo transforma nuestra relación con nosotros mismos, sino también con el mundo que nos rodea.

AUTORREFLEXIÓN

La autorreflexión es el proceso mediante el cual examinamos y analizamos nuestros pensamientos, emociones y comportamientos. Es una práctica activa y deliberada de mirar hacia dentro para entender nuestras reacciones y observar y cuestionar nuestras acciones y decisiones, lo que nos facilita una comprensión más profunda de nosotros mismos y de cómo interactuamos  con el mundo que nos rodea. Este autoanálisis nos va a permitir evaluar todas nuestras experiencias y la forma en que nos han moldeado.

Como primer paso para tomar conciencia de nosotros mismos, la autorreflexión es fundamental porque nos ayuda a descubrir quiénes somos realmente y qué nos motiva. Es un proceso activo de cuestionamiento y observación, durante el cual nos hacemos preguntas clave sobre nuestras vidas y las respuestas que damos ante diversas situaciones. La autorreflexión permite:

- **Identificar patrones**. Al observar nuestros pensamientos y comportamientos, comenzamos a detectar patrones que nos ayudan a entender por qué actuamos de ciertas maneras y cómo nuestras experiencias pasadas han moldeado nuestras reacciones actuales.

- **Reconocer emociones**. A menudo nuestras emociones guían nuestras acciones de manera subconsciente. Reconocerlas y reflexionar sobre ellas nos permite entender mejor cómo afectan a nuestras decisiones y relaciones.

- **Cuestionar las creencias**. La autorreflexión nos invita a cuestionar nuestras creencias y valores y a preguntarnos por qué creemos lo que creemos y de dónde provienen estas convicciones. Este cuestionamiento es crucial para entender si nuestras creencias nos están ayudando o limitando.

- **Clarificar metas y deseos**. Reflexionar sobre lo que realmente queremos en la vida nos ayuda a alinear nuestras acciones con nuestros verdaderos deseos y metas. Esto nos proporciona una dirección clara y nos permite adoptar decisiones informadas y congruentes.

Sin autorreflexión es fácil quedar atrapado en un ciclo de comportamientos automáticos y reacciones emocionales que no necesariamente reflejan nuestro verdadero yo. Al tomarnos tiempo para reflexionar:

- **Mejoramos la gestión emocional**. Si reconocemos y entendemos nuestras emociones, podemos manejarlas de manera más efectiva, lo que reduce el estrés y mejora nuestra salud mental.

- **Fomentamos el crecimiento personal**. La autorreflexión nos proporciona las herramientas para aprender de nuestras experiencias y hacer cambios positivos en nuestra vida.

- **Aumentamos la autoconfianza**. Conocer nuestras capacidades y limitaciones nos permite enfrentar desafíos con mayor seguridad y confianza.

- **La resolución de problemas se nos hace más sencilla**. Reflexionar sobre nuestras acciones y decisiones nos ayuda a encontrar soluciones a problemas y mejorar nuestra conducta futura.

- **Desarrollamos el autoconocimiento**. Cuando entendemos nuestras motivaciones, fortalezas y debilidades, tomamos decisiones acertadas y alineadas con nuestra esencia. Cada sesión de autorreflexión contribuye a un mayor entendimiento de nosotros mismos, lo que enriquece nuestro autoconocimiento.

Aquí tienes algunas **estrategias** que te pueden ayudar en tu proceso de autorreflexión:

- Escribir tus emociones, pensamientos y experiencias diarias te ayuda a procesar y comprender mejor lo que ocurre en tu vida.

- Practicar la meditación te calma la mente y pone tu atención en el momento presente, lo que facilita la introspección.

- Pedir a personas de confianza su opinión sobre tus comportamientos y reacciones puede ofrecerte perspectivas valiosas que tú mismo no habías considerado.

- Realizar autoevaluaciones periódicas sobre tus metas, valores y progreso personal te mantiene enfocado y consciente de tu desarrollo.

- Dedicar un tiempo específico cada semana para reflexionar sobre tus experiencias y avances te ayuda a mantener una práctica de autorreflexión constante.

Al observar y analizar nuestras experiencias, emociones y creencias desarrollamos una comprensión más profunda de nuestra identidad y nuestros objetivos. Además, nos ayuda a tomar decisiones más alineadas con nuestros valores y aspiraciones. Esta dinámica nos permite vivir de manera consciente y auténtica, lo que mejora nuestra calidad de vida y nuestras relaciones con los demás. Incorporar la autorreflexión en nuestra rutina diaria es, por tanto, fundamental para un autoconocimiento profundo y un crecimiento personal continuo.

AUTOCONOCIMIENTO

El autoconocimiento es un estado de conciencia que nos permite saber quiénes somos en nuestra esencia y cómo nuestras experiencias y características personales nos moldean. Implica una autoevaluación continua y el reconocimiento de nuestros verdaderos deseos, metas y motivaciones.

Los principales **componentes del autoconocimiento** son:

- **Conciencia de uno mismo**. Es la capacidad de reconocer los propios pensamientos, emociones, fortalezas, debilidades, motivaciones, sensaciones físicas y comportamientos en diferentes situaciones.

- **Identificación de valores**. Supone tener claridad acerca de los valores fundamentales y lo que es importante para uno en la vida, lo que ayuda a tomar decisiones alineadas con las propias creencias y prioridades.

- **Identidad personal**. Consiste en tener una idea clara de cómo es uno como individuo, incluida la historia personal en la que hay información sobre pensamientos, emociones y sensaciones asociados a esos momentos. Permite construir un sentimiento de identidad.

- **Evaluación personal**. Es la valoración que hace una persona de sí misma a través de una observación objetiva y de aceptación de su identidad. Implica la capacidad de reflexionar sobre las propias fortalezas, debilidades, valores y metas y evaluar cómo se percibe en relación con ellos. Esta autoevaluación está asociada con la autoestima, que indica si la persona está conforme consigo misma.

- **Orientación al crecimiento**. Permite estar abierto al aprendizaje y al crecimiento personal e implica buscar constantemente oportunidades para mejorar y desarrollarse.

- **Autoaceptación**. Consiste en aceptarse a uno mismo tal y como es, con todas sus imperfecciones y singularidades. Esto implica abrazar tanto los aspectos positivos como las áreas de mejora. Contribuye a incrementar la autoestima y libera de la necesidad constante de aprobación externa.

El autoconocimiento es muy importante porque:

- Mejora la autoestima y la confianza en uno mismo.

- Facilita la toma de decisiones alineadas con los valores y metas.

- Fomenta relaciones más auténticas y significativas con las personas del entorno cotidiano.

- Proporciona una base sólida para el crecimiento personal y profesional.

- Ayuda a manejar el estrés y los desafíos de una manera efectiva.

- Favorece el bienestar emocional y el sentimiento de estar satisfecho con la vida.

El autoconocimiento y la autorreflexión son conceptos estrechamente relacionados pero distintos. La autorreflexión es el proceso activo y continuo de examinar nuestras experiencias y emociones, mientras que el autoconocimiento es el resultado acumulado de este y otros procesos de introspección. Ambos nos permiten identificar nuestras fortalezas y áreas de mejora, fomentan una mayor resiliencia y bienestar emocional y son esenciales para el crecimiento personal, la toma de decisiones informadas y la construcción de una vida auténtica y significativa.

	AUTORREFLEXIÓN	AUTOCONOCIMIENTO
NATURALEZA DEL CONCEPTO	Es el proceso activo y continuo de examinar y analizar nuestros pensamientos, emociones y comportamientos. Constituye una práctica que contribuye al desarrollo del autoconocimiento.	Es un estado de conciencia y comprensión integral de uno mismo. Es el resultado acumulado de la reflexión, la introspección y el aprendizaje continuo sobre quiénes somos.
ENFOQUE	Se enfoca en el análisis de experiencias específicas, emociones y reacciones en el momento presente. Es el acto de reflexionar sobre lo que sentimos, pensamos y hacemos.	Se enfoca en tener una visión clara y completa de nuestra identidad, valores, fortalezas, debilidades y metas. Es el conocimiento profundo de uno mismo.
TEMPORALIDAD	Es una actividad puntual que puede ocurrir en cualquier momento. Se trata del acto de detenerse a pensar y analizar situaciones o experiencias específicas.	Es un estado que se desarrolla y en el que se profundiza a lo largo del tiempo. Es una comprensión acumulativa que se enriquece con el tiempo y la experiencia.
PROCESO VS. RESULTADO	Es uno de los procesos mediante el cual alcanzamos el autoconocimiento. Es una práctica continua que nos ayuda a construir nuestro entendimiento personal.	Es el resultado de múltiples procesos de autorreflexión, aprendizaje y autoevaluación. Representa un estado de ser y comprender.

PRÁCTICA.
ANALIZA EXPERIENCIAS SIGNIFICATIVAS

Analizar experiencias significativas es una práctica esencial para el crecimiento personal y el autoconocimiento. Este proceso implica una reflexión profunda sobre eventos importantes de nuestra vida que nos permite extraer lecciones valiosas y comprender mejor nuestras reacciones y comportamientos. A continuación se presenta una guía paso a paso para llevar a cabo esta práctica de manera efectiva.

1. **Crea un entorno propicio**

   Busca un lugar donde puedas estar solo y sin interrupciones. Un entorno tranquilo facilita la concentración y la introspección. Dedica un tiempo específico para esta práctica. Necesitarás entre 30 minutos y una hora para profundizar en la reflexión.

2. **Selecciona la experiencia**

   Elige un evento que haya tenido un impacto considerable en tu vida. Puede ser una experiencia positiva, como un logro importante, o una negativa, como un desafío o una pérdida. Ejemplo: cambio de trabajo.

3. **Reflexiona sobre la experiencia**

   Escribe sobre el acontecimiento y tómate unos minutos para hacer una descripción detallada del evento. Incluye:

   - Qué sucedió: describe la situación.

   - Quiénes estuvieron involucrados: menciona a las personas que participaron.

   - Dónde y cuándo: ubica temporal y espacialmente la experiencia.

   Ejemplo: «En enero de 2024, decidí cambiar de trabajo después de cinco años en la misma empresa. La decisión fue difícil, pero sentí que necesitaba un nuevo desafío».

4. **Explora las emociones**

   Reflexiona sobre las emociones que sentiste durante y después del evento:

- ¿Cómo te sentiste en ese momento?

- ¿Qué emociones emergieron después de la situación?

- ¿Cómo han cambiado tus sentimientos respecto a esa experiencia con el tiempo?

Ejemplo: «Al principio, sentí miedo e incertidumbre; luego, alegría por las nuevas oportunidades de crecimiento».

5. Analiza las reacciones

Piensa en cómo reaccionaste ante la experiencia:

- ¿Cómo actuaste ante la situación?

- ¿Cómo reaccionaron los demás?

- ¿Hubo algo que desearías haber hecho de una manera diferente?

Ejemplo: «Me tomé el tiempo para evaluar ofertas de trabajo, consulté con amigos y familiares, y finalmente acepté una oferta que se alineaba con mis metas profesionales».

6. Identifica aprendizajes

Reflexiona sobre lo que has aprendido de esta situación:

- ¿Qué lecciones valiosas has obtenido?

- ¿Cómo ha cambiado esta experiencia tu forma de pensar o actuar?

- ¿Qué habilidades o conocimientos has adquirido?

Ejemplo: «Aprendí la importancia de salir de mi zona de confort y la necesidad de seguir creciendo profesionalmente».

7. Conecta con tus valores

Considera la manera en que esta experiencia se relaciona con tus valores y creencias:

- ¿Confirmó o desafió tus valores?

- ¿Te ayudó a clarificar lo que consideras realmente importante para ti?

Ejemplo: «Esta experiencia reforzó mi valor de crecimiento personal y profesional».

8. Evalúa el impacto

Piensa en cómo este evento ha influido en tu vida hasta ahora:

- ¿Cómo ha afectado a tus relaciones, decisiones y metas?
- ¿Qué cambios hiciste como resultado de esta experiencia?

Ejemplo: «La transición fue desafiante pero gratificante. He desarrollado nuevas habilidades y he conocido a personas inspiradoras en mi nuevo trabajo».

9. Planifica acciones futuras

Utiliza los aprendizajes para planificar acciones futuras:

- ¿Cómo puedes aplicar lo que has aprendido en situaciones similares?
- ¿Qué cambios puedes hacer en tu comportamiento o enfoque para mejorar?

Ejemplo: «Continuaré buscando oportunidades que me desafíen y me permitan crecer. Estableceré metas claras para avanzar en mi carrera».

10. Establece metas

Define metas específicas basadas en tus reflexiones:

- ¿Qué pasos concretos puedes dar para crecer y desarrollarte a partir de esta experiencia?
- ¿Qué objetivos a corto y largo plazo puedes establecer?

11. Reflexiona

Dedica tiempo regularmente para revisar tus reflexiones y evaluar tu progreso:

- ¿Has logrado implementar los cambios que planeaste?
- ¿Qué nuevas lecciones has aprendido desde que hiciste tu última reflexión?

Mantén un cuaderno de reflexiones donde puedas anotar tus pensamientos y aprendizajes continuos. Esto te permitirá ver tu crecimiento y desarrollo a lo largo del tiempo.

Analizar experiencias significativas a través de la autorreflexión es una herramienta poderosa para el autoconocimiento y el crecimiento personal. Al seguir estos pasos y practicar regularmente obtienes una comprensión más profunda de ti mismo y de cómo tus experiencias te han moldeado, lo que te permite vivir de manera más consciente.

IDENTIFICAR PASIONES, TALENTOS Y FORTALEZAS

Una parte crucial de tomar conciencia es reconocer nuestras pasiones, talentos y fortalezas. Todos poseemos talentos innatos y áreas de interés que nos brindan alegría y satisfacción. Sin embargo, a menudo pasamos por alto estas cualidades. Al tomarnos el tiempo para explorar lo que realmente nos apasiona y en qué somos buenos, podemos orientar nuestras energías hacia actividades y metas que se alineen con nuestra verdadera naturaleza. Esto no solo nos permite vivir de manera más auténtica y plena, sino que también nos capacita para contribuir de manera más significativa a nuestra comunidad. Identificar y cultivar nuestras pasiones y talentos nos ayuda a llevar una vida más equilibrada, a encontrar un propósito mayor y a experimentar un profundo sentido de realización personal.

LAS PASIONES

Las pasiones son actividades, intereses o temas que nos generan una profunda sensación de entusiasmo, satisfacción y motivación. Se caracterizan por ser aquellas cosas que nos hacen sentir vivos y enérgicos, que nos absorben completamente y nos proporcionan una sensación de propósito y dirección en la vida. Cuando nos involucramos en nuestras pasiones, experimentamos una conexión emocional intensa que nos impulsa a dedicar tiempo y esfuerzo sin necesidad de recompensas externas.

Las pasiones varían ampliamente de una persona a otra y pueden abarcar cualquier área de la vida. Pueden ser:

- Creativas: pintura, escritura, música, danza, fotografía...
- Deportivas: correr, natación, ciclismo, escalada, fútbol...
- Académicas: investigación científica, historia, matemáticas, literatura...
- Sociales: voluntariado, trabajo comunitario, activismo social...
- Profesionales: emprendimiento, enseñanza, medicina, ingeniería...

Descubrir nuestras pasiones requiere tiempo y reflexión. Para **identificarlas**:

- Pregúntate con qué actividades disfrutas y te hacen feliz.

- Considera cuáles son los temas que más te interesan y que despiertan tu entusiasmo.

- Reflexiona sobre las actividades en las que pierdes la noción del tiempo y te sientes completamente inmerso.

- Prueba actividades nuevas y observa cuáles te generan un entusiasmo y compromiso genuinos.

- Piensa en lo que te emocionaba y te hacía feliz cuando eras niño.

- Habla con amigos y familiares sobre lo que creen que te apasiona. A veces los demás pueden ofrecer perspectivas valiosas.

Seguir nuestras pasiones es fundamental para una vida plena y satisfactoria. Dedicarles tiempo nos hace felices y reduce el estrés, lo que mejora nuestra salud mental y emocional. Las pasiones nos permiten desarrollar habilidades y conocimientos nuevos, nos motivan y dan energía para enfrentar otros aspectos de la vida con mayor entusiasmo. Tener pasiones nos proporciona un sentido de propósito y significado, y compartirlas con los demás fortalece nuestras relaciones personales y nos ayuda a crear conexiones profundas. Cultivarlas no solo enriquece nuestras vidas, sino que también impacta positivamente en quienes nos rodean, creando un ambiente de apoyo y crecimiento mutuo.

LOS TALENTOS

Los talentos son habilidades o capacidades naturales que permiten a las personas realizar ciertas tareas con facilidad y competencia. A diferencia de las habilidades adquiridas a través de la práctica y la educación, los talentos son innatos y se manifiestan de manera espontánea. Pueden abarcar una amplia gama de áreas, desde lo artístico y lo deportivo hasta lo intelectual y lo social.

A las personas con talento les resulta fácil realizar actividades relacionadas con su habilidad, muchas veces con menor esfuerzo que a otras, y esto les permite sobresalir en determinadas áreas en comparación con la mayoría de la gente.

Reconocer y desarrollar talentos proporciona un sentido de logro y satisfacción personal y puede abrir puertas a carreras y oportunidades laborales que se alineen con nuestras capacidades innatas. También es posible que las invirtamos en contribuciones significativas a la sociedad, ya sea a través del arte, la ciencia, el deporte u otros campos.

Para **identificar los talentos**:

- Reflexiona sobre las actividades que haces bien de forma natural y con las que disfrutas.
- Piensa cuáles son tus habilidades más elogiadas por los demás.
- Reflexiona en qué áreas recibes más peticiones de ayuda o consejo.
- Escucha la opinión de amigos, familiares y personas cercanas que puedan reconocer tus habilidades innatas.
- Identifica qué actividades realizas con más seguridad y confianza, incluso sin haber recibido formación específica, y qué habilidades sueles emplear en esos casos.
- Fíjate en qué áreas sueles encontrar soluciones creativas con facilidad.

Los talentos son una parte esencial de nuestra identidad y potencial. Identificarlos y desarrollarlos nos permite alcanzar una mayor realización personal y también nos capacita para hacer contribuciones significativas a nuestra comunidad y al mundo en general. Al enfocarnos en nuestras habilidades naturales podemos encontrar mayor satisfacción en las actividades diarias y alcanzar un éxito auténtico en nuestras vidas. Además, al reconocer y valorar nuestros talentos, fortalecemos nuestra autoestima y confianza, y esto nos motiva a seguir creciendo y aprendiendo. Nuestros talentos únicos nos permiten dejar una huella duradera y positiva en el mundo.

LAS FORTALEZAS

Las fortalezas son cualidades, capacidades o atributos personales que destacan en una persona y le permiten enfrentar desafíos, alcanzar objetivos y actuar de manera efectiva en diversas situaciones. A diferencia de los talentos, que son habilidades naturales, las fortalezas pueden ser innatas o desarrolladas a lo largo del tiempo mediante la experiencia, la práctica y la educación.

Las fortalezas **se caracterizan** por:

- Ser habilidades o atributos en los que una persona sobresale y puede demostrar un rendimiento superior.

- Manifestarse de manera consistente a lo largo del tiempo y en diferentes contextos.

- Generar un impacto positivo y contribuir al bienestar personal y al de los demás.

- Fomentar la resiliencia y ayudar a las personas a enfrentar y superar desafíos manteniéndose firmes ante la adversidad.

- Proporcionar motivación y satisfacción a las personas que son conscientes de ellas y las utilizan.

Existen diferentes **tipos de fortalezas**, varían ampliamente de una persona a otra y abarcan una gran diversidad de áreas. Estas cualidades individuales se manifiestan en nuestras habilidades, capacidades y talentos únicos, y pueden influir en la forma en que enfrentamos desafíos y aprovechamos oportunidades. Identificar nuestras fortalezas nos permite abordar las tareas con mayor confianza y eficacia, al tiempo que potenciamos nuestras áreas de mayor capacidad.

Algunos ejemplos son:

- **Fortalezas intelectuales**

  - Pensamiento crítico: capacidad de analizar y evaluar información de manera lógica y objetiva.

  - Creatividad: habilidad para generar ideas nuevas y originales.

- **Fortalezas emocionales**

  - Empatía: capacidad de entender y compartir los sentimientos de los demás.

  - Autocontrol: habilidad para gestionar las propias emociones y comportamientos en situaciones difíciles.

- **Fortalezas sociales**

  - Liderazgo: capacidad de guiar y motivar a un grupo hacia el logro de objetivos comunes.

- Trabajo en equipo: habilidad para colaborar eficazmente con otros y contribuir al éxito del grupo.

- **Fortalezas prácticas**

  - Organización: capacidad de planificar y estructurar tareas y actividades de manera eficiente.

  - Resolución de problemas: habilidad para encontrar soluciones efectivas a los desafíos y obstáculos.

Reconocer nuestras fortalezas nos proporciona una mejor comprensión de nosotros mismos y de nuestras capacidades, nos permite trabajar de manera efectiva y alcanzar nuestros objetivos con mayor facilidad. Al enfocarnos en ellas aumentamos nuestra confianza y autoestima, lo que nos ayuda a contribuir positivamente en nuestros entornos sociales y profesionales.

Para **identificar las fortalezas**:

- Reflexiona sobre tus logros y éxitos pasados. Considera qué habilidades y cualidades te ayudaron a alcanzarlos.

- Pregunta a amigos, familiares y personas de tu entorno cercano acerca de tus puntos fuertes. A menudo los demás pueden ofrecer perspectivas valiosas sobre tus fortalezas.

- Prueba nuevas actividades y desafíos para descubrir áreas en las que puedes sobresalir.

Las fortalezas son esenciales para nuestro crecimiento y desarrollo personal y profesional. Identificarlas y desarrollarlas nos permite aprovechar al máximo nuestras capacidades y alcanzar un mayor bienestar, eficiencia y satisfacción en la vida. Al reconocer y valorar nuestras fortalezas, podemos alinear nuestras actividades diarias y metas con lo que realmente nos apasiona y en lo que somos naturalmente buenos. Esto, además de mejorar nuestra productividad, aumenta nuestra motivación y felicidad.

Trabajar en nuestras fortalezas también facilita la superación de debilidades, porque al reforzar nuestras habilidades podemos equilibrar y complementar las áreas donde podríamos no ser tan fuertes. Entender en qué somos más competentes nos ayuda a elegir y diseñar carreras que se adapten mejor a nuestras capacidades, lo que puede llevar a una mayor realización profesional.

PRÁCTICA.
SÉ CONSCIENTE DE TUS TALENTOS Y FORTALEZAS

Identificar tus talentos y fortalezas y ser consciente de ellos es un paso fundamental para conocerte y ganar seguridad y confianza en ti. Saber que cuentas con estos recursos te ayudará a encontrar tu ikigai.

1. **Autorreflexión**

   En primer lugar, tómate un tiempo para reflexionar sobre ti mismo y prepara una lista de tus talentos, fortalezas y áreas en las que te sientes fuerte:

   - ¿Cuáles son las actividades con las que disfrutas?
   - ¿En qué tareas destacabas en el pasado?

2. **Solicita *feedback***

   Pide a tus amigos cercanos, familiares o compañeros del trabajo que te brinden retroalimentación sincera sobre tus talentos, habilidades y fortalezas. Es importante que te indiquen en qué áreas creen que sobresales y qué características admirables ven en ti.

3. **Analiza tus logros**

   Reflexiona ahora sobre tus logros pasados tanto personales como profesionales:

   - Prepara una lista de los momentos en los que has tenido algún éxito.
   - Apunta al lado de cada éxito cuáles fueron las habilidades que utilizaste para alcanzar esos logros.
   - Reconoce tus aportaciones para su consecución.
   - Añade también cuáles fueron los obstáculos que tuviste que superar.

4. **Acepta nuevos desafíos**

   - Prueba a visualizarte participando en actividades que nunca te hayas atrevido a afrontar y en las que empleas las habilidades y fortalezas que has utilizado en otras ocasiones:

- ○ ¿Cómo crees que te sentirías?
- ○ ¿Impactaría positivamente en tu vida el que aceptaras ese reto?
- Sal de tu zona de confort y participa en alguna actividad que resulte nueva para ti y observa qué nuevas habilidades y fortalezas descubres durante su ejecución.
- Observa cómo es tu comportamiento, cuáles son tus sentimientos y qué aspectos de esa nueva actividad te causan un mayor disfrute.

5. Celebra tus logros

Reconoce cada uno de tus logros, tanto los grandes como los pequeños. Completar una tarea difícil o recibir un elogio no deben ignorarse. Haz un alto en tu camino y dedica un tiempo a disfrutar del éxito conseguido.

6. Agradece

Apunta cada noche en un cuaderno tres cosas por las que estés agradecido en cuanto a tus talentos y fortalezas personales. Al levantarte cada mañana, lee lo que has escrito la noche anterior.

Ya sabes que la práctica continuada es garantía del éxito. Ten presente en cada momento cuáles son tus puntos fuertes, en qué te puedes apoyar para salir adelante en una situación difícil o comprometida y ten la seguridad de que, si fueron la clave de tu triunfo en el pasado, van a seguir siéndolo en cualquier reto futuro.

CREER EN TI

Los beneficios de conocerse a uno mismo son numerosos. En primer lugar, mejora nuestra autoconfianza y autoestima. Al entender y valorar nuestros talentos y fortalezas nos sentimos más seguros y capaces de enfrentar desafíos. Esta autoconfianza también nos permite ser más resilientes ante las adversidades. Además, tener claras nuestras pasiones y habilidades nos guía hacia una vida más satisfactoria. Podemos encontrar mayor motivación en nuestro trabajo y en nuestras actividades diarias, ya que estamos alineados con lo que realmente nos apasiona. Esto, a su vez, incrementa nuestra productividad y creatividad, pues estamos más comprometidos y entusiasmados con lo que hacemos.

Creer en uno mismo es la base sobre la cual se construyen todas nuestras aspiraciones y logros. La autoconfianza y la autoestima son pilares fundamentales en este proceso, ya que determinan cómo nos vemos y cómo enfrentamos los desafíos de la vida.

LA AUTOCONFIANZA

La autoconfianza es la creencia en la propia capacidad para enfrentar desafíos, tomar decisiones y realizar tareas con éxito. Es un aspecto fundamental del bienestar emocional y mental que influye en casi todas las áreas de la vida, desde las relaciones personales y profesionales hasta el crecimiento y desarrollo personal.

Las personas con autoconfianza:

- Poseen una seguridad interna que les permite enfrentarse a situaciones nuevas o difíciles sin sentirse abrumadas.

- Confían en su juicio y en sus capacidades para evaluar opciones y adoptar decisiones firmes y asertivas.

- Tienen gran resiliencia y son capaces de recuperarse rápidamente de los contratiempos y seguir adelante con determinación.

- Tienden a ser más persistentes y están más motivadas, lo que les ayuda a superar obstáculos y alcanzar sus metas.

- Experimentan mayor satisfacción y felicidad, ya que se sienten capaces de manejar las demandas de la vida.

La autoconfianza es muy importante porque:

- Contribuye significativamente a una alta autoestima y a una percepción positiva de uno mismo, lo que es crucial para el bienestar emocional.

- Las personas seguras de sí mismas suelen establecer relaciones saludables y equilibradas, ya que no dependen de la aprobación externa para sentirse valiosas.

- Es un factor clave del desempeño en diversas áreas, como la educación, el trabajo y el deporte. Las personas que creen en sus habilidades asumen riesgos y se esfuerzan por alcanzar la excelencia.

- Permite a las personas un mejor desempeño de sus tareas, ya que no se ven paralizadas por el miedo al fracaso o la duda sobre sus capacidades.

- Promueve una mentalidad positiva y fomenta una actitud proactiva frente a los desafíos que aumenta la capacidad para enfrentar adversidades, lo que ayuda a superar obstáculos y adaptarse a los cambios con mayor facilidad.

Para desarrollar la autoconfianza, no olvides llevar a la práctica estas recomendaciones:

- **Autoevaluación**. Reflexiona sobre tus fortalezas y logros. Esto te proporciona una base sólida para la confianza en ti mismo.
- **Establece metas realistas**. Cada logro, por pequeño que sea, reforzará la creencia en tu propia capacidad.
- **Autocuidado**. Mantener una buena salud física y mental a través del ejercicio regular, una dieta equilibrada y prácticas de manejo del estrés puede mejorar tu autoconfianza.
- **Aprende de los fracasos**. Ver los fracasos como oportunidades de aprendizaje en lugar de como reflejos de incapacidad te ayudará a mantener y aumentar tu autoconfianza. Cada error te brinda una ocasión para crecer y mejorar.
- **Afirmaciones positivas**. Reemplaza los pensamientos negativos con afirmaciones constructivas para reforzar la confianza en ti.

La autoconfianza favorece una actitud positiva frente a los fracasos, y ayuda a verlos como oportunidades de aprendizaje en lugar de interpretarlos como derrotas. Esto contribuye a una mayor resiliencia, lo que permite recuperarse más rápidamente de los contratiempos y mantener un enfoque constructivo.

En el ámbito laboral, la autoconfianza se traduce en una mayor capacidad para liderar, comunicar y colaborar eficazmente con otros. Facilita la toma de riesgos calculados que pueden conducir a innovaciones y mejoras significativas. En las relaciones personales, fomenta una comunicación más abierta y honesta, y esto fortalece la conexión con los demás y promueve relaciones más equilibradas y saludables. Las personas seguras de sí mismas tienden a establecer límites claros, lo que contribuye a su bienestar general.

La autoconfianza es una cualidad esencial que afecta profundamente a todos los aspectos de la vida. Desarrollarla requiere tiempo, esfuerzo y una disposición para aprender de las experiencias. Con una autoconfianza sólida, las personas pueden enfrentar los desafíos con valentía, tomar decisiones con certeza y vivir una vida más plena.

PRÁCTICA.
POTENCIA LA AUTOCONFIANZA

Potenciar la autoconfianza es un proceso continuo que requiere dedicación y práctica. Seguir los pasos indicados a continuación te ayudará a fortalecerla.

1. **Reflexión positiva**

   - Dedica 10 minutos cada día a reflexionar sobre tus fortalezas y cómo puedes aplicarlas para alcanzar tus metas.

   - Visualízate logrando tu objetivo y superando los obstáculos. Imagina el éxito con todos los detalles posibles.

2. **Planifica acciones concretas**

   - Decide qué acciones concretas vas a llevar cada día que te acerquen a tu objetivo.

   - Planifica tus acciones diarias con antelación y prepara los recursos necesarios para cumplirlas.

   - Identifica entre tus actividades una especialmente desafiante que te haga salir de tu zona de confort y comprométete a realizarla durante la semana.

3. **Autoevaluación y refuerzo**

   Utiliza un «cuaderno de éxitos» para ir apuntando en él cada uno de tus logros:

   - Cada noche, tómate cinco minutos para reflexionar acerca de cuáles han sido tus éxitos del día y apúntalos en tu cuaderno. No importa la envergadura que tengan y también pueden ser muy variados, desde completar una tarea importante a realizar una pequeña acción que te acerca a tu meta.

   - Además de apuntar los logros, escribe afirmaciones positivas para reforzar tu confianza. Ejemplo: «Soy capaz de superar este desafío»; «Tengo confianza en mis capacidades»; «Puedo resolver esto con éxito», etc. Si has recibido algún elogio o reconocimiento, déjalo también anotado.

   - Cada mañana, toma tu cuaderno y lee lo que dejaste escrito por la noche. Repite en voz alta tus afirmaciones positivas.

- Al final de la semana, revisa los logros que hayas obtenido en los últimos días.

- Si algo no salió como esperabas, reflexiona sobre lo que puedes hacer de manera diferente la próxima vez.

- Tómate unos minutos para interiorizar tus éxitos y busca una manera especial de celebrarlos. Te lo mereces.

Con esta dinámica fortalecerás la confianza en ti mismo y cultivarás una mentalidad positiva que te ayudará a afrontar los desafíos que se te presenten. Puedes ajustarla para centrarte en los aspectos de tu vida en los que necesites sentir mayor seguridad. Recuerda ser paciente y no abandonar la práctica. La mente necesita tiempo para salir fortalecida.

LA AUTOESTIMA

La autoestima es la valoración general que una persona realiza de sí misma. Es la percepción subjetiva que tenemos sobre nuestro valor como individuos y cómo nos vemos. Una autoestima saludable es fundamental para el bienestar emocional, ya que influye en nuestras decisiones, relaciones y en cómo afrontamos los desafíos de la vida.

Las personas con buena autoestima:

- Tienen una visión positiva de sí mismas y reconocen tanto sus fortalezas como sus áreas de mejora.

- Poseen una sensación de seguridad interna que no depende de la validación externa.

- Manejan mejor el estrés y los contratiempos.

- Se permiten ser amables y compasivas con ellas mismas, especialmente en momentos de fracaso o dificultad.

- Suelen ser más felices y menos propensas a la depresión y la ansiedad.

- Están dispuestas a asumir riesgos y a esforzarse por alcanzar sus objetivos.

- Cultivan relaciones interpersonales más saludables, basadas en el respeto mutuo y la autenticidad.

Contar con una autoestima alta y saludable es importante porque:

- Está estrechamente relacionada con una buena salud mental y emocional.
- Facilita la construcción de relaciones positivas y equilibradas, ya que se basa en el respeto mutuo y la autovaloración.
- Influye en nuestra motivación y en cómo enfrentamos los diferentes desafíos.

Para desarrollar una autoestima saludable, no olvides llevar a la práctica estas recomendaciones:

- **Autoconocimiento**. Reflexiona sobre tus valores, intereses y logros. Conocer quién eres es el primer paso para construir una autoestima sólida.
- **Autoaceptación**. Acepta tus imperfecciones y reconoce que nadie es perfecto. Esto implica amarte y valorarte a ti mismo tal como eres.
- **Cuida de tu salud física y emocional**. El ejercicio regular, una dieta equilibrada y prácticas de manejo del estrés son fundamentales para mantener una autoestima saludable.
- **Afirmaciones positivas**. Utiliza afirmaciones positivas para contrarrestar la autocrítica. Repite mensajes positivos sobre ti mismo con el fin de fortalecer tu autoimagen.
- **Entorno saludable**. Rodéate de personas que te apoyen y te valoren. Evita relaciones tóxicas que puedan dañar tu autoestima.

La autoestima es un componente esencial del bienestar y la salud mental. Desarrollarla y mantenerla requieren autorreflexión, aceptación y la práctica constante del autocuidado. Con una autoestima saludable, las personas enfrentan los desafíos con confianza, construyen relaciones positivas y viven con mayor satisfacción. Además, una autoestima sólida favorece una mayor resiliencia ante el estrés y los contratiempos, y facilita la autoaceptación en momentos de dificultad. Fomentar y fortalecer la autoestima también impulsa el desarrollo personal, y permite a las personas alcanzar sus metas con mayor determinación y optimismo.

La autoconfianza y la autoestima son conceptos estrechamente relacionados, pero tienen diferencias clave que es importante entender para poder trabajar en ambos aspectos de manera efectiva. Lo vemos en el siguiente cuadro.

	AUTOCONFIANZA	AUTOESTIMA
CONCEPTO	Se refiere a la creencia en la propia capacidad para realizar tareas específicas, tomar decisiones y enfrentar desafíos con éxito.	Es la valoración general y el aprecio que una persona tiene de sí misma. Es una percepción global del propio valor y dignidad como individuo, y abarca tanto las fortalezas como las debilidades.
ENFOQUE	Se centra en la creencia en las propias habilidades para realizar tareas específicas.	Se centra en la valoración general como persona.
ÁMBITO	Puede variar de una tarea a otra; una persona puede ser muy confiada en un área y poco confiada en otra.	Es una percepción global y más estable de uno mismo.
DESARROLLO	Aumenta con la práctica y el éxito en áreas específicas.	Se construye a través de la autoaceptación, el autoconocimiento y las experiencias de vida que refuerzan el sentido de valor personal.
IMPACTO	Afecta a la capacidad de adoptar decisiones y ejecutar tareas específicas con éxito.	Influye en el bienestar emocional general, las relaciones y la satisfacción con la vida.

PRÁCTICA.
FOMENTA LA AUTOESTIMA

Fomentar la autoestima implica aprender a quererse y ser amable con uno mismo. Es un trabajo continuo que requiere atención, paciencia y autocuidado. Empieza a practicar siguiendo los pasos indicados a continuación.

1. **Autoobservación**

    Presta atención a cómo te hablas:

    - Identifica esos mensajes en los que te hablas a ti mismo y reflexiona: ¿hablarías así a otra persona?

    - Empieza a frenar los mensajes críticos hacia ti tan pronto como seas consciente de que te los estás lanzando.

    - Transforma tu mensaje negativo y realiza afirmaciones en positivo. Sé consciente de lo que sientes cuando modificas tu discurso.

    - Apunta en un cuaderno cómo has logrado cambiar tu mensaje en el mismo instante en que surgió tu autocrítica. Al final de cada semana, toma tu cuaderno y revisa tu progreso. Celebra cada mejora y sé consciente de ella.

2. **Autoaceptación**

    Aprende a aceptarte y amarte como eres, con tus fortalezas y tus debilidades:

    - Crea una lista de afirmaciones positivas sobre ti y repítelas cada mañana frente al espejo. Ejemplo: «Soy digno de amor y respeto»; «Creo en mí»; «Merezco ser feliz».

    - Si cometes un error, sé compasivo contigo mismo. Háblate como si lo hicieras con un amigo que esté pasando por una situación similar.

3. **Autocuidado**

    Presta especial atención para que no pase ningún día sin que hayas tenido una atención contigo:

    - Por la noche, escribe en un cuaderno qué has hecho ese día por ti y ve añadiendo las acciones cada día de la semana para que se acabe convirtiendo en una rutina en tu vida.

- Al finalizar la jornada, dedícate una frase amable. Haz lo mismo al levantarte a la mañana siguiente.

Sigue practicando cada día y sé paciente. Fortalecer la autoestima lleva tiempo y trabajo, aunque durante el proceso tu mente irá respondiendo cada vez de una manera más positiva y constructiva y saldrá reforzada.

Desarrollar una sólida autoconfianza y una alta autoestima te permitirá tomar decisiones con seguridad, enfrentar adversidades con resiliencia y disfrutar de una vida equilibrada y feliz.

桜梅桃李
Oubaitori

La palabra
está compuesta
por los caracteres
de cuatro árboles,
cada uno de los cuales
florece a su propio ritmo
y con su propia belleza
distintiva. El concepto
oubaitori nos recuerda
que debemos apreciar
nuestra singularidad
sin sentirnos presionados
por las comparaciones.
Cada persona es única
y debe seguir su propio
camino, en lugar
de compararse
con los demás.

EXAMINA TUS CREENCIAS

Las creencias son la columna vertebral de nuestra realidad subjetiva. Moldean nuestra percepción del mundo y determinan nuestras acciones y decisiones diarias. Desde temprana edad, comenzamos a formar creencias basadas en nuestras experiencias, enseñanzas y observaciones. Con el tiempo, se convierten en los filtros a través de los cuales interpretamos la realidad. Algunas de ellas son positivas y nos empoderan, mientras que otras pueden ser limitantes y actuar como barreras invisibles que nos impiden alcanzar nuestro máximo potencial.

En este capítulo nos vamos a adentrar en el complejo mundo de las creencias humanas. Entenderemos qué son, cuáles son sus características fundamentales, cómo se estructuran y los diversos tipos que existen. Además, aprenderemos a identificar el origen de las mismas y, lo más importante, cómo podemos transformar aquellas que nos limitan y nos impiden alcanzar nuestro ikigai, ese propósito de vida que nos brinda satisfacción y sentido.

Cuando finalices la lectura, y hayas reflexionado y puesto en práctica tus nuevos conocimientos, no solo habrás desarrollado una comprensión más profunda de tus propias creencias, sino que también dispondrás de las habilidades necesarias para cambiar aquellas que te impiden avanzar en tu camino. De esta manera, estarás un paso más cerca de descubrir y vivir tu ikigai, lo que te permitirá encontrar el equilibrio y la armonía en tu vida.

QUÉ SON LAS CREENCIAS

Las creencias son convicciones profundas que las personas tenemos sobre la naturaleza del mundo, de nosotros mismos y de los demás. Funcionan como lentes a través de las cuales interpretamos y damos sentido a nuestras experiencias diarias. Estas convicciones no siempre están basadas en hechos objetivos; a menudo son producto de experiencias personales, influencias culturales y aprendizajes tempranos.

Nuestro cerebro no distingue entre lo real y lo irreal; somos nosotros los que decidimos, la mayoría de las veces de manera inconsciente, lo que damos por cierto. Las creencias son generalizaciones mentales a las que otorgamos el poder de convertir en realidad lo que no se ve y, por tanto, no son comprobables. Además, tienden a autorreforzarse, y esto significa que, cuando tenemos una creencia instalada, buscamos, interpretamos y recordamos información de manera que se confirme lo que ya creemos, e ignoramos o desestimamos datos que contradicen nuestras convicciones. Este fenómeno, conocido como sesgo de confirmación, explica por qué las creencias pueden ser tan difíciles de cambiar.

La relación entre creencias, pensamientos y emociones es muy estrecha, y, en muchas ocasiones, no somos capaces de separar lo que pensamos de lo que sentimos. Lo que hacemos está conectado con nuestras creencias y emociones, y esto determina los resultados que obtenemos. Se cierra así un círculo que solo es posible modificar si somos conscientes de este hecho e intervenimos en alguno de los factores.

La formación de las creencias está profundamente influenciada por nuestra educación, entorno cultural y experiencias personales. Desde una edad temprana, absorbemos y adoptamos las creencias de nuestros padres, maestros y la sociedad en general. Estas primeras creencias pueden ser difíciles de modificar porque forman la base de nuestro entendimiento del mundo.

Dado su enorme poder en nuestra vida, conocer las características de las creencias y aprender a manejarlas nos permite liberarnos de limitaciones autoimpuestas y avanzar hacia una vida más satisfactoria y plena.

ALGUNAS CARACTERÍSTICAS

Las creencias son fuerzas poderosas que moldean nuestra realidad y resultan fundamentales en la forma en que interpretamos y reaccionamos ante el mundo. Al examinarlas observamos que comparten una serie de características comunes, que resumimos a continuación:

- **Son subjetivas**. Están basadas en la interpretación personal de la realidad y pueden variar significativamente de una persona a otra, incluso frente a la misma situación o evidencia.

- **Presentan resistencia al cambio**. Una vez formadas, tienden a ser resistentes al cambio. Las personas suelen mantener sus creencias, incluso ante la presencia de evidencias que las contradicen, debido a la comodidad y familiaridad que les proporcionan.

- **Tienen sesgo de confirmación**. Cada persona tiende a buscar, interpretar y recordar información de una manera que confirme sus creencias preexistentes, ignorando o desestimando la información que las contradiga. Este fenómeno es lo que se conoce como sesgo de confirmación.

- **Poseen una fuerte carga emocional**. Pueden generar sentimientos potentes, como miedo, seguridad, esperanza o desesperación, lo que a su vez refuerza la creencia y la hace más resistente al cambio.

- **Impactan en el comportamiento**. Influyen directamente en el comportamiento y en la toma de decisiones. Por ejemplo, una creencia en la propia capacidad para tener éxito puede llevar a una persona a asumir riesgos y esforzarse, mientras que una creencia en la propia incapacidad puede llevar a la inacción.

- **Se forman en edades tempranas**. Muchas creencias toman forma durante la infancia por la influencia de los padres, los educadores y el entorno cultural. Estas creencias tempranas pueden tener un impacto duradero en la vida adulta.

- **Tienen diferente nivel de consciencia**. Las creencias pueden ser explícitas, es decir, aquellas de las que somos conscientes y podemos expresar verbalmente, o implícitas, que son las que operan en el subconsciente y se manifiestan en comportamientos y reacciones automáticas.

- **Están influenciadas por el contexto social**. Las normas y valores de una sociedad pueden influir en las creencias individuales porque proporcionan un marco de referencia compartido.

- **Tienen función adaptativa**. En muchos casos, las creencias ayudan a las personas a adaptarse a su entorno y a adoptar decisiones rápidas. Procuran un sentido de coherencia y estabilidad, lo que permite moverse por el mundo con mayor facilidad.

- **Están interconectadas**. Las creencias no existen de manera aislada; forman parte de un sistema interconectado. Una creencia puede estar vinculada a otras dentro de una red de creencias que otorga un sentido coherente de la realidad.

- **Tienen capacidad de transformarse**. Aunque las creencias son resistentes al cambio, no son inmutables. Pueden evolucionar con nuevas experiencias, información y reflexiones conscientes. Cambiar una creencia a menudo requiere esfuerzo, introspección y, a veces, ayuda externa.

Las creencias moldean nuestra percepción y comportamiento de manera profunda. Su subjetividad, resistencia al cambio, influencia emocional y conexión con el contexto social y cultural las convierte en un componente fundamental de la experiencia humana. Entender estas características es clave para cualquier esfuerzo destinado a identificar y transformar alguna de ellas.

ESTRUCTURA

Las creencias están compuestas por diferentes elementos interrelacionados que determinan cómo se forman, se mantienen y se manifiestan en nuestra vida.

El **núcleo de la creencia** está formado por axiomas centrales que constituyen el corazón de la misma. Son las afirmaciones básicas que una persona acepta como verdades sin cuestionarlas. Ejemplo: «Soy una persona competente» o «El mundo es un lugar peligroso».

Las creencias se **instauran** en primer lugar con el **pensamiento** y se **sostienen** mediante las justificaciones. Estas pueden ser **sensaciones percibidas** que cada uno da como válidas, o **razonamientos** —conscientes o inconscientes— que conectan la creencia central con otras ideas o experiencias. Incluyen vivencias personales, testimonios de otros y observaciones del entorno. Por ejemplo, si crees que eres una persona competente, te centrarás en las evidencias que te confirman esta sensación.

Cada creencia tiene **componentes emocionales y componentes cognitivos**. La carga emocional influye en la fuerza y en la resistencia de la creencia. Por ejemplo, una creencia que genera miedo puede ser más resistente al cambio debido a la fuerte emoción negativa asociada.

Por otro lado, las estructuras cognitivas que organizan e interpretan la información ayudan a procesar nuevas experiencias de manera consistente con sus creencias existentes, de modo que cuantas más referencias se agregan, mayor es la cimentación de la misma.

Nuestras **acciones y conductas** ante diversas situaciones están directamente relacionadas con las creencias y las emociones asociadas a ellas. Por ejemplo, una persona que cree en su capacidad para superar desafíos se sentirá con fuerza y energía ante nuevos retos y tenderá a afrontar los problemas con una actitud proactiva; y lo que hacemos, influido por lo que pensamos y sentimos, determina los **resultados** que obtenemos.

Es importante comprender esta estructura circular para identificar, cuestionar y entender que solo interviniendo en alguno de sus componentes se podrán cambiar las creencias que nos limiten y nos impidan alcanzar nuestro propósito.

EL ORIGEN DE LAS CREENCIAS

Las creencias son estructuras mentales fundamentales que influyen en cómo interpretamos el mundo y actuamos en él. Se forman a partir de una combinación de distintos factores: influencias familiares, culturales y sociales, experiencias personales, y la interpretación de eventos que han impactado en nosotros.

Desde la infancia empezamos a absorber información del **entorno familiar**, escuchando a padres, maestros y figuras de autoridad, quienes nos transmiten sus propias creencias y valores. Estas primeras experiencias y enseñanzas tienen un papel crucial en la configuración de nuestro sistema de creencias y pueden influir en la percepción de la realidad de una persona durante toda su vida.

Las **influencias culturales y sociales** también son fundamentales en la formación de creencias. La cultura en la que se nace y se crece impone un conjunto de normas, valores y creencias que moldean la percepción del mundo. La religión, la educación y los medios de comunicación son canales a través de los cuales se transmiten y refuerzan estas creencias. La sociedad dicta qué es aceptable y qué no, qué se considera verdad y qué es cuestionable. Estas creencias colectivas afectan profundamente las creencias individuales.

Otra fuente importante de creencias son las **experiencias personales**. Cuando alguien vive un evento impactante o significativo, tiende a formarse una creencia en torno a ese suceso. Por ejemplo, si una persona fracasa repetidamente en un proyecto, puede llegar a creer que no es capaz de tener éxito en ese ámbito y, así, desarrollar una creencia limitante. Por otro lado, experiencias positivas pueden generar creencias potenciadoras, como la confianza en las propias habilidades.

La **interpretación de eventos** significativos también contribuye al origen de las creencias. Dos personas pueden vivir la misma experiencia, pero interpretarla de manera completamente diferente y generar creencias distintas. Esta interpretación está influenciada por las creencias preexistentes, con lo que se crea un ciclo de retroalimentación en el que las creencias influyen en la percepción, y viceversa.

SIGNIFICADO Y FINALIDAD

Las creencias funcionan como un marco interpretativo a través del cual vemos el mundo. Tienen un significado profundo, ya que actúan como filtros que determinan qué información consideramos relevante y cómo respondemos a ella. Nos proporcionan una **sensación de identidad y pertenencia**. Nos alineamos con grupos que comparten nuestras creencias, lo que refuerza nuestra percepción de quiénes somos y dónde encajamos en la vida. Además, ofrecen una **sensación de seguridad**. Tener una estructura coherente de creencias reduce la incertidumbre y la ansiedad, lo que nos da la impresión de que comprendemos el mundo y podemos predecirlo.

Las creencias no solo explican nuestra realidad, sino que también **guían nuestro comportamiento**. Actúan como mapas mentales que dirigen nuestras decisiones y acciones diarias. Por ejemplo, si creemos que el trabajo duro conduce al éxito, es más probable que nos esforcemos en nuestras actividades laborales.

Además, las creencias tienen la finalidad de **protegernos emocionalmente**. Pueden servir como mecanismos de defensa que nos ayudan a enfrentar el estrés y los desafíos. Creencias como «todo sucede por una razón» pueden proporcionar consuelo en tiempos difíciles.

Finalmente, las creencias **impulsan a la acción** y nos motivan a alcanzar objetivos. De este modo, las creencias positivas y potenciadoras nos estimulan a superar obstáculos y perseguir nuestras metas con determinación.

Las creencias moldean la manera en que las personas ven el mundo y actúan en él, y constituyen una fuerza poderosa en la vida de cada individuo. Para crecer y evolucionar, es esencial examinar y cuestionar nuestras creencias, identificar aquellas que nos limitan y buscar cómo sustituirlas por creencias que nos empoderen y nos permitan alcanzar nuestro pleno potencial.

CREENCIAS LIMITANTES Y POTENCIADORAS

Las creencias pueden clasificarse de diversas maneras según su naturaleza y el impacto que tienen en nuestras vidas. Entre los tipos más comunes se encuentran las creencias limitantes y las creencias potenciadoras.

Las **creencias limitantes** son aquellas que nos frenan y nos impiden alcanzar nuestro pleno potencial. Suelen basarse en miedos, inseguridades o experiencias negativas del pasado, restringen nuestras acciones y nos mantienen en una zona de confort, evitando que asumamos riesgos o persigamos metas ambiciosas. Las creencias limitantes pueden afectar a todas las áreas de la vida, desde las relaciones personales hasta el desarrollo profesional.

Ejemplos de creencias limitantes:

- «No soy lo suficientemente bueno».

  Esta creencia puede afectar a la autoestima y a la autoconfianza al impedir que las personas se enfrenten a nuevos desafíos o busquen oportunidades.

- «El fracaso es algo malo y debe evitarse a toda costa».

  Temer al fracaso puede limitar la disposición a asumir riesgos y aprender de las experiencias.

- «No merezco ser feliz o tener éxito».

  Sentimientos de falta de merecimiento pueden sabotear esfuerzos y logros y, de este modo, mantener a las personas en una situación de autosabotaje.

- «El dinero es la raíz de todos los males».

  Creer que el dinero es inherentemente malo puede dificultar la búsqueda de estabilidad financiera y el logro de objetivos económicos.

- «No puedo cambiar quién soy».

  Esta creencia limita el crecimiento personal y la adaptación al promover una mentalidad fija en lugar de una mentalidad de crecimiento.

- «Siempre necesito la aprobación de los demás».

  La dependencia constante de la validación externa puede impedir la toma de decisiones auténticas y la expresión de la verdadera personalidad.

- «No tengo suficiente tiempo».

  Creer que siempre se está corto de tiempo puede crear estrés y una sensación de urgencia constante, lo que afecta a la productividad y el bienestar.

- «La vida es demasiado difícil».

  Ver la vida como una serie interminable de dificultades puede llevar a una actitud pesimista y a la falta de motivación para superar obstáculos.

- «Nunca podré recuperarme de mis errores pasados».

  Focalizarse en errores pasados impide el crecimiento y la capacidad de avanzar, y perpetúa un ciclo de autorrecriminación.

- «Solo los demás tienen éxito, no yo».

  Creer que el éxito está reservado para otros puede crear una mentalidad de escasez y evitar que se persigan sueños y aspiraciones.

Estas creencias limitantes pueden tener un impacto profundo en la vida de las personas e influir en sus decisiones, comportamientos y perspectivas. Identificarlas y trabajar para reemplazarlas con creencias potenciadoras es crucial para el desarrollo personal y el éxito. Al superar estas barreras mentales, se abre un camino hacia una mayor autoconfianza y se facilita el alcance de metas y objetivos. Cultivar una mentalidad positiva y flexible puede mejorar la resiliencia y la capacidad para adaptarse a los cambios.

En el otro extremo están las **creencias potenciadoras**, aquellas que nos impulsan hacia adelante y nos ayudan a crecer. Se basan en la confianza, el optimismo y las experiencias positivas. Nos empujan a actuar, enfrentar desafíos y persistir a pesar de las dificultades. Fomentan una mentalidad de crecimiento y resiliencia que nos permite alcanzar mayores logros y satisfacción personal.

Ejemplo de creencias potenciadoras:

- «Soy capaz de lograr cualquier cosa que me proponga».

  Esta creencia estimula la autoconfianza y la perseverancia, de modo que impulsa a las personas a perseguir sus metas con determinación.

- «El fracaso es una oportunidad para aprender y crecer».

  Ver el fracaso como una experiencia de aprendizaje transforma los obstáculos en oportunidades para el desarrollo personal.

- «Merezco ser feliz y exitoso».

  Sentir que se merece el éxito y la felicidad refuerza la autoestima y la motivación para alcanzar logros.

- «El dinero es una herramienta para mejorar mi vida y la de los demás».

  Esta creencia positiva sobre el dinero puede ayudar a buscar la estabilidad financiera y utilizar los recursos disponibles de manera constructiva.

- «Puedo cambiar y mejorar constantemente».

  Creer en la capacidad de cambio y mejora continua fomenta una mentalidad de crecimiento y adaptación.

- «La aprobación más importante es la mía propia».

  Priorizar la validación propia sobre la aprobación externa promueve la autenticidad y la autocompasión.

- «Tengo suficiente tiempo para lo que es importante».

  Creer que se tiene tiempo suficiente para las prioridades reduce el estrés y aumenta la eficiencia.

- «La vida está llena de oportunidades».

  Ver la vida como un campo de posibilidades genera entusiasmo y una actitud positiva hacia el futuro.

- «Mis errores son parte de mi aprendizaje y no me definen».

  Entender que los errores son pasos en el camino del aprendizaje permite dejar atrás el pasado y seguir adelante con confianza.

- «El éxito de los demás es una inspiración para mí».

  Ver el éxito ajeno como una fuente de inspiración y aprendizaje, en lugar de una competencia, fomenta un ambiente de apoyo mutuo y crecimiento colectivo.

Adoptar estas creencias potenciadoras puede transformar la perspectiva y la experiencia de vida de una persona al proporcionar el impulso necesario para superar desafíos y alcanzar un mayor nivel de realización personal y profesional.

Como hemos visto, nuestras creencias pueden empoderarnos o limitarnos, y es vital identificar y reevaluar las que no nos sirven, mientras cultivamos aquellas que nos ayudan a crecer y prosperar.

TEST. ¿ME ESTÁ LIMITANDO ESTA CREENCIA?

Responde sinceramente a las siguientes preguntas pensando en una creencia específica que tengas sobre ti o sobre una situación en tu vida. Elige la opción que mejor describa tus pensamientos y sentimientos.

1. ¿Cómo influye esta creencia en tus decisiones diarias?

   a. Me hace dudar de mí mismo y evito tomar decisiones importantes.

   b. No influye mucho, sigo adoptando decisiones con confianza.

   c. Solo afecta a algunas decisiones específicas, pero no a todas.

2. ¿Qué sientes cuando te enfrentas a un reto relacionado con esta creencia?

    a. Miedo y ansiedad, como si fuera a fracasar.
    b. Confianza y motivación para superarlo.
    c. Indiferencia o resignación, no espero grandes cambios.

3. ¿Cómo afecta esta creencia a tu visión de futuro?

    a. Veo el futuro con pesimismo y limitaciones.
    b. Soy optimista y creo que puedo lograr mis metas.
    c. Mi visión del futuro es neutral; no pienso mucho en ello.

4. ¿Esta creencia te ha impedido aprovechar alguna oportunidad?

    a. Sí, he dejado pasar varias oportunidades por miedo o inseguridad.
    b. No, he aprovechado las oportunidades que se me han presentado.
    c. Algunas veces, pero no siempre.

5. ¿Cómo reaccionas ante el éxito de otros en áreas donde tú tienes esta creencia?

    a. Siento envidia y me desanimo porque pienso que yo no puedo lograrlo.
    b. Me inspiro y creo que yo también puedo conseguirlo.
    c. No me afecta mucho; me alegro por ellos, pero no cambia mi creencia.

6. ¿Qué pensamientos recurrentes tienes acerca de esta creencia?

    a. Pienso constantemente en mis limitaciones y fracasos.
    b. Me concentro en mis fortalezas y oportunidades de mejora.
    c. No tengo pensamientos recurrentes; no le doy mucha importancia.

INTERPRETACIÓN DE RESULTADOS:

- **Mayoría de respuestas a**. Tu creencia probablemente te está limitando de manera significativa. Es posible que te esté impidiendo tomar decisiones importantes, enfrentar retos con confianza y aprovechar oportunidades. Reflexiona sobre cómo puedes cambiar esta creencia para mejorar tu vida.

- **Mayoría de respuestas b**. Tu creencia parece ser potenciadora y no te está limitando. Mantienes una mentalidad positiva y te enfrentas a los desafíos con confianza. Sigue cultivando esta perspectiva para alcanzar tus metas.

- **Mayoría de respuestas c**. Tu creencia puede tener un impacto mixto, en algunos aspectos, limitante, y en otros, neutral. Puede que no seas completamente consciente de su influencia. Considera explorar más a fondo esta creencia para determinar cómo podría estar afectando a tus acciones y resultados.

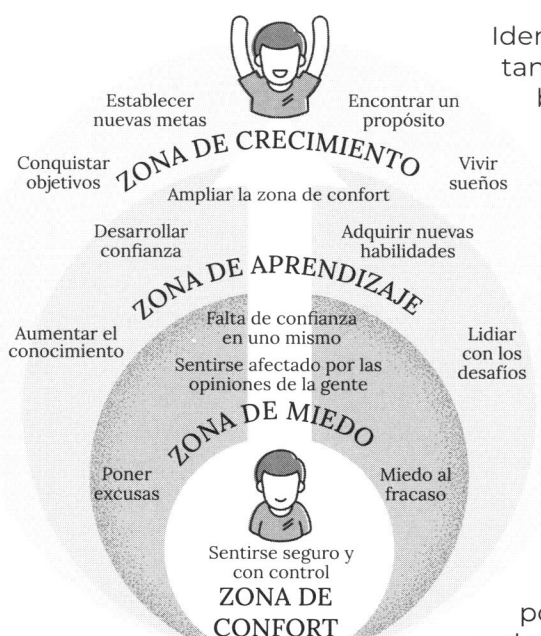

Identificar si una creencia te está limitando es un paso crucial hacia el cambio. Reflexiona sobre tus respuestas y busca maneras de transformar cualquier creencia limitante en una potenciadora que te permita crecer y avanzar.

Cambiar las creencias limitantes requiere primero identificarlas y luego desafiarlas conscientemente. Esto puede implicar la reevaluación de experiencias pasadas, la exposición a nuevas ideas y perspectivas y la práctica de nuevas formas de pensar y actuar. Al hacerlo, podremos reemplazar las creencias que nos frenan por aquellas que nos ayudan a crecer y alcanzar nuestro verdadero potencial.

PRÁCTICA.
CAMBIA UNA CREENCIA LIMITANTE

Aquí tienes una práctica que te ayudará en el proceso de identificar y cambiar una creencia limitante. A continuación tienes un listado de pasos esenciales que te facilitarán la tarea. Dedícale tiempo a cada uno de ellos y haz una reflexión profunda. Es un proceso que requiere de paciencia, introspección y honestidad.

1. **Identifica tu creencia limitante**

   A menudo, estas creencias limitantes operan de manera subconsciente y no te das cuenta de su influencia. Puedes comenzar preguntándote:

   - ¿Qué áreas de mi vida no están funcionando tan bien como me gustaría?
   - ¿Qué pensamientos negativos recurrentes tengo sobre mí mismo en estas áreas?

   Presta atención a patrones de pensamiento del tipo «no puedo», «no soy suficiente», «no merezco».

2. **Busca el origen de tu creencia limitante**

   Una vez que tengas identificada la creencia, trata de entender el origen de la misma:

   - ¿Quién o qué situaciones podrían haber contribuido a que se haya formado?
   - ¿Ha habido experiencias de mi infancia o de la vida adulta que hayan podido reforzarla?

   Comprender su origen puede ayudarte a desvincularla de tu identidad actual.

3. **Cuestiona su veracidad y desafía su validez**

   Reflexiona y da respuesta a las siguientes cuestiones:

   - ¿Es absolutamente cierta esta creencia?
   - ¿Qué evidencia tengo que la apoye?
   - ¿Es válida para todas las situaciones?

- ¿Cómo me afecta creer esto?
- ¿Qué evidencia tengo en contra?
- ¿Cómo me sentiría sin esta creencia?

4. Reformula la creencia y busca una alternativa

Escribe tu creencia y propón una alternativa formulada en positivo:

TU CREENCIA	ALTERNATIVA EN POSITIVO
No puedo...	Soy capaz de...
No soy suficiente...	Tengo habilidades suficientes para...
No merezco...	Merezco haber conseguido...

5. Visualízate con tu nueva creencia

Utiliza las afirmaciones positivas e imagina cómo eres con esta nueva creencia:

- ¿Cómo actúas con esta nueva creencia?
- ¿Cómo te sientes?
- ¿Qué nuevos desafíos puedes aceptar?

6. Actúa como si tu nueva creencia fuera cierta

- Acepta riesgos que normalmente evitarías.
- Ponte en situaciones que desafíen tu vieja creencia.

Reformular las creencias limitantes no es un proceso rápido, sino un camino de autoconocimiento y crecimiento continuo que requiere práctica y vivir en modo consciente.

EL REENCUADRE DE CREENCIAS

Existen varias metodologías para el cambio de creencias, cada una con enfoques y técnicas específicas. El reencuadre es una de esas técnicas. Se utiliza en la psicología y la programación neurolingüística (PNL) y tiene como objetivo cambiar la percepción de una situación o creencia limitante al modificar el contexto o la forma en que se interpreta. Al reencuadrar se proporciona una nueva perspectiva que puede transformar una creencia limitante en una potenciadora, y así se logra un cambio positivo en el comportamiento y la actitud.

El reencuadre implica cambiar la contextualización de una creencia, pensamiento o experiencia. Es similar a cambiar el marco de una imagen para que la misma se vea de una manera diferente. El objetivo es encontrar una interpretación alternativa que sea más útil. positiva o potenciadora.

Hay dos tipos de reencuadre, de contexto y de contenido:

- **Reencuadre de contexto**. Consiste en cambiar el contexto en el que se percibe un evento o comportamiento para mostrar que, en otro contexto diferente, esa situación puede tener un significado positivo. Por ejemplo, una persona que se considera «demasiado obstinada», puede reencuadrar esa creencia pensando que, en un contexto de trabajo, su obstinación puede ser vista como determinación y perseverancia, cualidades valoradas en la consecución de objetivos.

- **Reencuadre de contenido**. Se trata de cambiar el significado del contenido de la creencia misma para proporcionar una nueva interpretación que transforma una perspectiva negativa en una positiva. Por ejemplo, alguien que piensa: «Soy un fracaso porque no terminé la universidad», puede reencuadrar esta creencia interpretándola de esta otra forma: «La universidad no era el camino adecuado para mí, pero esto me llevó a descubrir mi verdadera pasión y habilidades en otra área».

El **proceso de reencuadre** se realiza en cuatro fases:

1. Identificación de la creencia limitante

El primer paso es identificar claramente la creencia limitante que se desea cambiar.

Ejemplo. «Soy malo hablando en público». La persona reconoce que esta creencia le impide aprovechar oportunidades de crecimiento profesional y personal.

2. Cuestionar la validez de la creencia

En este punto hay que preguntarse si la creencia es absolutamente cierta y explorar las evidencias que la sustentan para valorar si es posible que la creencia no sea completamente verdadera.

Ejemplo: ¿es absolutamente cierto que siempre es malo cuando habla en público? ¿Ha habido ocasiones en las que haya hablado en público y haya sido bien recibido?

3. Reencuadre

Consiste en buscar una interpretación alternativa que sea más positiva y útil. Se trata de ver esta situación desde una perspectiva diferente que empodere en lugar de que limite.

Ejemplo: «Mis nervios al hablar en público muestran que me importa lo que estoy presentando y que quiero hacerlo bien»; «Puedo mejorar mis habilidades de hablar en público con práctica y preparación, y cada oportunidad de hablar es una ocasión de aprendizaje».

4. Aplicación de la nueva perspectiva

Para concluir el proceso con éxito es fundamental adoptar la nueva perspectiva, aplicarla en la vida diaria y observar cómo cambia la percepción y el comportamiento. Es necesario practicar con la nueva creencia hasta que se convierta en una parte natural del pensamiento.

Ejemplo: la persona comienza a ver las presentaciones en público como oportunidades para mejorar y demostrar su interés en el tema. Practica más y se prepara de manera adecuada, lo que gradualmente mejora su confianza y habilidades.

El reencuadre tiene una serie de **beneficios**:

- **Reducción del estrés**. Al cambiar la interpretación de una situación, pueden disminuir la ansiedad y el estrés asociados.

- **Mejora de la autoestima**. Las nuevas creencias potenciadoras son un refuerzo positivo que aumenta tanto la confianza como la autoestima.

- **Mayor flexibilidad mental**. Fomenta una mentalidad abierta y adaptable que permite considerar múltiples perspectivas.

- **Empoderamiento personal**. Transforma la visión del propio potencial y las capacidades, y esto genera una actitud más proactiva y positiva.

- **Mejora de las relaciones interpersonales**. Al reinterpretar las acciones y palabras de los demás de manera más positiva, se pueden reducir los conflictos y mejorar la comunicación.

El reencuadre es una herramienta poderosa para transformar creencias limitantes en potenciadoras, pues ofrece nuevas perspectivas que pueden mejorar significativamente la calidad de vida y e bienestar emocional. Al cambiar la manera en que interpretamos una situación o experiencia, y nos enfocamos en aspectos más positivos o útiles, podemos encontrar oportunidades de crecimiento y aprendizaje donde antes solo veíamos obstáculos.

Por ejemplo, en lugar de percibir un fracaso como una señal de incapacidad, podemos reencuadrarlo como una valiosa lección de la que obtenemos un aprendizaje que nos acerca más a nuestros objetivos. Esta nueva perspectiva no solo disminuye el impacto negativo de la situación, sino que también fortalece nuestra resiliencia y autoconfianza.

La técnica del reencuadre se puede aplicar en diversas áreas de la vida, desde el ámbito personal y profesional hasta las relaciones interpersonales. Utilizar esta herramienta de manera regular nos ayuda a desarrollar una mentalidad más flexible y adaptable, lo que nos permite afrontar los desafíos con una actitud constructiva y positiva. A medida que practicamos y cultivamos esta habilidad, nuestras creencias se alinean más con nuestras metas y valores, y esto favorece un crecimiento continuo.

和敬清寂
Wakei-seijyaku

Expresión japonesa
que hace referencia
a un concepto zen que
aboga por la creación
de un estado de serenidad
y aprecio mediante
la integración de estos
cuatro principios en
la vida diaria: *wa* (armonía),
kei (respeto), *sei* (pureza)
y *jyaku* (tranquilidad).
Invita a vivir con
conciencia plena, cultivar
un ambiente de paz
interior y conectar con
el presente.

PRIORIZA TUS VALORES

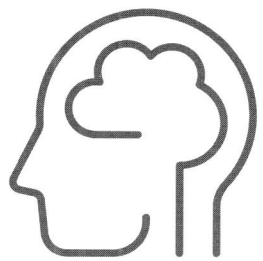

Los valores tienen un papel fundamental en nuestra vida al influir en nuestras decisiones, comportamientos y en la forma en que nos relacionamos con el mundo que nos rodea. Dictan nuestras acciones, decisiones y reacciones frente a los desafíos y oportunidades que se nos presentan, y nos guían en la búsqueda de lo que consideramos importante y significativo. Cuando identificamos y priorizamos nuestros valores, diseñamos el mapa que nos conduce a nuestro propósito de vida, y esto nos proporciona claridad y dirección en cada paso que damos. Desde las necesidades básicas de supervivencia hasta las aspiraciones más elevadas de autorrealización, nuestros valores nos orientan y nos inspiran a alcanzar nuestros objetivos y a satisfacer nuestras necesidades fundamentales.

Para entender plenamente el impacto de los valores, es crucial reconocer que no todos son iguales ni tienen la misma importancia para cada persona. Reflejan lo que consideramos preciado, y también influyen en nuestra percepción del propósito de vida y en la manera en que nos esforzamos por alcanzarlo. Este conocimiento nos permitirá desarrollar una mayor conciencia de nosotros mismos y de los demás, y nos suministrará herramientas para vivir de acuerdo con nuestros valores más auténticos y significativos.

En este capítulo veremos qué son los valores, cómo se clasifican y cuál es su relación intrínseca con nuestras necesidades y motivaciones. Analizaremos en profundidad la importancia de identificar y priorizar nuestros valores y su papel crucial en la búsqueda del ikigai.

QUÉ SON LOS VALORES

Los valores son principios fundamentales y creencias profundas que rigen nuestra conducta. Nos guían sobre lo que es importante y deseable para nosotros y también alimentan nuestras motivaciones, es decir, las razones y fuerzas internas que impulsan nuestro comportamiento hacia la consecución de ciertos objetivos. Valoramos a personas, ideas, actividades o proyectos según el significado que tienen para nuestra vida. El criterio con el que otorgamos valor a cada uno de ellos varía a lo largo del tiempo y depende de lo que cada persona asume como «sus valores». El valor que damos a cada cosa está relacionado con nuestros criterios e interpretaciones y es producto del aprendizaje, la experiencia e incluso de un ideal. Todos tenemos valores, lo que varía es que no tienen que ser los mismos ni tampoco la prioridad que damos a cada uno de ellos.

CARACTERÍSTICAS Y FUNCIONES

Los valores poseen varias **características** que los distinguen y definen, y hacen de ellos elementos cruciales en la configuración de nuestras decisiones, comportamientos y percepciones. Se caracterizan por ser:

- **Abstractos y generales**. Los valores son conceptos amplios y no están limitados a situaciones específicas. Por ejemplo, la justicia es un valor que puede aplicarse en distintos contextos, desde el ámbito legal hasta las interacciones cotidianas.

- **Personales y únicos**. Los valores reflejan las experiencias individuales, la cultura, la educación y el entorno social de cada persona. Por lo tanto, cada individuo tiene un conjunto único de valores, aunque puede compartir algunos de ellos con otras personas o grupos.

- **Jerárquicos**. Los valores no tienen la misma importancia para todos. Cada persona tiene una jerarquía de valores según la cual algunos son más prioritarios que otros. Esta jerarquía, que varía con el tiempo, influye en cómo se toman las decisiones y qué se prioriza en la vida.

- **Interrelacionados**. Los valores no existen de forma aislada. Están interconectados y pueden influirse mutuamente. Por ejemplo, los valores de honestidad y lealtad no solo pueden complementarse, sino que en ciertas situaciones también pueden entrar en conflicto.

- **Guía para la conducta**. Actúan como normas internas que guían el comportamiento y las decisiones. Proporcionan una referencia sobre lo que se considera correcto, importante y deseable.

- **Culturales y contextuales**. Los valores pueden variar significativamente entre diferentes culturas y contextos —lo que es valorado en una cultura puede no serlo en otra—, ya que reflejan las normas y creencias predominantes en cada sociedad.

- **Motivacionales**. Los valores son una fuente importante de motivación. Nos impulsan a actuar de manera que alineamos nuestras acciones con lo que consideramos importante y valioso.

- **Evaluativos**. Permiten evaluar y juzgar las acciones propias y ajenas. A través de los valores, podemos discernir entre comportamientos que consideramos buenos o malos, adecuados o inadecuados.

- **Universales y particulares**. Algunos valores son considerados universales, como la igualdad y la justicia, mientras que otros pueden ser más específicos y particulares, dependiendo de la cultura, la religión o el contexto social de la persona.

Los valores son una guía para nuestro comportamiento diario. Forman parte de nuestra identidad como personas y nos orientan en nuestras actuaciones. Cuando nos movemos según nuestros valores, no lo hacemos por «el qué dirán», sino por una convicción interna. Nos ayudan a proceder según lo que consideramos que está bien, sin esperar nada a cambio, excepto sentirnos satisfechos y realizados. Entre sus principales **funciones**, destacan las siguientes:

- **Otorgan dirección y propósito**. Ayudan a definir el propósito de vida y proporcionan una dirección clara en la toma de decisiones y la fijación de objetivos.

- **Aportan coherencia y autenticidad**. Vivir de acuerdo con nuestros valores nos permite ser coherentes y auténticos, lo cual es crucial para la integridad personal y la satisfacción interna.

- **Favorecen las relaciones sociales**. Facilitan la formación y el mantenimiento de relaciones saludables y significativas, ya que promueven comportamientos como la honestidad, el respeto y la empatía.

- **Contribuyen a la cohesión social**. Establecen normas y expectativas compartidas dentro de una comunidad o sociedad, lo cual es esencial para la convivencia armoniosa y el respeto mutuo.

DIFERENCIAS ENTRE PRINCIPIOS Y VALORES

Los términos «principios» y «valores» a menudo se utilizan de manera intercambiable, pero tienen matices que los distinguen. Aunque están estrechamente relacionados, es importante entender sus diferencias para poder aplicarlos adecuadamente en nuestras vidas. Los valores nos guían en nuestras decisiones diarias y reflejan lo que consideramos importante, mientras que los principios nos proporcionan un marco ético y moral sólido que es aplicable universalmente.

En la tabla que figura a continuación se explica el significado de cada uno y se detallan sus diferencias.

	PRINCIPIOS	VALORES
DEFINICIÓN INMUTABILIDAD VS. FLEXIBILIDAD	Verdades fundamentales o normas universales que son permanentes e inmutables. No cambian con las circunstancias. Actúan como leyes naturales que gobiernan la conducta humana y social. En este sentido, evolucionan a lo largo de la historia, al igual que la sociedad.	Creencias profundas que guían el comportamiento de una persona. Representan lo que consideramos importante en la vida. Pueden cambiar con el tiempo y las experiencias. Lo que una persona valora en su juventud puede diferir de lo que valora en su etapa adulta.
NATURALEZA OBJETIVIDAD VS. SUBJETIVIDAD	Son objetivos y universales. No cambian según la persona o la cultura y son aplicables en todas las circunstancias.	Son subjetivos y personales. Varían de una persona a otra y de una cultura a otra.
FUNCIÓN INFLUENCIA EN LA CONDUCTA	Proveen una base sólida para el comportamiento ético y moral. Los principios son la base sobre la cual se construyen las leyes, las normas sociales y los valores personales.	Actúan como criterios internos que influyen en nuestras decisiones, prioridades y acciones diarias. Nos ayudan a determinar lo que es importante para nosotros y cómo queremos vivir nuestras vidas.

Por ejemplo, podemos considerar el principio de la verdad y el valor de la honestidad. La verdad es un principio que dicta que uno debe adherirse a los hechos y la realidad, independientemente de la situación o las consecuencias personales. Este principio apoya el valor de la honestidad al proporcionar una base moral para ser sincero. Una persona puede valorar la honestidad y, por lo tanto, tratar de ser siempre sincera y transparente en sus interacciones personales y profesionales.

CÓMO SE FORMAN LOS VALORES

La formación de los valores es un proceso complejo que involucra múltiples factores y etapas a lo largo de la vida de una persona. Los valores no son innatos; se desarrollan a través de nuestras experiencias y las influencias a las que estamos expuestos. A continuación describimos los principales **factores** que contribuyen a la formación de los valores:

- **La familia**. Es la primera y más influyente fuente de formación de valores. Desde la infancia, los niños aprenden observando e imitando el comportamiento de sus padres y otros miembros de la familia. Tiene impacto en las normas familiares, actitudes, creencias y prácticas cotidianas.

- **La educación**. Tanto la educación formal como la informal tienen un papel crucial en la formación de valores. Las escuelas, maestros y compañeros de clase contribuyen significativamente a la transmisión de valores. Influyen, sobre todo, en la disciplina, la responsabilidad, la ética de trabajo y el respeto por la autoridad.

- **La cultura y la sociedad**. El entorno en el que una persona vive moldea sus valores a través de las normas, tradiciones y prácticas culturales. Influyen las costumbres, las tradiciones, la información de los medios de comunicación, y las leyes y normas sociales que se observan.

- **La religión y la espiritualidad**. Las creencias religiosas y espirituales proporcionan un marco moral y ético que influye en la formación de valores.

- **Las experiencias personales**. Tanto si son positivas como negativas, las vivencias contribuyen a la formación y evolución de los valores individuales. Influyen las vivencias, las lecciones aprendidas o los desafíos superados.

- **Las relaciones interpersonales**. Desempeñan también un papel importante en la formación de valores, ya que las interacciones sociales nos exponen a diferentes perspectivas y comportamientos. Hay influencia de pares, intercambio de ideas, apoyo y críticas.

- **Los medios de comunicación y las redes sociales**. Influyen en la percepción y adopción de valores al exponer a las personas a una amplia gama de información y modelos de comportamiento.

La etapa de la vida en la que nos encontremos influye también en cómo hacemos nuestros y damos importancia a determinados valores. **Durante la infancia**, a través de la observación y la imitación de los comportamientos de los padres y cuidadores se inculcan valores, como la honestidad, el respeto y la obediencia. **En la adolescencia**, dichos valores se consolidan, y la influencia de los amigos y la búsqueda de identidad hacen que adquieran importancia otros, como la independencia, la lealtad y la justicia. En la **etapa adulta**, los valores pueden seguir evolucionando a medida que las personas afrontan nuevas experiencias y responsabilidades, como el trabajo y la formación de una familia. La responsabilidad, el compromiso o la profesionalidad escalan en la lista de prioridades. En la **madurez**, pueden adquirir mayor profundidad y matizarse, a menudo influenciados por una mayor reflexión y la búsqueda de un propósito de vida más íntimo. La sabiduría, el altruismo y la integridad son valores que adquieren mayor relevancia en esta etapa vital.

La formación de los valores es un proceso dinámico y continuo que resulta de la interacción de múltiples factores a lo largo de la vida. Comprender cómo se forman nos permite apreciar la diversidad de perspectivas y comportamientos en nuestra sociedad, así como reflexionar sobre nuestros propios valores y cómo podemos alinearlos mejor con nuestras acciones y decisiones diarias. Al ser conscientes de los factores que influyen en su formación, podemos trabajar para desarrollar y fortalecer aquellos que consideramos más importantes y prioritarios en nuestra vida y que nos acercan más a nuestro ikigai.

CLASIFICACIÓN

La clasificación de los valores es una forma de entender y organizar los principios que guían nuestras acciones y decisiones. Existen varias maneras de categorizar los valores. A continuación presentamos una de las más comunes:

- **Valores personales**. Son los que guían las decisiones y comportamientos de una persona. Ejemplos: honestidad, responsabilidad, lealtad, integridad.

- **Valores familiares**. Tienen un peso determinante dentro del núcleo familiar y son transmitidos de generación en generación. Ejemplos: amor, respeto, unidad, apoyo mutuo.

- **Valores sociales**. Son muy importantes para la convivencia y el bienestar en la sociedad. Ejemplos: justicia, igualdad, solidaridad, cooperación.

- **Valores culturales**. Incluyen los compartidos por una comunidad o cultura específica y forman parte de su identidad. Ejemplos: tradiciones, respeto por la historia y el patrimonio, orgullo cultural.

- **Valores espirituales**. Están relacionados con la religión y la búsqueda del sentido de la vida y la trascendencia. Ejemplos: fe, compasión, humildad, gratitud.

- **Valores morales**. Definen lo que se considera correcto o incorrecto desde el punto de vista ético. Ejemplos: honestidad, integridad, justicia, respeto por los demás.

- **Valores profesionales**. Guían el comportamiento y las decisiones en el ámbito laboral y profesional. Ejemplos: ética profesional, responsabilidad, dedicación, excelencia.

- **Valores económicos**. Son los relacionados con la economía, el manejo de recursos y la administración financiera. Ejemplos: eficiencia, ahorro, sostenibilidad, prudencia financiera.

- **Valores estéticos**. Vinculados con la apreciación de la belleza y el arte. Ejemplos: belleza, armonía, creatividad, innovación.

Clasificarlos nos permite entender mejor las prioridades y motivaciones tanto individuales como colectivas. Por un lado, nos ayuda a clarificar cuáles son nuestros valores fundamentales y cómo se relacionan entre sí y a darles prioridad en diferentes contextos y situaciones. Por otro, comprender los valores compartidos dentro de una comunidad o cultura nos proporciona una mayor cohesión y entendimiento.

Al reflexionar sobre nuestros valores fundamentales podemos trabajar en nuestro crecimiento y desarrollo personal. Es también un modo de que la toma de decisiones nos sea más sencilla al proporcionarnos una guía clara sobre lo que consideramos importante.

EL MODELO TRIAXIAL DE LOS VALORES

La clasificación de los valores es una herramienta esencial para entender y organizar los principios que guían nuestras vidas. Al explorar y pensar sobre las diferentes categorías podemos obtener una mayor claridad acerca de nuestras propias motivaciones y acciones, así como sobre las de quienes nos rodean. Este conocimiento nos permite vivir de manera más consciente y alineada con nuestros principios más profundos.

El modelo triaxial de los valores, desarrollado por Simon L. Dolan, es un marco teórico que los organiza en tres ejes principales y cuyo centro es la confianza.

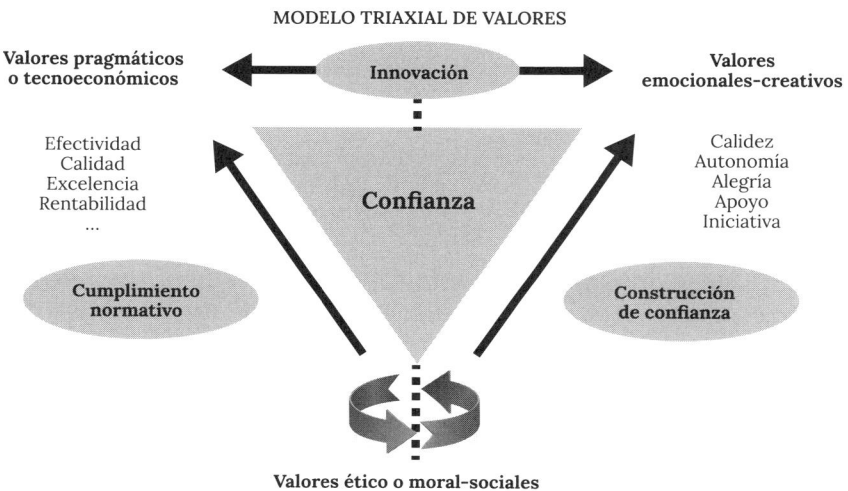

MODELO TRIAXIAL DE VALORES

Los **tres ejes** del modelo triaxial de los valores son:

- **Ético-Social**. Valores relacionados con la ética y la responsabilidad social. Guían el comportamiento hacia lo que es moralmente correcto y justo con el fomento de la integridad y el respeto hacia los demás y la sociedad en general.

- **Económico-Pragmático**. Valores relacionados con la eficiencia y la productividad. Están orientados hacia la consecución de objetivos prácticos y económicos para mejorar la productividad y alcanzar resultados tangibles y medibles.

- **Emocional-Desarrollo personal**. Valores relacionados con el bienestar emocional y el crecimiento personal. Se centran en la salud mental y el crecimiento individual a través de la promoción de un entorno en el que las personas puedan prosperar y desarrollarse plenamente.

Los valores asignados a cada eje son los siguientes:

EMOCIONALES	ÉTICO-SOCIALES	ECONÓMICO -PRAGMÁTICOS
Creatividad	Apoyo	Determinación
Autoestima	Armonía	Consistencia
Autocontrol	Honor	Flexibilidad
Empatía	Respeto	Austeridad
Paciencia	Cooperación	Protección
Compasión	Generosidad	Contribución
Iniciativa	Humildad	Seguridad
Curiosidad	Amistad	Liderazgo
Independencia	Integridad	Planificación
Optimismo	Lealtad	Escuchar atentamente
Ternura	Igualdad	Organización
Cariño	Orgullo	Comunicación
Innovación	Transparencia	Pragmatismo
Alegría	Relaciones familiares	Puntualidad
Salud	Perdón	Trabajo
Calma	Justicia	Influencia
Diversión	Honestidad	Éxito
Espiritualidad	Equidad	Perseverancia
Privacidad	Respeto al medio ambiente	Tener dinero
Mente abierta	Mantener las tradiciones	Simplificación

Este modelo se utiliza para identificar, priorizar y alinear los valores, y ayuda a las personas y organizaciones a vivir de manera más coherente y significativa. Es muy útil porque:

- Proporciona una estructura clara para comprender y priorizar los valores, y facilita la toma de decisiones coherentes y alineadas con los principios fundamentales.

- Promueve un equilibrio entre los diferentes tipos de valores y evita la sobrevaloración de unos sobre otros, ya que fomenta una perspectiva holística.

- Ayuda a individuos y organizaciones a actuar de manera auténtica y cohesiva, lo que mejora la satisfacción personal y la efectividad organizacional.

- Facilita el desarrollo integral de las personas y organizaciones, pues aborda los aspectos económicos y pragmáticos, y también los éticos y emocionales.

Elegir los valores fundamentales es un proceso de autoconocimiento y reflexión que proporciona claridad y dirección en la vida. A continuación tienes una práctica que puede ayudarte a identificar y priorizar tus valores fundamentales.

PRÁCTICA.
PRIORIZA TUS VALORES FUNDAMENTALES

Para realizar esta práctica, busca un entorno libre de distracciones donde puedas concentrarte y reflexionar tranquilamente. Dedica al menos una hora a este ejercicio. No te apresures; es importante que pienses con detenimiento antes de dar tus respuestas.

1. **Prepara una lista de valores**

   Utiliza una lista de valores comunes lo más completa posible como punto de partida. A continuación hay una que te puede servir como ejemplo. Si un valor importante para ti no está en el listado, añádelo. Puedes buscar en internet para completar la relación.

Abundancia	Disciplina	Orden
Aceptación	Diversidad	Paciencia
Agradecimiento	Diversión	Pasión
Alegría	Dignidad	Perseverancia
Altruismo	Eficiencia	Profesionalidad
Amabilidad	Empatía	Prudencia
Amor	Empoderamiento	Puntualidad
Armonía	Equidad	Reciprocidad
Apreciación	Equilibrio	Reconocimiento
Atención	Espiritualidad	Respeto
Autenticidad	Excelencia	Responsabilidad
Autocontrol	Felicidad	Responsabilidad social
Autocuidado	Fidelidad	Sabiduría
Autodisciplina	Flexibilidad	Salud
Autonomía	Generosidad	Satisfacción
Belleza	Gratitud	Seguridad
Bondad	Honestidad	Sensibilidad
Compasión	Honor	Serenidad
Comunidad	Humanidad	Servicio
Compañerismo	Humildad	Sinceridad
Confianza	Igualdad	Solidaridad
Congruencia	Imaginación	Sostenibilidad
Conocimiento	Inclusión	Tolerancia
Cooperación	Independencia	Transparencia
Coraje	Innovación	Trascendencia
Cortesía	Integridad	Trabajo en equipo
Creatividad	Justicia	Unidad
Crecimiento personal	Justicia social	Valentía
Cuidado	Lealtad	Verdad
Curiosidad	Libertad	Vitalidad
Dedicación	Misericordia	Voluntad
Desarrollo	Optimismo	Voluntariado

2. Selecciona tus valores más importantes

- Elige diez valores de la lista que resuenan más contigo. Deben ser los que consideres fundamentales para tu vida.

- Para cada uno de los diez valores seleccionados, hazte estas preguntas:

  - ¿Por qué es importante para mí?

  - ¿Cómo ha influido este valor en mis decisiones y acciones pasadas?

  - ¿Cómo me hace sentir este valor cuando lo vivo en mi vida diaria?

3. Reduce más la lista

Elige ahora los cinco valores que son prioritarios para ti entre los diez que has seleccionado.

4. Jerarquiza tus valores

Ordena estos cinco valores seleccionados de mayor a menor importancia. Esta priorización te ayudará a entender cuáles son los valores fundamentales en tu vida. Puedes ir comparando cada uno de ellos con los cuatro restantes e ir escogiendo el prioritario entre ellos. Esto te facilitará el proceso de jerarquización.

5. Reflexiona sobre tus cinco valores

Piensa en cómo estos valores afectan a tu vida diaria y tus decisiones. Son tus valores fundamentales, los que más te definen y guían.

6. Escribe sobre tus valores y prepara un plan de acción

- Redacta un párrafo sobre cada uno de tus valores fundamentales. Incluye por qué son importantes para ti y cómo los aplicas en tu vida.

- Apunta ejemplos específicos de situaciones en las que hayas actuado de acuerdo con estos valores. Reflexiona sobre cómo te han hecho sentir estos momentos.

- Desarrolla un plan para vivir de manera más consciente según estos valores. Piensa en acciones concretas que puedas llevar a cabo para alinear tu vida más estrechamente con tus valores fundamentales.

Puedes utilizar un cuadro parecido a este:

Valor	¿Por qué es importante?	Situación	¿Qué sentiste?	Acciones
1				
2				
3				
4				
5				

7. Revisión y ajuste

Los valores pueden evolucionar con el tiempo:

- Revisa tu lista de valores fundamentales al menos una vez al año para asegurarte de que sigan reflejando tus principios más profundos.

- No dudes en ajustar tus valores y prioridades a medida que evoluciones. La flexibilidad es importante para mantener la autenticidad y la coherencia en tu vida.

Elegir y priorizar tus valores fundamentales es un proceso de introspección que te proporciona una guía clara para tomar decisiones y vivir de manera coherente con ellos. Esta práctica te ayudará a identificar lo que realmente es importante para ti, y te proporcionará una base sólida sobre la cual construir una vida con ikigai.

Nuestros valores actúan como el motor que impulsa nuestras decisiones diarias e influyen en nuestras metas a largo plazo y en las pequeñas elecciones cotidianas. Nos motivan a actuar de acuerdo con lo que consideramos correcto y significativo, y otorgan sentido y satisfacción a nuestras acciones. Sin un conjunto claro de valores, nuestras motivaciones pueden perderse en un mar de incertidumbre y contradicciones y dejarnos desorientados y desconectados de nuestro verdadero yo.

RELACIÓN ENTRE VALORES, NECESIDADES Y MOTIVACIONES

Los valores están intrínsecamente ligados a nuestras necesidades, que son los requerimientos básicos y psicológicos que buscamos satisfacer para lograr bienestar y realización. Esta conexión se hace evidente al observar la manera en que los valores influyen en la prioridad y la forma en que tratamos de satisfacer nuestras necesidades.

La relación entre valores y necesidades es bidireccional y dinámica: los valores informan y guían hacia la satisfacción de nuestras necesidades y, a su vez, la búsqueda de la satisfacción de nuestras necesidades refuerza y clarifica nuestros valores.

Comprender esta relación nos permite adoptar decisiones más conscientes y alineadas con nuestros principios, lo que conduce a una vida más coherente y grata.

PIRÁMIDE DE ABRAHAM MASLOW

La Pirámide de Maslow, propuesta por el psicólogo Abraham Maslow en 1943, es una teoría sobre la motivación humana que organiza las necesidades según una jerarquía. Esta teoría sugiere que las personas deben satisfacer ciertas necesidades básicas antes de poder centrarse en otras más elevadas.

Se representa comúnmente como una pirámide de cinco niveles, donde las necesidades más elementales forman la base y las más complejas se encuentran en los niveles superiores.

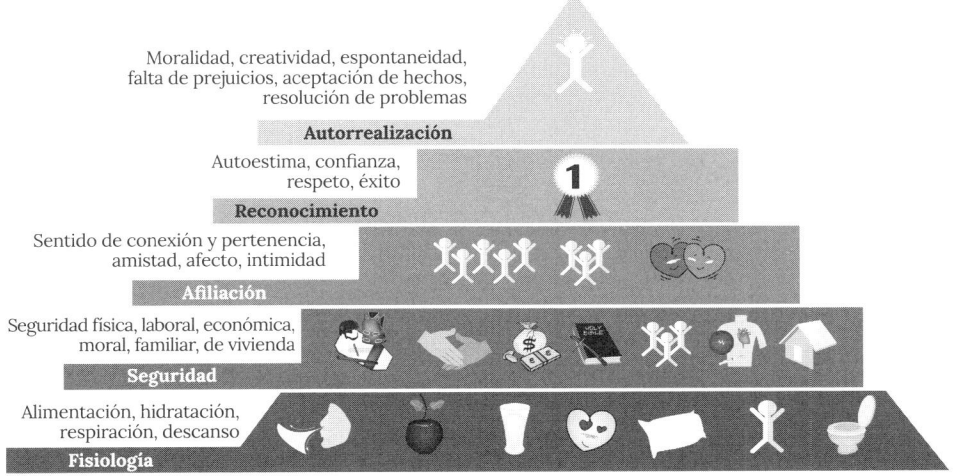

205

1. **Necesidades fisiológicas**. Son las necesidades más básicas para la supervivencia física: alimentación, agua, aire, refugio, sueño, etc. Deben satisfacerse antes que cualquier otra. Sin ellas, ni el cuerpo puede funcionar correctamente ni la persona es capaz de enfocarse en otras necesidades.

2. **Necesidades de seguridad**. Una vez que las necesidades fisiológicas están satisfechas, surge la necesidad de sentirse seguro y protegido. Hablamos de seguridad física, estabilidad financiera, protección contra el peligro o seguridad en el empleo, por ejemplo. Estas necesidades garantizan un entorno estable y predecible, que permite que las personas se sientan seguras para planificar el futuro.

3. **Necesidades de afiliación y amor.** Con las necesidades de seguridad cubiertas, las personas buscan relaciones sociales y afectivas, como amistad, amor, vínculos familiares, pertenencia a un grupo, etc. Estas necesidades reflejan el deseo humano de pertenencia y conexión con otros, y son cruciales para el bienestar emocional y social.

4. **Necesidades de reconocimiento**. Se dividen en dos categorías: autoestima y reconocimiento y respeto por parte de otros. Satisfacer estas necesidades conduce a sentimientos de valor personal, confianza y competencia.

5. **Necesidades de autorrealización**. Es el nivel más alto en la jerarquía de Maslow, en el que las personas buscan alcanzar su máximo potencial y realizarse plenamente. Hablamos de desarrollo personal, creatividad, cumplimiento de metas individuales, búsqueda de propósito y significado. La autorrealización es la culminación del desarrollo personal y la expresión de lo mejor que uno puede ser. Implica la búsqueda de crecimiento, autoexpresión y la realización de sueños y aspiraciones.

La pirámide de Maslow se caracteriza por ser:

- **Jerárquica**. Las necesidades deben ser satisfechas en orden. Las de los niveles inferiores tienen que satisfacerse antes de que las superiores se conviertan en fuente de motivación.

- **Progresiva**. Una vez que se cubre una necesidad deja de ser una motivación, y la persona se centra en la siguiente necesidad de la jerarquía.

- **Flexible**. Aunque la teoría sugiere un orden fijo, Maslow reconoció que esta jerarquía no siempre es rígida y que, a veces, se da alguna excepción; las circunstancias individuales y culturales pueden influir en el orden y la importancia de las necesidades.

Los valores pueden moldear nuestras necesidades más allá de lo básico, orientando nuestra búsqueda de autorrealización y crecimiento personal. Según la teoría de la jerarquía de necesidades de Maslow que acabamos de ver, una vez que las necesidades fisiológicas y de seguridad están satisfechas, las personas buscan satisfacer necesidades más elevadas, como la pertenencia, el reconocimiento y la autorrealización. Aquí, los valores tienen un papel crucial: una persona que valora la creatividad y la autoexpresión se esforzará por satisfacer su necesidad de autorrealización a través de actividades artísticas o innovadoras, mientras que alguien que valora la justicia y la equidad buscará oportunidades para contribuir a causas sociales y defender los derechos de otros.

El propósito de vida, el objetivo mayor que da sentido a nuestra existencia, se nutre y fortalece en la intersección de nuestros valores y motivaciones. A través de la introspección y del reconocimiento de lo que realmente valoramos es como podemos descubrir qué es lo que nos mueve y nos inspira a alcanzar nuestro máximo potencial.

MODELO DE RICHARD BARRETT

Richard Barrett utilizó la pirámide de Maslow como base para desarrollar un modelo de desarrollo personal y organizacional que amplía la idea de las necesidades humanas introducida por Abraham Maslow. Su propuesta añade tres necesidades espirituales más, orientadas al bien común, y describe siete niveles de conciencia, cada uno de los cuales representa un conjunto de valores y necesidades que influyen en nuestro comportamiento y decisiones.

Los siete **niveles de conciencia** son:

1. **Supervivencia.** En este nivel, las preocupaciones principales están relacionadas con la seguridad y la estabilidad física y financiera.

   - Valores asociados: seguridad, salud, bienestar físico, supervivencia financiera.

   - Comportamientos: búsqueda de seguridad y estabilidad, ahorro de recursos, enfoque en necesidades básicas.

2. **Relaciones**. Este nivel se centra en las relaciones personales y el sentido de pertenencia a un grupo.

   ▪ Valores asociados: amistad, amor, pertenencia, afecto.

   ▪ Comportamientos: desarrollo de relaciones interpersonales, colaboración, empatía y apoyo mutuo.

3. **Autoestima**. El enfoque de este nivel de conciencia está en el reconocimiento, el respeto y la autoestima.

   ▪ Valores asociados: respeto, reconocimiento, éxito, autovaloración.

   ▪ Comportamientos: resultar fiable y competente para los demás, búsqueda de logros, reconocimiento social, mejora de la autoestima.

4. **Autorrealización**. Representa un cambio significativo en la conciencia: las personas buscan crecimiento y desarrollo personal.

   ▪ Valores asociados: crecimiento, innovación, adaptabilidad, aprendizaje continuo.

   ▪ Comportamientos: cambio y evolución con la integración de intereses personales y colectivos, la exploración de nuevas ideas, el aprendizaje de nuevas habilidades y la adaptación al cambio.

5. **Misión**. En este nivel, las personas buscan coherencia interna y alineación con sus valores fundamentales.

   ▪ Valores asociados: honestidad, autenticidad, integridad, transparencia, congruencia.

   ▪ Comportamientos: reflexión personal, alineación de acciones con valores, desarrollo de una visión clara de vida, actuación desde un propósito vital.

6. **Contribución**. El enfoque está en la aportación a la comunidad y en hacer algo que impacte positivamente en el mundo y deje huella.

   ▪ Valores asociados: servicio, compasión, empatía, solidaridad, generosidad, responsabilidad social.

   ▪ Comportamientos: aportación de un valor esencial, participación en actividades comunitarias, voluntariado, promoción de causas benéficas.

7. Servicio. En el nivel más alto de la pirámide, las personas buscan trascender sus intereses personales para servir a la humanidad y al bien común.

- Valores asociados: altruismo, trascendencia, sabiduría, compasión universal.

- Comportamientos: ayuda a los demás, defensa de la justicia global, desarrollo de proyectos humanitarios, búsqueda de soluciones sostenibles para problemas globales.

El modelo de Barrett se caracteriza por ser:

- **Holístico**. Considera todos los aspectos del ser humano, desde las necesidades básicas hasta las aspiraciones más elevadas.

- **Dinámico**. Las personas pueden moverse entre los niveles en diferentes momentos de sus vidas, dependiendo de sus circunstancias y desarrollo personal.

- **Aplicable a organizaciones**. Los niveles de conciencia se pueden aplicar a individuos y también a organizaciones, lo que ayuda a fomentar culturas organizacionales saludables y alineadas con valores compartidos.

NECESIDADES	MOTIVACIONES	NIVELES DE CONCIENCIA		
	Ser útil a los demás	Conciencia de **servicio**	7	
Espirituales	Dejar una huella	Conciencia de **contribución**	6	Orientación al bien común
	Abrazar una causa	Conciencia de **misión**	5	
Mentales	Crecimiento personal, realización y logro	Conciencia de **transformación**	4	Orientación a la transformación
Emocionales	Diferenciación o ego	Conciencia de **autoestima**	3	
	Sociales, de relación o pertenencia	Conciencia de las **relaciones**	2	Orientación al propio interés
Físicas	Seguridad	Conciencia de **supervivencia**	1	
	Fisiológicas básicas			

LA IMPORTANCIA DE LOS VALORES EN EL IKIGAI

Los valores operan como motores internos que nos inspiran a actuar de acuerdo con lo que consideramos importante y prioritario. Por ejemplo, una persona que valora la honestidad sentirá una fuerte motivación para ser sincera en sus relaciones personales y profesionales. Este valor no solo dicta cómo debe comportarse en situaciones específicas, sino que también infunde en ella un sentido de propósito y satisfacción cuando actúa de manera coherente con su creencia. De este modo, los valores no solo moldean nuestro comportamiento, sino que también proporcionan una fuente constante de **motivación intrínseca**.

Cuando nuestras acciones están alineadas con nuestros valores, experimentamos una **sensación de coherencia y autenticidad**. Esta alineación fortalece nuestras motivaciones, ya que cada acción emprendida en consonancia con nuestros valores refuerza nuestro sentido de identidad y propósito. Por ejemplo, alguien que valora la justicia y se dedica a trabajar en una organización que lucha por los derechos humanos encontrará una profunda motivación en su trabajo diario, ya que sentirá que sus esfuerzos están en armonía con sus principios más fundamentales. Vivir alineados con nuestros valores nos permite hallar el equilibrio y ser resilientes frente a las adversidades, ya que nuestras acciones están respaldadas por una convicción profunda y un sentido claro de propósito.

En cambio, cuando nuestras motivaciones no están alineadas con nuestros valores, pueden surgir conflictos. Por ejemplo, una persona que valora la familia, pero se siente motivada por una ambición profesional, puede encontrarse ante un dilema cuando su trabajo comienza a interferir con su tiempo familiar. Estos conflictos generan tensión y malestar, y subrayan la importancia de reevaluar y equilibrar nuestras prioridades para restaurar la coherencia y la satisfacción personal. Los valores actúan como un marco para tomar decisiones y enfrentar dilemas éticos, y nos ayudan a mantenernos fieles a nosotros mismos en cada paso del camino.

Los valores también desempeñan un **papel crucial en la búsqueda de propósito** en la vida. Identificar lo que verdaderamente valoramos nos ayuda a definir nuestras metas a largo plazo y las motivaciones que nos guiarán hacia ellas. Un propósito de vida claro y bien definido se nutre de una comprensión profunda de nuestros valores de modo que proporciona una brújula que nos orienta y motiva incluso en tiempos de incertidumbre y desafío. Al enfrentar decisiones difíciles nos ayudan a evaluar nuestras opciones y elegir la propuesta que mejor se alinee con nuestras creencias más profundas. Esta claridad en nuestros principios fortalece nuestra determinación y fomenta una mayor resiliencia frente a los contratiempos y obstáculos que surgen en la vida.

Cuando vivimos en armonía con nuestros valores, experimentamos una mayor autenticidad en nuestras relaciones personales y profesionales, ya que nuestras acciones y decisiones reflejan nuestro verdadero yo. Este alineamiento también mejora nuestra capacidad para establecer metas significativas y lograr un equilibrio entre nuestras aspiraciones y la realidad. Además, una vida guiada por valores sólidos promueve el crecimiento personal continuo y el desarrollo de una mentalidad positiva, que nos impulsa a enfrentar los retos con una actitud proactiva y optimista.

Al comprender y **alinear nuestros valores y motivaciones** podemos alcanzar una mayor coherencia y satisfacción, lo que además nos ayudará a vivir según nuestro ikigai.

根気
Konki

En la cultura japonesa, *konki* es una virtud muy valorada. Se traduce como «perseverancia» o «paciencia» y refleja la capacidad de esforzarse y mantenerse firme ante desafíos y dificultades sin rendirse. Implica un compromiso constante y una dedicación a largo plazo para alcanzar metas y superar obstáculos. Esta cualidad es esencial para el éxito y el crecimiento personal.

ESTABLECE METAS Y PASA A LA ACCIÓN

Establecer metas y pasar a la acción son procesos interdependientes y esenciales para alcanzar el ikigai. En este capítulo nos adentraremos en las estrategias específicas para definir metas claras y concretas, descomponerlas en pasos manejables, planificar las acciones encaminadas a su consecución y mantener la flexibilidad y el apoyo necesario a lo largo del camino. Con este conocimiento estarás mejor preparado para emprender tu viaje significativo hacia tu ikigai, porque, además de encontrar aquello que amas, en lo que eres bueno, lo que el mundc necesita y por lo que te pueden pagar, esta aventura implica también un compromiso activo para alcanzar tu propósito y tenerlo presente.

EL PUNTO DE PARTIDA: UN PROPÓSITO CLARO

Tener un propósito claro es el punto de partida esencial para establecer una meta, porque define la **dirección y el sentido** de nuestras acciones. Es la brújula interna que guía nuestras decisiones y esfuerzos y nos proporciona un marco de referencia que alinea nuestras metas con nuestros valores y aspiraciones más profundas. Esto es especialmente importante en un mundo donde es fácil perderse en la rutina y olvidar lo que realmente importa. Sin un propósito claro, las metas pueden convertirse en objetivos vacíos, desprovistos de significado y conexión con lo que realmente importa en nuestra vida.

Tomarse el tiempo necesario para reflexionar sobre lo que realmente importa y lo que nos apasiona nos permite alinear nuestras metas con nuestros deseos y aspiraciones más auténticos. Esta introspección requiere explorar nuestras pasiones, valores, fortalezas y las necesidades del mundo que nos rodea. Al entender qué nos mueve y nos inspira podemos establecer metas que, además de ser alcanzables, sean también profundamente satisfactorias. Cuando sabemos por qué hacemos algo, estamos más comprometidos y dispuestos a enfrentar los desafíos y esfuerzos necesarios para lograr nuestros objetivos. Esta **motivación interna es más potente** y duradera que cualquier incentivo externo, porque está arraigada en nuestra identidad y en lo que realmente valoramos. Así, un propósito claro nos ayuda a ser perseverantes, incluso cuando las circunstancias se vuelven difíciles. Además, nos permite **priorizar y tomar decisiones** más informadas sobre dónde invertir nuestro tiempo y energía. Cuando tenemos un propósito definido, es más fácil identificar qué metas son verdaderamente importantes y cuáles pueden ser descartadas. Esto evita la dispersión de esfuerzos y nos permite concentrarnos en lo que realmente nos llevará hacia nuestro objetivo.

El propósito también facilita la toma de decisiones estratégicas a largo plazo. Nos ayuda a visualizar el futuro que deseamos y a **establecer un plan de acción coherente** para alcanzarlo. Sin él es fácil dejarse llevar por las demandas inmediatas y perder de vista los objetivos a largo plazo. En cambio, cuando nuestro propósito está claro, cada decisión y acción se alinean con una visión más amplia, lo que incrementa nuestras posibilidades de éxito y realización personal.

Un propósito claro promueve el **crecimiento personal** y la autodisciplina. Al tener una razón de ser bien definida, estamos más dispuestos a salir de nuestra zona de confort y a enfrentar nuestros miedos y limitaciones. Este proceso de superación y mejora nos fortalece y nos prepara para los desafíos que encontramos en el camino hacia nuestras metas. También fomenta un **sentido de pertenencia** y contribución. Nos conecta con algo más grande que nosotros mismos, dándonos la oportunidad de impactar positivamente en nuestra comunidad y en el mundo. Esta conexión con un propósito mayor no solo enriquece nuestra propia vida, sino que también nos proporciona una fuente de satisfacción y felicidad duradera.

LA BÚSQUEDA DE SENTIDO

Como vimos en el primer capítulo, la búsqueda del sentido de la vida puede variar según el contexto cultural y filosófico. Viktor Frankl, un reconocido neurólogo y psiquiatra austríaco, desarrolló la **logoterapia**, una forma de psicoterapia centrada en la búsqueda de sentido y propósito en la vida. A través de su experiencia en los campos de concentración nazis, Frankl observó que aquellos que encontraban un propósito o significado en sus vidas eran más capaces de soportar las condiciones inhumanas que enfrentaban. Este descubrimiento fundamental dio origen a su obra más influyente, *El hombre en busca de sentido*.

El propósito de vida, según Frankl, es una necesidad humana fundamental. A diferencia de otros enfoques terapéuticos que se centran en el placer o en la eliminación del dolor, la logoterapia pone el sentido como la principal motivación del ser humano. Frankl argumentaba que incluso en las circunstancias más difíciles, como las que él mismo vivió, las personas pueden encontrar un significado en su sufrimiento, lo cual les permite sobrellevar y superar las adversidades.

El concepto de la logoterapia se basa en tres pilares esenciales:

- La **libertad de voluntad**, cuyo significado es que los seres humanos tienen la capacidad de elegir sus respuestas frente a cualquier situación, por más adversa que sea.

- La **voluntad de sentido**, que es el deseo inherente de encontrar un propósito en la vida.

- El **sentido de la vida**, que hace referencia al significaco incondicional de la vida que puede ser descubierto a través de diversas experiencias y contextos.

Frankl identificó tres caminos principales para encontrar sentido: a través del trabajo, que da un propósito creativo; a través del amor, que permite una conexión profunda con otros, y a través del sufrimiento, que puede transformarse en una oportunidad de crecimiento y realización personal si se aborda con la actitud correcta. Este último punto es crucial en su trabajo, ya que Frankl creía que, aunque el sufrimiento es inevitable, encontrarle un significado puede darle un propósito trascendental.

La logoterapia ha influido profundamente en la psicología y la psiquiatría al proporcionar un marco que va más allá de la búsqueda de placer y la evitación del dolor. En su lugar, se centra en encontrar un propósito que dé sentido a la existencia humana. Para Frankl, la vida cobra verdadero valor y significado cuando se persigue ur propósito mayor, lo que nos permite enfrentar cualquier circunstancia con una actitud resiliente y positiva.

El propósito de vida según Viktor Frankl y el concepto de la logoterapia destacan la importancia del sentido como la fuerza motivadora más poderosa del ser humano. Encontrar un propósito no solo da dirección a nuestras acciones, sino que también nos proporciona la fortaleza necesaria para superar las adversidades y vivir una existencia plena y significativa.

El ikigai y la logoterapia presentan ciertas diferencias. Mientras que el primero es una filosofía de vida que surge en Japón y que busca vivir en armonía y alinear los intereses personales, sociales y económicos para alcanzar el bienestar, la segunda se originó en Europa, en el contexto de la psicología existencialista, y es una psicoterapia utilizada para tratar trastornos mentales y emocionales. Sin embargo, tienen en común que los dos conceptos enfatizan la importancia de encontrar un sentido y propósito en la vida como parte esencial para alcanzar el bienestar psicológico y emocional. Ambos enfoques promueven también la realización personal a través del descubrimiento de lo que es importante para cada uno, ya sea a través del trabajo, de las relaciones o de la actitud ante la vida, y también coinciden en que el propósito puede cambiar y evolucionar a lo largo del tiempo.

LA IMPORTANCIA DE FIJAR METAS

Las metas son fundamentales en nuestra vida porque nos proporcionan dirección y enfoque y sirven como un mapa que guía nuestras acciones diarias hacia un destino deseado. Sin metas claras, es fácil perderse en la rutina y la inercia, y posiblemente dejamos así que la vida pase sin un propósito definido. En cambio, al tener objetivos claros, cada día se convierte en una oportunidad para avanzar, por pequeña que sea esta, hacia ese propósito mayor. Por ello, es crucial tomarse el tiempo para reflexionar sobre lo que realmente queremos alcanzar y establecer metas que nos guíen hacia una vida plena y satisfactoria.

DIFICULTADES DE VIVIR SIN METAS

A primera vista, vivir sin metas puede parecer una forma de evitar la presión y el estrés, pero, en realidad, esta falta de dirección puede traer consigo numerosas dificultades que impacten tanto en nuestra vida personal como en la profesional. La ausencia de metas deja un vacío en nuestra cotidianidad y crea una sensación de estancamiento y falta de propósito.

Una de las principales dificultades de vivir sin metas es la **falta de dirección**. Sin un objetivo claro, es fácil perderse en la rutina diaria sin avanzar hacia algún destino significativo. Esto puede desencadenar una sensación de vacío y desorientación, según la cual los días parecen repetirse sin un sentido claro o propósito que guíe nuestras acciones. La vida puede convertirse así en una serie de tareas mecánicas, sin conexión con nuestros deseos y aspiraciones más profundos.

Además, la falta de metas **afecta negativamente a nuestra motivación y productividad**. Cuando las tenemos, actúan como una fuente de energía y optimismo que nos proporciona un propósito por el cual esforzarnos. Sin ellas es común sentir una disminución en el entusiasmo y la energía, lo que puede llevar a la procrastinación y a una baja productividad. Sin un objetivo claro que perseguir, es difícil encontrar la motivación para esforzarse y superarse.

Otra dificultad significativa es la **sensación de insatisfacción y falta de realización** personal. Las metas nos permiten medir nuestro progreso y logros y nos brindan una sensación de satisfacción y autoestima. Sin metas es difícil experimentar este sentimiento de crecimiento personal, lo que puede llevar a una sensación de estancamiento y frustración. A largo plazo, esto puede afectar negativamente a nuestra salud mental y bienestar emocional.

La falta de metas también **dificulta la toma de decisiones**. Sin un objetivo claro es difícil determinar qué opciones y caminos escoger. Esto puede llevar a la indecisión y a la parálisis por análisis, y el miedo a tomar una decisión equivocada nos impedirá avanzar. Las metas proporcionan un marco de referencia para evaluar nuestras opciones y tomar decisiones informadas que nos acerquen a nuestros objetivos.

Tener metas fijadas, además de proporcionarnos dirección, nos ayuda a conectarnos con otros que comparten nuestros intereses y aspiraciones. Vivir sin ellas **dificulta nuestras relaciones personales**, porque entonces es más difícil establecer y mantener vínculos significativos basados en objetivos y valores comunes.

A pesar de los inconvenientes que supone para nuestra vida no fijarnos metas, a veces pensamos, equivocadamente, que vivir sin ellas nos hace más libres. ¿Por qué nos cuesta tanto ponernos metas?

RAZONES POR LAS QUE NO NOS PONEMOS METAS

Fijarse metas es una parte fundamental del desarrollo personal y profesional, pero muchas personas evitan hacerlo por diversas razones. A continuación vamos a analizar los motivos más comunes:

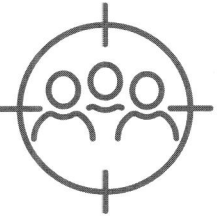

- **Miedo al fracaso**. El temor a no lograr las metas puede paralizar a las personas e impedirles siquiera intentarlo. También la experiencia de fracasos anteriores actúa como un freno para el establecimiento de nuevas metas debido al miedo de repetir los errores.

- **Falta de confianza en uno mismo**. La baja autoestima lleva a creer que uno es incapaz de lograr grandes cosas. Sentir que no se tienen las habilidades necesarias para alcanzar las metas puede disuadir a las personas de establecerlas.

- **Tendencia a postergar**. La procrastinación crónica puede hacer que las personas eviten establecer metas y que siempre tiendan a posponer las decisiones importantes. Vivir en un entorno lleno de distracciones hace difícil concentrarse en objetivos a largo plazo.

- **Falta de claridad**. Carecer de una visión clara de lo que se quiere lograr dificulta el establecimiento de metas concretas. La falta de un propósito claro en la vida puede llevar a la privación de metas específicas.

- **Miedo al compromiso**. Algunas personas temen el compromiso que conlleva la fijación de metas y prefieren evitar la responsabilidad. Establecer metas a menudo implica cambios significativos en la vida, lo cual puede ser intimidante para algunos.

- **Temor a salir de la zona de confort**. Sentirse cómodo en la situación actual puede desmotivar a buscar mejoras o nuevos desafíos. Algunas personas simplemente no sienten la necesidad de ponerse metas, ya que están satisfechas con su situación y temen los cambios.

- **Falta de conocimiento**. No saber cómo establecer metas efectivas supone también una barrera significativa. No estar educado sobre la importancia y los beneficios de fijarlas puede llevar a la falta de motivación para hacerlo.

- **Falta de inspiración**. Vivir una vida monótona y rutinaria es posible que impida tener la inspiración suficiente para fijarse metas. No estar expuesto a nuevas ideas o experiencias limita la capacidad de visualizarlas.

Comprender estas barreras es el primer paso para superarlas y comenzar a establecer y perseguir metas que lleven a una vida más satisfactoria y significativa.

CÓMO DEFINIR BIEN UN OBJETIVO

Definir bien un objetivo es fundamental para asegurar que se puede alcanzar y que es significativo para nosotros. Una herramienta eficaz para definir objetivos claros y alcanzables es el método SMART (acrónimo de *S*pecific o específico; *M*eausurable o medible; *A*rcnievable o alcanzable; *R*elevant o relevante, y *T*imely o tiempo limitado). Estas son las características esenciales que deben tener:

- *S*pecific (específico). Debe ser concreto y estar claramente definido. No es lo mismo algo genérico, como «quiero estar en forma», que decir: «Quiero correr 5 kilómetros en menos de 30 minutos».

- *M*eausurable (medible). Tiene que ser posible medir el progreso hacia el objetivo propuesto y el resultado. Su consecución no es algo subjetivo.

- *A*rchievable (alcanzable). La meta debe ser alcanzable teniendo en cuenta los recursos del momento.

- *R*elevant (relevante). Tiene que ser importante para la persona y estar de acuerdo con sus valores y objetivos a largo plazo.

- *T*imely (tiempo limitado). Es imprescindible marcar un tiempo para alcanzar la meta, definir bien el inicio y final para cumplir el objetivo.

Es muy importante, además, tener claro desde el principio el «para qué» se fija ese objetivo, cuál es la finalidad que se busca, y que se formule siempre en positivo.

Plantearse unas **metas realistas** supone tener un desafío que mantiene la motivación en el esfuerzo. Si las metas son demasiado altas y poco realistas, uno puede sentirse abrumado y desmotivado rápidamente. Si son demasiado bajas, es posible que no ofrezcan el estímulo necesario para lograr un compromiso. Establecer unas metas realistas y alcanzables tiene un impacto significativo en la percepción del éxito y en el bienestar y evita los sentimientos de fracaso.

Algunas **consecuencias positivas** de marcarse metas adecuadas es que dan un sentido claro de dirección, y saber hacia dónde te diriges facilita la organización de los esfuerzos y recursos de manera efectiva. También ayudan a evitar distracciones y a concentrarse en lo que es más importante para alcanzar los objetivos, y permiten medir el progreso y realizar ajustes si fueran necesarios. Todo esto optimiza el uso del tiempo y los recursos y mantiene la motivación.

Saber que las metas son alcanzables disminuye el miedo al fracaso, reduce la ansiedad y permite disfrutar más del proceso. Además, cada objetivo conseguido prepara mejor para desafíos futuros y fortalece la confianza y la capacidad para alcanzar metas más ambiciosas con el tiempo. Cada éxito refuerza la autoestima y motiva para continuar esforzándose.

Cuando vayas a fijar tus metas, ten en cuenta también estos cuatro aspectos:

- **Evalúa primero tus recursos y limitaciones actuales**. Asegúrate de que tus metas son alcanzables dentro de tus circunstancias.

- **Divide el proceso en metas más pequeñas**. Para conseguir el objetivo final es muy importante que fijes metas intermedias que te faciliten el enfoque y te permitan reajustes si son necesarios.

- **Obtén retroalimentación**. Amigos, compañeros o personas de confianza pueden indicarte también si ven esas metas objetivas y razonables.

- **Sé flexible**. Debes estar dispuesto a ajustar tus metas según evolucionen las circunstancias. Mantener una meta fija si las condiciones han cambiado es una buena garantía de no alcanzarla.

Si compartes estas metas con amigos, familiares o personas de confianza, pueden ofrecerte apoyo, sugerencias, nuevas perspectivas que no has considerado y que posiblemente te ayuden a alcanzar tus objetivos.

LA FELICIDAD DEL CAMINO

Disfrutar del camino hacia una meta es una habilidad esencial que transforma la experiencia de alcanzar objetivos en una travesía enriquecedora y satisfactoria. Muchas veces nos enfocamos tanto en el resultado final que olvidamos apreciar los momentos y aprendizajes que encontramos a lo largo del trayecto. Sin embargo, aprender a **disfrutar del proceso** no solo mejora nuestra calidad de vida, sino que también incrementa nuestras posibilidades de éxito.

Una de las claves para hacerlo es adoptar una **mentalidad de crecimiento**. Ver cada desafío y obstáculo como una oportunidad para aprender y crecer nos permite encontrar valor en cada paso del proceso.

En lugar de sentir frustración ante las dificultades, podemos verlas como experiencias que nos fortalecen y nos preparan mejor para el futuro. Esta perspectiva positiva nos ayuda a mantenernos motivados y comprometidos, incluso cuando el progreso parece lento.

Otra estrategia importante es **establecer hitos intermedios**. Dividir una meta grande en objetivos más pequeños y manejables nos facilita la acción y nos permite medir nuestro progreso de manera tangible y **celebrar logros** a lo largo del camino. Cada objetivo alcanzado se convierte en una fuente de motivación y satisfacción que nos proporciona una sensación de progreso constante, lo que aporta la motivación necesaria para continuar, especialmente cuando las metas a largo plazo parecen lejanas. Celebrar estos pequeños éxitos nos recuerda que estamos avanzando y que cada paso cuenta.

La **práctica de la gratitud** también tiene un papel crucial para disfrutar del camino. Tomarse el tiempo para reflexionar sobre o que hemos logrado y agradecer las oportunidades y aprendizajes adquiridos nos ayuda a conservar una actitud positiva. La gratitud nos conecta con el presente y nos permite apreciar las experiencias y personas que enriquecen nuestra vida.

Encontrar placer en el proceso implica **conectarse con el propósito** detrás de la meta. Recordar por qué estamos persiguiendo un objetivo y cómo se alinea con nuestros valores y pasiones nos brinda una fuente constante de inspiración. Cuando nuestras metas están en armonía con nuestra identidad y aspiraciones, cada paso hacia ellas se vive como algo gratificante.

Rodearse de una red de apoyo es fundamental en este viaje. **Compartir nuestros progresos** y desafíos con amigos, familiares o compañeros que nos animen y nos brinden perspectivas constructivas puede hacer que el camino sea más llevadero y placentero. La conexión con otros nos proporciona motivación y nos recuerda que no estamos solos en nuestro viaje, y esto es un valor clave del ikigai.

Finalmente, adoptar una actitud de presencia plena nos permite **disfrutar cada momento**. En lugar de enfocarnos exclusivamente en el futuro, podemos aprender a valorar las pequeñas alegrías y satisfacciones del presente. Practicar la atención plena nos ayuda a estar más conectados con nuestras experiencias y a encontrar felicidad en las actividades cotidianas.

Disfrutar del camino hacia una meta es una combinación de mentalidad positiva, gratitud, equilibrio y conexión con nuestro propósito. Al aprender a valorar cada paso y encontrar placer en el proceso, transformamos la búsqueda de nuestras metas en una experiencia enriquecedora y satisfactoria, que no solo nos lleva al éxito, sino que también nos mantiene alineados con nuestro ikigai.

ANÁLISIS DE LA REALIDAD

El proceso de establecer metas efectivas comienza con la autorreflexión. Es fundamental identificar lo que realmente nos importa, lo que enciende nuestra pasión y lo que nos motiva intrínsecamente. Esto permite alinear nuestras metas con nuestros valores y deseos más profundos y crear un camino que no solo es alcanzable, sino también profundamente satisfactorio.

Analizar la realidad antes de formular un plan de acción orientado a satisfacer el ikigai es esencial para asegurar que las metas y acciones sean verdaderamente significativas y alcanzables. Este análisis debe abarcar varios aspectos clave de la vida de una persona, incluyendo creencias, valores, éxitos, fracasos, capacidades, habilidades, fortalezas y necesidades. Ya hemos ido trabajando cada uno de ellos en los capítulos anteriores, y ahora vamos a ver cómo se interrelacionan y son importantes para definir las metas y desarrollar un plan de acción:

- **Creencias y valores**. Forman el núcleo del ikigai. Un plan de acción que esté en sintonía con lo que uno cree y valora estará alineado con el propósito. Las metas que reflejan las creencias y valores profundos mantienen la motivación y el compromiso a largo plazo, ya que están intrínsecamente conectadas con la identidad y el propósito personal.

- **Éxitos y fracasos**. Analizar las experiencias con sus éxitos y fracasos proporciona una valiosa oportunidad para aprender de ellas. Identificar qué estrategias funcionaron y cuáles no ayuda a diseñar un plan de acción efectivo. Reconocer y entender los fracasos permite desarrollar resiliencia. Saber cómo se ha superado el fracaso en ocasiones anteriores prepara para enfrentar futuros desafíos.

- **Capacidades y habilidades**. Ser consciente de las capacidades y habilidades permite formular un plan que utilice al máximo los talentos individuales, lo que aumenta las probabilidades de éxito y satisfacción. Identificar las áreas que necesitan mejora facilita también el desarrollo de un plan de acción que también incluya oportunidades de aprendizaje y crecimiento personal.

- **Fortalezas y debilidades**. Centrar el plan en las fortalezas personales asegura que se trabaje desde una posición de ventaja, lo que puede llevar a logros significativos y una mayor confianza en uno mismo. Reconocer las debilidades permite desarrollar estrategias para mitigarlas o compensarlas, con lo que se reducen los obstáculos potenciales en el camino hacia el ikigai.

- **Necesidades personales y profesionales**. Analizar las necesidades garantiza que el plan de acción no solo sea ambicioso, sino también equilibrado y sostenible. Si satisface tanto las necesidades personales como las profesionales, contribuye al bienestar general. También ayuda a priorizar las metas y acciones que realmente importan, lo que asegura que los esfuerzos estén dirigidos hacia lo que más valor aporta a la vida.

Este análisis integral, que abarca creencias, valores, éxitos, fracasos, capacidades, habilidades, fortalezas y necesidades, proporciona una base sólida para el desarrollo de un plan de acción que aspire a alcanzar el ikigai y a la vez promueva una vida equilibrada y plena enfocada en el propósito vital.

EL PLAN DE ACCIÓN

Establecer metas no es suficiente. La acción es lo que transforma las aspiraciones en realidad. Es en la ejecución diaria, en esos pequeños pasos continuos y deliberados donde reside el verdadero poder del progreso. Pasar a la acción implica disciplina, perseverancia y capacidad para superar obstáculos y contratiempos. Es un proceso que requiere tanto pasión como resiliencia.

La planificación también desempeña un papel crucial en este proceso de **bajar a la realidad el propósito**. Establecer un plan claro, con plazos realistas y recursos necesarios ayuda a mantenernos enfocados y organizados. La planificación facilita la acción y permite anticipar y prepararse para posibles desafíos.

Un aspecto importante al llevar a cabo un plan de acción es la adaptación. A medida que avanzamos hacia nuestras metas es probable que nos encontremos con cambios y obstáculos imprevistos. La capacidad de ajustar nuestros planes y metas según sea necesario es vital para mantener el impulso y no desanimarnos ante las dificultades.

El apoyo social también puede ser un factor determinante en el logro de nuestras metas. Compartir nuestros objetivos con amigos familiares o compañeros puede proporcionarnos el refuerzo emocional necesario para mantenernos en el camino.

En la práctica final de este capítulo encontrarás las claves para definir un plan de acción que te permita adquirir un compromiso activo con tu propósito y actuar de acuerdo con él. Antes, te invitamos a descubrir un término, *kokorozashi*, que refleja un compromiso profundo con los objetivos y que es posible que te motive a llevar adelante tu plan uniendo corazón y mente.

EL CONCEPTO DE *KOKOROZASHI*

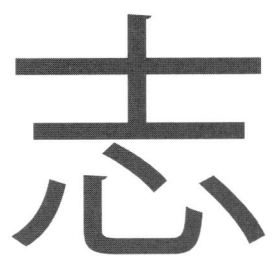

Kokorozashi (志) es un concepto japonés que puede traducirse como «ambición» o «aspiración», aunque su significado es más profundo. Combina los caracteres *kokoro* (心), que significa «corazón» o «mente», y *zashi* (士), que hace referencia al samurái o guerrero y también indica dirección o intención. Juntos forman un término que representa una aspiración o propósito profundamente arraigado en el corazón y la mente de una persona. En su origen, era por lo que los samuráis estaban dispuestos a morir. Se refiere a una ambición que va más allá del éxito personal o profesional y está alineada con un sentido de propósito mayor y de contribución a la sociedad.

Kokorozashi implica una fusión entre los objetivos personales y los profesionales. Es la búsqueda de metas que no solo beneficien al individuo, sino también a su entorno y comunidad. A diferencia de la ambición puramente personal, tiene un componente altruista. Las aspiraciones personales están orientadas hacia el bien común, ya que buscan marcar una diferencia positiva en el mundo. Incorpora también una dimensión espiritual y comunitaria que aspira a equilibrar el crecimiento personal con el impacto positivo en el entorno social.

Las personas con *Kokorozashi* están profundamente comprometidas con sus objetivos. Esta pasión y dedicación provienen de una conexión sincera con lo que consideran su propósito en la vida. El camino hacia su realización a menudo implica desafíos y obstáculos. La resiliencia y la perseverancia son esenciales para mantenerse enfocado y motivado a largo plazo.

Kokorozashi implica poner una idea en práctica definiendo acciones con un fuerte compromiso. Requiere también de iniciativa. Con estas claves, ya puedes pasar a la acción.

PRÁCTICA.
PASA DEL PROPÓSITO A LA ACCIÓN

Para alcanzar el ikigai no basta con identificar tus metas; es esencial traducirlas en acciones concretas. Esta práctica te guiará en el proceso de diseñar un plan de acción efectivo para lograrlo.

1. **Clarifica el propósito**

   Dedica unos minutos a reflexionar sobre tu propósito:

   - ¿Qué te apasiona?
   - ¿En qué destacas?
   - ¿Qué necesita el mundo de ti?
   - ¿Por qué te pueden pagar?

   Escribe una breve declaración de propósito que resuma estas reflexiones. Este será tu punto de partida.

2. **Establece tus metas**

   A partir de tu declaración de propósito:

   - Identifica de tres a cinco metas principales que deseas alcanzar. Asegúrate de que sean específicas, medibles, alcanzables, relevantes y con un tiempo definido (SMART).
   - Anota cada una de estas metas.

3. **Desglosa cada meta en objetivos a corto y medio plazo**

   Para cada meta:

   - Establece objetivos pequeños y manejables. Deben ser pasos concretos que te acerquen a tu meta principal.
   - Asegúrate de que estos objetivos también sean SMART.

4. **Prepara un cronograma**

   Asigna un plazo específico para cada uno de tus objetivos:

   - Usa un calendario o una herramienta de gestión de tareas para planificar estos plazos.
   - Asegúrate de distribuir tus objetivos de manera realista, teniendo en cuenta tu disponibilidad y otros compromisos.

5. Identifica la necesidad de recursos y apoyos

Enumera los recursos necesarios para alcanzar tus objetivos:

- Pueden incluir tiempo, dinero, materiales, formación o apoyo de otras personas.

- Identifica a las personas o los grupos que pueden apoyarte en tu camino. Por ejemplo, mentores, amigos o comunidades en línea.

6. Construye una red de apoyo

Busca conexiones que te ayuden a enfrentar los desafíos y te puedan proporcionar respaldo.

- Rodéate de personas que te inspiren y te motiven a alcanzar tus objetivos. Esta red puede incluir compañeros de trabajo o estudio, amigos, familiares o grupos de interés común.

- Participa en eventos y actividades relacionados con tus metas para ampliar tu red y aprender de otros que han alcanzado objetivos similares.

7. Desarrolla nuevos hábitos

Identifica hábitos diarios o semanales que te ayudarán a mantener el enfoque y avanzar hacia tus metas.Pueden ser pequeñas acciones, como dedicar una hora al estudio, meditar para mantener la claridad mental o revisar tu progreso semanalmente.

- Anota estos hábitos y establece un sistema para realizar un seguimiento de tu cumplimiento.

8. Mantén un registro de tu progreso

Lleva un diario o un registro digital de tus avances y reflexiones:

- Anota los desafíos enfrentados, las soluciones encontradas y las lecciones aprendidas.

- Revisa regularmente este registro para identificar patrones y áreas de mejora, así como para mantenerte enfocado y motivado.

9. Evalúa y ajusta

Programa revisiones regulares (mensuales o trimestrales) para evaluar tu progreso:

- Reflexiona sobre lo que ha funcionado bien y lo que necesita ajuste.

- Sé realista con respecto a lo que puedes lograr en un período determinado. Ajusta tus expectativas si es necesario para evitar la frustración y el agotamiento.

- Acepta que el progreso puede ser gradual y que cada paso adelante, por pequeño que sea, es una victoria.

- No tengas miedo de modificar tus objetivos o plazos a medida que te resulte necesario. La flexibilidad es clave para adaptarte a cambios imprevistos y mantener con éxito el plan.

10. Celebra tus logros

Reconoce y celebra cada objetivo alcanzado: te proporcionará motivación y te recordará que estás avanzando. Las celebraciones pueden ser pequeñas recompensas personales o compartir tus logros con amigos y familiares.

Al seguir estos pasos transformarás tu propósito en acciones concretas que te acercarán cada día a tu ikigai. Recuerda que este es un proceso continuo de autodescubrimiento y crecimiento. Mantén tu propósito claro, ajusta tu plan según sea necesario y disfruta del proceso de alcanzar una vida llena de significado.

静寂

静寂
Seijaku

Representa la calma en medio del caos. En la cultura japonesa, *seijaku* es una llamada a parar en mitad de la tempestad para recuperar la paz interior y el equilibrio mental, que solo podemos experimentar en la soledad de estar con nosotros mismos. Este concepto está relacionado con prácticas como la meditación y el *mindfulness*, donde el silencio y la quietud permiten una conexión más profunda con uno mismo y el entorno.

CÓMO APLICAR Y CULTIVAR EL IKIGAI

La práctica del ikigai nos invita a identificar y cultivar aquello que da sentido a nuestras vidas, integrando lo que amamos, nuestras habilidades, necesidades y contribuciones a la sociedad. Su mayor importancia radica en que se puede aplicar en los diferentes ámbitos de nuestra vida: el formativo, el laboral y el personal.

En el ámbito formativo, nos guía hacia el descubrimiento de nuestras verdaderas pasiones y talentos. Nos ayuda a elegir caminos educativos que, además de desarrollar nuestras habilidades, también nos llenen de entusiasmo y propósito. En este sentido, integrar el ikigai en nuestra formación puede transformar nuestra experiencia de aprendizaje en un camino de autodescubrimiento y realización personal.

El ámbito laboral, que ocupa gran parte de nuestras vidas, es otro terreno apropiado para aplicar esta filosofía de vida, pues nos ayuda a identificar oportunidades de empleo que se alineen con nuestro propósito. Encontrar un trabajo que nos proporcione sustento y que a la vez nos apasione y nos haga sentir útiles puede marcar una gran diferencia en nuestra satisfacción y bienestar general.

Por último, como ya hemos ido viendo a lo largo de los capítulos, el ikigai también puede transformar nuestra vida personal. Desde nuestras relaciones y actividades diarias hasta nuestros sueños y metas a largo plazo, el enfoque que proporciona nos ayuda a vivir con mayor autenticidad y alegría. Nos enseña a priorizar según nuestros valores y a encontrar un equilibrio armonioso entre nuestras responsabilidades y nuestros deseos más profundos.

A lo largo de este capítulo, descubriremos cómo este antiguo concepto japonés puede guiarnos hacia una vida más plena, equilibrada y significativa al integrarlo y aplicarlo en estos tres ámbitos fundamentales de la vida.

ÁMBITO FORMATIVO

Encontrar el ikigai en el ámbito formativo implica algo más que adquirir conocimientos o habilidades técnicas. Se trata de explorar y desarrollar aquello que más amamos, identificar nuestras fortalezas y alinearlas con nuestras aspiraciones y con las necesidades del mundo. Este enfoque enriquece nuestra experiencia educativa y también sienta las bases para una carrera y una vida llena de propósito.

En primer lugar, es esencial reconocer la importancia del **autoconocimiento** en el proceso formativo. A través de actividades introspectivas, como la reflexión personal, la evaluación de intereses y habilidades y la consideración de nuestras aspiraciones a largo plazo, podemos comenzar a perfilar nuestro ikigai. Las instituciones educativas pueden tener un papel crucial en este proceso al proporcionar recursos y espacios para que los estudiantes exploren y descubran sus verdaderas pasiones y talentos.

La integración de este concepto en el ámbito formativo requiere un **enfoque global de la educación**. Esto significa ir más allá del currículo tradicional y fomentar el desarrollo de habilidades, como la creatividad, la empatía y el pensamiento crítico. Además de ser vitales para el éxito profesional, también son esenciales para vivir una existencia equilibrada y significativa.

Los educadores ocupan un lugar fundamental en la **guía y apoyo de los estudiantes** durante su búsqueda del ikigai. A través de asesorías personalizadas, programas de orientación vocacional y experiencias prácticas, los alumnos pueden conectar sus aprendizajes con sus intereses y valores personales. Estas experiencias les permiten ver el impacto real de sus habilidades y conocimientos en el mundo y reforzar su sentido de propósito.

La cultura educativa debe fomentar un ambiente que valore la diversidad de talentos y aspiraciones. Cada estudiante tiene un ikigai único, y es vital que las instituciones reconozcan y celebren estas diferencias. Promover una **cultura inclusiva y de apoyo**, en la que cada individuo se sienta valorado y motivado para seguir su propio camino, es esencial para cultivar esta filosofía de vida en el ámbito formativo.

Trabajar el ikigai en la educación prepara a las personas para el éxito profesional y también las ayuda a encontrar un sentido profundo de propósito y satisfacción en la vida. A través de la autoexploración, un enfoque educativo holístico, el apoyo de educadores y una cultura inclusiva, los estudiantes pueden descubrir y cultivar su propósito de vida, y establecer así una base sólida para una vida plena y grata.

ANALIZAR LOS CUATRO PILARES DEL IKIGAI

Los cuatro pilares del ikigai —lo que amamos, en lo que somos buenos, lo que el mundo necesita y por lo que nos pueden pagar— proporcionan una guía integral para ayudar a los estudiantes a descubrir y desarrollar sus pasiones, habilidades y propósito en la vida. Analizar cada uno de estos pilares de manera profunda y sistemática es crucial para una educación que prepare a los estudiantes para la vida.

- **Lo que amamos**. Ya hemos visto que identificar y fomentar las pasiones es el primer paso hacia el ikigai. En el ámbito formativo, esto significa proporcionar una amplia gama de experiencias y actividades que permitan a los estudiantes explorar diferentes intereses. Desde programas extracurriculares hasta proyectos creativos, es vital crear un entorno donde se sientan libres de experimentar y descubrir lo que realmente les entusiasma. Este enfoque no solo aumenta la motivación y el compromiso, sino que también los ayuda a encontrar una conexión emocional con su aprendizaje.

- **En lo que somos buenos**. Reconocer y desarrollar las habilidades innatas y adquiridas es el segundo pilar del ikigai. Los programas educativos deben estar diseñados para identificar y potenciar las fortalezas individuales de cada estudiante. A través de evaluaciones personalizadas, retroalimentación constante y oportunidades para aplicar habilidades en contextos reales, los alumnos pueden descubrir en qué son realmente buenos. Esta autoconciencia no solo mejora el rendimiento académico, sino que también aumenta la confianza y el sentido de competencia.

- **Lo que el mundo necesita**. Conectar el aprendizaje con las necesidades del mundo es esencial para darle un propósito más profundo a la educación. Es necesario alentar a los estudiantes a pensar en cómo sus talentos y pasiones pueden contribuir positivamente a la sociedad. Esto puede lograrse a través de proyectos de servicio comunitario, estudios de casos sobre problemas globales y discusiones sobre ética y responsabilidad social. Entender que su educación puede tener un impacto significativo en el mundo los ayuda a desarrollar un sentido de propósito y dirección.

- **Por lo que nos pueden pagar**. Finalmente, es importante preparar a los estudiantes para el mercado laboral y las realidades económicas. Orientarlos sobre las oportunidades de carrera que se alinean con sus pasiones y habilidades es crucial. Los programas de orientación vocacional pueden ayudar a los estudiantes a entender cómo monetizar sus talentos y cómo encontrar carreras que sean satisfactorias tanto personal como financieramente. Este pilar asegura que los estudiantes sigan sus sueños y que a la vez puedan mantenerse económicamente y prosperar en el futuro.

Trabajar estos cuatro pilares en el ámbito formativo permite una educación integral y equilibrada y proporciona a los estudiantes las herramientas necesarias para orientar la vida según su ikigai.

APRENDIZAJE CONTINUO

El aprendizaje continuo es un concepto fundamental en el ámbito formativo, crucial para el desarrollo personal y profesional a lo largo de la vida. La educación no termina con la obtención de un título académico, sino que es un proceso dinámico y permanente. En un mundo en constante cambio, donde la tecnología avanza rápidamente y las demandas laborales evolucionan,  el aprendizaje continuo se convierte en una herramienta esencial para seguir siendo competitivo y sentirse activo e integrado en la sociedad.

En primer lugar, **fomenta la adaptabilidad**. Los estudiantes que tienen esta mentalidad están mejor preparados para afrontar los cambios y desafíos del mundo moderno. Las habilidades y conocimientos adquiridos en la educación formal pueden quedar obsoletos rápidamente. Por ello, la capacidad de aprender y adaptarse continuamente permite actualizarse y adquirir nuevas competencias que respondan a las necesidades emergentes.

Además, el aprendizaje continuo **promueve la innovación y la creatividad**. Al estar expuestos constantemente a nuevas ideas, enfoques y tecnologías, los estudiantes pueden desarrollar un pensamiento crítico y creativo. Este entorno estimulante facilita la generación de soluciones innovadoras a problemas complejos y fomenta una cultura de mejora continua tanto a nivel individual como organizacional. También es **vital para la empleabilidad y el desarrollo de la carrera**. Las empresas valoran a los trabajadores que muestran un compromiso con su desarrollo profesional y que están dispuestos a invertir en su formación. Cursos adicionales, certificaciones y talleres abren nuevas oportunidades laborales y proporcionar ventajas competitivas en el trabajo. El aprendizaje continuo puede conducir a un mayor reconocimiento y ascenso profesional, ya que demuestra la capacidad de los individuos para asumir roles y responsabilidades más complejas.

Desde una perspectiva personal del estudiante, el aprendizaje continuo **contribuye al crecimiento y la realización individual**. La búsqueda constante de conocimientos además de enriquecer la mente amplía los horizontes y las perspectivas. Este proceso de autodescubrimiento y desarrollo personal aumenta la autoestima y la satisfacción con la vida, y proporciona un sentido de propósito y dirección.

Las instituciones educativas desempeñan un papel determinante en el fomento del aprendizaje continuo. Es importante desarrollar una cultura que valore y apoye esta mentalidad, facilitando recursos y oportunidades para que los estudiantes sigan aprendiendo más allá del aula. Esto incluye la oferta de programas de educación continua, acceso a bibliotecas digitales, plataformas de aprendizaje en línea y la promoción de actividades extracurriculares que estimulen el intelecto y las habilidades prácticas.

La importancia del aprendizaje continuo también se extiende a la sociedad en general. Una población bien educada y constantemente actualizada contribuye al desarrollo socioeconómico y a la cohesión social. Las personas que continúan aprendiendo se adaptan mejor a los cambios sociales y económicos, participan activamente en la comunidad y contribuyen a una sociedad más resiliente y próspera.

El aprendizaje continuo es, por tanto, un componente esencial del ámbito formativo que impulsa el crecimiento personal y profesional. Promueve la adaptabilidad, la innovación, la empleabilidad y el desarrollo individual, además de contribuir al bienestar social. Fomentar una mentalidad de aprendizaje continuo es una inversión en el futuro tanto para los individuos como para la sociedad en su conjunto.

FORMACIÓN ADAPTADA A LA EVOLUCIÓN DEL IKIGAI

A medida que los estudiantes crecen y se desarrollan, sus intereses, habilidades y percepciones de lo que el mundo necesita cambian, y su formación debe reflejar esta evolución dinámica.

En primer lugar, una formación adaptada a la evolución del ikigai fomenta **el autoconocimiento y la autoexploración continuos**. Alentar a los estudiantes a reflexionar regularmente sobre sus intereses y pasiones les permite ajustar su trayectoria educativa en función de sus descubrimientos personales. Esto aumenta su motivación y compromiso con el aprendizaje y los ayuda a encontrar un propósito profundo y auténtico en su educación.

Además, una **formación flexible y adaptativa** ayuda a los estudiantes a desarrollar una amplia gama de habilidades. En lugar de enfocarse exclusivamente en un conjunto fijo de competencias, es importante que los programas educativos ofrezcan oportunidades para explorar diversas disciplinas y actividades. Esta variedad fomenta una mentalidad de crecimiento y resiliencia, y prepara a los estudiantes para afrontar un mundo en constante cambio, a la vez que les permite adaptarse a nuevas demandas laborales y sociales.

La **integración de experiencias prácticas y reales** en el currículo es otro aspecto importante. Proyectos comunitarios, prácticas y colaboraciones con profesionales de diferentes campos permiten a los estudiantes aplicar sus conocimientos y habilidades en contextos reales, de modo que pueden ajustar sus percepciones acerca de lo que el mundo necesita y cómo pueden contribuir. Estas experiencias enriquecen el aprendizaje y también ayudan a los estudiantes a visualizar posibles trayectorias profesionales.

Una formación adaptada a la evolución del ikigai del estudiante contribuye a su bienestar integral. Alinear la educación con los intereses, habilidades y valores personales promueve la satisfacción y el equilibrio en sus vidas. Así, además de mejorar su rendimiento académico y profesional, también lo hacen su felicidad y realización personal.

Al integrar el ikigai en la educación, estamos ayudando a formar individuos que no solo buscan el éxito personal, sino que también están preparados para contribuir de manera significativa a la sociedad. Y esto, en última instancia, lleva a una comunidad equilibrada, feliz y productiva.

ÁMBITO LABORAL

En el ámbito laboral, trabajar el ikigai implica encontrar un trabajo que proporcione ingresos y que al mismo tiempo aporte satisfacción personal, esté alineado con nuestras habilidades y valores, y que tenga un impacto positivo en la sociedad. Integrar esta filosofía de vida en el ámbito profesional puede transformar la relación con el trabajo y convertirlo en una fuente de alegría y realización, en lugar de una mera obligación.

En primer lugar, y siguiendo los pilares del ikigai, identificar lo que amamos es crucial. Muchas veces, el ámbito laboral se percibe como un medio para ganar dinero que se aparta de nuestras pasiones y deseos profundos. Sin embargo, cuando encontramos **un trabajo que nos apasiona**, no solo aumentamos nuestra satisfacción personal, sino que también mejoramos nuestro rendimiento y productividad. Las empresas pueden fomentar este aspecto ofreciendo oportunidades para que los empleados exploren diferentes roles y proyectos, de manera que les permita descubrir lo que realmente los motiva.

El segundo pilar del ikigai es en lo que somos buenos. Cada individuo tiene un conjunto único de habilidades y talentos que, cuando se aplican en el trabajo, pueden conducir a un alto nivel de competencia y éxito. Es importante que las organizaciones reconozcan y desarrollen estas habilidades a través de programas de formación y desarrollo profesional. Al hacerlo se beneficia el empleado, que advierte un mayor sentido de logro y propósito, y también la empresa, que obtiene **un mejor desempeño y una mayor innovación**.

Lo que el mundo necesita es el tercer pilar del ikigai y se refiere a encontrar un trabajo que tenga un **impacto positivo y significativo en la sociedad**. En un entorno laboral, esto puede traducirse en empresas que adoptan prácticas empresariales enfocadas en la sostenibilidad, la responsabilidad social y la ética. Los empleados que sienten que su trabajo contribuye a un bien social experimentan un mayor sentido de propósito y satisfacción.

El cuarto pilar del ikigai, por lo que nos pueden pagar, es esencial para la sostenibilidad personal y profesional. Aunque seguir nuestras pasiones y habilidades es importante, también debemos considerar la **viabilidad económica** de nuestras elecciones profesionales. Las empresas deben asegurarse de ofrecer una compensación justa y oportunidades de crecimiento financiero a sus empleados, lo que a su vez aumenta su lealtad y compromiso.

Trabajar el ikigai en el ámbito laboral requiere un enfoque holístico que considere estos cuatro pilares de manera equilibrada. Las organizaciones pueden adoptar diversas estrategias para fomentarlo entre sus empleados, como crear un entorno de trabajo flexible, ofrecer programas de desarrollo personal y profesional y promover una cultura empresarial centrada en el bienestar y la responsabilidad social. Los empleados, por su parte, deben ser proactivos en la búsqueda de puestos y oportunidades que alineen con sus pasiones, habilidades y valores.

Integrar esta filosofía vital en el ámbito laboral no solo enriquece la vida profesional de los empleados, sino que también beneficia a las organizaciones a través de una mayor motivación, productividad y satisfacción laboral. Este enfoque integral promueve una cultura de trabajo gracias a la cual cada individuo puede encontrar su razón de ser y contribuir al éxito personal y colectivo, y es, por tanto, una inversión en el bienestar y el futuro tanto de los empleados como de las empresas.

FIJAR OBJETIVOS LABORALES TENIENDO EN CUENTA EL IKIGAI

Cuando los objetivos laborales están alineados con lo que realmente nos importa, somos más propensos a sentirnos motivados y comprometidos con nuestro trabajo. Fijar objetivos basados en el ikigai proporciona claridad sobre por qué hacemos lo que hacemos y permite entender cómo las acciones diarias contribuyen a un propósito más grande. El proceso de definir estos objetivos requiere de una profunda autoevaluación.

Fijar objetivos laborales teniendo en cuenta el propósito es importante porque:

- Evita tener la sensación de estar trabajando en algo que no tiene sentido.
- Proporciona una constante fuente de motivación.
- Aumenta el compromiso con el trabajo.
- Facilita el crecimiento personal continuo.
- Permite un desempeño más eficaz y satisfactorio del trabajo.
- Proporciona un sentido profundo a la labor profesional y permite sentirse parte de algo más grande y significativo.
- Aumenta la satisfacción laboral y el sentido de realización.
- Ayuda a buscar carreras que permitan prosperar económicamente sin sacrificar el bienestar emocional.

COMPARTIR Y CELEBRAR LOS LOGROS

Cuando los empleados trabajan alineados con su ikigai, sienten una profunda satisfacción y un sentido de propósito en sus actividades diarias. Esta conexión personal con su trabajo motiva a reconocer y valorar tanto los logros personales, como los de los compañeros.

Compartir y celebrar éxitos en el contexto del ikigai fortalece la cohesión del equipo y construye una cultura de apoyo y reconocimiento. Al celebrar los logros individuales y colectivos, se fomenta un ambiente positivo con el que todos se sienten valorados y motivados. Reconocer públicamente los hitos alcanzados refuerza la confianza y la moral del equipo, y crea una atmósfera de camaradería y respeto mutuo.

Al reconocer y apreciar las habilidades y contribuciones únicas de cada miembro del grupo, se promueve un intercambio de ideas abierto y creativo, lo que impulsa la innovación y la colaboración entre todos. Los empleados se sienten inspirados para seguir superándose y apoyarse entre sí, porque saben que sus esfuerzos serán reconocidos y celebrados.

La práctica del ikigai, además de enriquecer la experiencia individual en el trabajo, también transforma las dinámicas de equipo e invita a compartir y celebrar los logros de manera que todos se beneficien y crezcan juntos.

LOS VALORES EN LA MOTIVACIÓN ORGANIZACIONAL

En el contexto organizacional, la alineación de los valores individuales con los de la organización incrementa la motivación y el compromiso de los empleados. Cuando los trabajadores sienten que su labor está en sintonía con sus valores personales y con la misión y ética de la empresa, su motivación aumenta, lo que se traduce en mayor productividad, satisfacción laboral y compromiso. Las organizaciones que reconocen la importancia de los valores y trabajan para alinear sus prácticas y cultura con estos principios fundamentales crean entornos de trabajo cohesivos y motivadores.

El **modelo triaxial de los valores**, que ya vimos en un capítulo anterior, tiene una aplicación práctica en el ámbito laboral porque permite:

- **Identificar y alinear los valores**. Ayuda a los trabajadores y organizaciones a identificar sus valores centrales y alinearlos con sus acciones y objetivos. Esto facilita la toma de decisiones coherente y la creación de una cultura organizacional sólida y consistente.

- **Desarrollar estilos de liderazgo y gestión**. Los líderes pueden utilizar el modelo para comprender mejor los valores que guían sus acciones y las de sus equipos. Esto les permite liderar con mayor autenticidad y efectividad, promoviendo un entorno de trabajo más motivador y cohesivo.

- **Evaluar y mejorar aspectos organizacionales**. Las organizaciones pueden utilizar el modelo para evaluar su cultura y prácticas e identificar áreas de mejora y alineación con sus valores fundamentales. Esto es fundamental para mantener la integridad y la responsabilidad social, mientras se persiguen objetivos económicos y de desarrollo personal.

- **Gestionar el cambio**. Durante procesos de cambio, el modelo triaxial ayuda a garantizar que los nuevos objetivos y estrategias estén alineados con los valores centrales de la organización, lo que facilita una transición suave y exitosa.

En el capítulo dedicado a los valores, analizamos la **pirámide de Barrett**. Una de las **aplicaciones** más importantes de este modelo se encuentra en el ámbito laboral porque permite trabajar estos aspectos:

- **Desarrollo personal**. Ayuda a los individuos a identificar y trabajar en sus niveles de conciencia, lo que fomenta el crecimiento personal y la autorrealización.

- **Liderazgo y gestión**. Proporciona una guía a líderes y gestores para entender y apoyar las necesidades y valores de sus equipos, y crear entornos de trabajo cohesivos y motivadores.

- **Cambio organizacional**. Se utiliza para evaluar y transformar la cultura organizacional, alineando los valores de la organización con los de sus miembros para lograr objetivos comunes y sostenibles.

- ***Coaching* y consultoría**. Herramienta útil para *coaches* y consultores en su trabajo con clientes, ya que les ayuda a alcanzar un mayor nivel de autoconciencia y efectividad.

La pirámide de Barrett ofrece un marco integral para entender la evolución de la conciencia humana y organizacional. Al reconocer y trabajar con los siete niveles de conciencia, tanto individuos como organizaciones pueden lograr una mayor alineación con sus valores, fomentar el crecimiento personal y colectivo, y contribuir de manera significativa al bienestar de la comunidad y del mundo en general. Este modelo facilita el camino hacia la autorrealización, y también proporciona estrategias prácticas para transformar vidas y organizaciones de manera sostenible y significativa.

Desde los siete niveles de conciencia individual propuestos en este modelo, Barrett explica cómo, dependiendo del lugar en el que nos posicionemos y de los valores que prioricemos, nuestras actuaciones estarán condicionadas. De ahí surgen **siete arquetipos** o personajes. Los siete son importantes, necesarios y posibles. Los explicamos brevemente a continuación:

- **Práctico**. Su motivación personal es la supervivencia y la seguridad. En el trabajo se centra en cumplir con sus responsabilidades.

- **Sociable**. Necesita sentirse aceptado y apreciado por el grupo. En el trabajo, para él es muy importante relacionarse con los demás.

- **Experto**. Busca ser el mejor, tener éxito, diferenciarse, progresar... En el trabajo se enfoca en lograr sus objetivos y obtener reconocimiento de los directivos.

- **Facilitador**. Su objetivo es romper moldes, liberar el talento, reinventarse, pasar del miedo a la confianza.

- **Tutor**. Busca impulsar comportamientos colectivos enfocados en aportar valor personal y crear espíritu de comunidad. Su motivación parte de abrazar una causa significativa.

- **Mentor**. Valora el diálogo e inspirar a los demás con su ejemplo. Su motivación personal es dejar huella con sus acciones, y en el trabajo esto se traduce en aportar valor.

- **Visionario**. Busca marcar la diferencia a través del espíritu de servicio a los demás.

El práctico, junto con el sociable y el experto, son personajes del ego y nos acompañan en nuestra experiencia vital. El facilitador es el personaje llave, el de la transformación, y el tutor, el mentor y el visionario son los arquetipos del alma, los que generan el propósito y la misión vital.

TEST. ¿CON QUÉ ARQUETIPO TE IDENTIFICAS EN ESTE MOMENTO?

Responde cada pregunta con la opción que más se acerque a tu preferencia.

1. **¿Qué te motiva más en tu trabajo diario?**

   a. Completar tareas de manera eficiente.
   b. Colaborar y socializar con los compañeros.
   c. Desarrollar conocimientos y habilidades especializadas.
   d. Facilitar la resolución de problemas en el equipo.
   e. Enseñar y guiar a otros en su aprendizaje.
   f. Inspirar y aconsejar a largo plazo.
   g. Desarrollar y comunicar una visión para el futuro.

2. ¿Cómo prefieres abordar los desafíos en el trabajo?

   a. Encontrando soluciones prácticas y rápidas.
   b. Trabajando en equipo para superar los obstáculos.
   c. Investigando y aplicando conocimientos especializados.
   d. Coordinando esfuerzos para lograr una solución conjunta.
   e. Ayudando a los demás a entender y superar los desafíos.
   f. Ofreciendo orientación y perspectivas basadas en la experiencia.
   g. Planteando nuevas ideas y enfoques innovadores.

3. ¿Con cuál de estas actividades disfrutas más en tu trabajo?

   a. Gestionar tareas y recursos.
   b. Participar en reuniones y actividades sociales.
   c. Realizar investigaciones y mejorar habilidades técnicas.
   d. Facilitar discusiones y dinámicas de grupo.
   e. Impartir formación o talleres.
   f. Proporcionar mentoría y *coaching*.
   g. Diseñar estrategias y proyectos a largo plazo.

4. ¿Qué tipo de reconocimiento valoras más?

   a. Eficiencia y productividad.
   b. Habilidad para trabajar bien con otros.
   c. Conocimiento y competencia técnica.
   d. Capacidad para coordinar y facilitar.
   e. Efectividad en la enseñanza y el desarrollo de otros.
   f. Impacto positivo en el desarrollo profesional de los demás.
   g. Visión y liderazgo estratégico.

5. ¿Cómo te ves a ti mismo dentro del equipo?

   a. El que mantiene todo funcionando.
   b. El que une al equipo.
   c. El especialista al que todos acuden.
   d. El mediador que facilita el trabajo.
   e. El formador que apoya el aprendizaje.
   f. El consejero que guía con experiencia.
   g. El líder que inspira con nuevas ideas.

6. ¿Qué tipo de tareas prefieres evitar?

a. Actividades sin resultados claros y tangibles.
b. Trabajar en solitario por largos periodos.
c. Tareas generales sin necesidad de especialización.
d. Tareas que no impliquen interacción grupal.
e. Tareas que no involucren enseñar o guiar.
f. Tareas sin oportunidad de asesorar o aconsejar.
g. Tareas rutinarias sin espacio para la innovación.

7. ¿Qué es lo más importante para ti en un entorno laboral?

a. Eficiencia y organización.
b. Buenas relaciones interpersonales.
c. Oportunidades de aprendizaje y desarrollo.
d. Colaboración y trabajo en equipo.
e. Desarrollo y crecimiento de las personas.
f. Mentoría y orientación continua.
g. Innovación y visión de futuro.

8. ¿Qué consideras éxito en tu carrera?

a. Lograr metas de manera efectiva.
b. Tener buenas relaciones y redes de apoyo.
c. Ser un experto reconocido en mi campo.
d. Ayudar al equipo a alcanzar sus objetivos.
e. Ver a otros crecer y desarrollarse gracias a mi apoyo.
f. Ayudar a otros a alcanzar su potencial.
g. Crear y dirigir hacia una visión transformadora.

9. ¿Qué tipo de impacto quieres tener en tu organización?

a. Mejorar la eficiencia operativa.
b. Fomentar un ambiente de trabajo armonioso.
c. Aportar conocimientos especializados.
d. Facilitar la colaboración y la cohesión.
e. Formar y capacitar a los demás.
f. Proporcionar orientación y apoyo a largo plazo.
g. Inspirar y guiar hacia un futuro mejor.

10. ¿Qué te proporciona mayor satisfacción en tu día a día laboral?

a. Completar tareas y proyectos con éxito.
b. Interactuar y trabajar con compañeros.
c. Adquirir y aplicar nuevos conocimientos.
d. Ayudar a resolver problemas en equipo.
e. Ver a otros mejorar y aprender.
f. Proveer la mentoría y el consejo.
g. Desarrollar y comunicar una visión inspiradora.

INTERPRETACIÓN DE RESULTADOS: según la opción con mayoría de respuestas

a: práctico.   **e**: tutor.

b: sociable.   **f**: mentor.

c: experto.   **g**: visionario.

d: facilitador.

Este test te ayudará a identificar el arquetipo que más se alinea con tus valores y motivaciones en el trabajo, lo que te permitirá comprender mejor tu papel y cómo puedes maximizar tu impacto en tu entorno laboral.

EQUILIBRIO ENTRE EL TRABAJO Y LA VIDA PERSONAL

Los valores actúan como una brújula que nos ayuda a movernos en situaciones de conflicto entre diferentes necesidades. Por ejemplo, cuando enfrentamos la disyuntiva entre dedicar tiempo al trabajo o a la familia, nuestros valores nos guiarán para tomar decisiones que estén en armonía con lo que consideramos más importante. Si valoramos la familia por encima del éxito profesional, es probable que prioricemos tiempo de calidad con nuestros seres queridos, incluso a costa de oportunidades laborales.

Alcanzar el equilibrio es fundamental para lograr una existencia plena y satisfactoria, pero este no solo se centra en la **satisfacción laboral**, sino también en el **bienestar integral de la persona**. Con la incorporación del ikigai se busca un equilibrio que nos permita dedicar tiempo a las pasiones y actividades fuera del trabajo, lo que es esencial para una vida saludable y equilibrada. Esto incluye tiempo para la familia, los amigos, las aficiones y el autocuidado, componentes cruciales de una vida plena.

El trabajo excesivo lleva al agotamiento y al estrés, lo que afecta negativamente a la salud física y mental. Un equilibrio adecuado entre trabajo y vida personal nos posibilita recargar energías y mantener una alta motivación, productividad y creatividad. Cuando tenemos tiempo para relajarnos y disfrutar de actividades personales, regresamos al trabajo con una actitud más positiva y una mayor capacidad para enfrentar desafíos. Las empresas también desarrollan un papel importante al fomentar una cultura que valore el equilibrio entre el trabajo y la vida personal con la adopción de políticas de trabajo flexible, apoyo a la salud mental y programas de bienestar.

Adoptar el ikigai como guía puede transformar la manera en que vivimos y trabajamos, promoviendo una existencia más equilibrada y significativa.

BENEFICIOS LABORALES DE FOMENTAR EL IKIGAI

Como hemos visto a lo largo de estos últimos apartados, fomentar el ikigai en el ámbito laboral trae consigo numerosos beneficios tanto para los empleados como para las organizaciones. Hacemos un breve repaso de cuáles son:

- **Mayor satisfacción y compromiso**. Cuando se encuentra el ikigai en el trabajo, se experimenta una mayor satisfacción laboral. Sentirse apasionado por lo que se hace y ver el trabajo como una extensión de uno mismo genera un compromiso profundo y duradero. Los empleados comprometidos están más motivados y dedicados, lo que se traduce en una menor rotación de personal.

- **Incremento de la productividad**. Trabajar alineado con el ikigai impulsa la productividad. Los empleados que disfrutan de su trabajo y sienten que están utilizando sus habilidades de manera efectiva tienden a ser más eficientes y proactivos. Este aumento en la productividad beneficia a la organización al mejorar la calidad del trabajo y acelerar el cumplimiento de objetivos y proyectos.

- **Fomento de la innovación**. El ikigai promueve un entorno donde los empleados sienten que pueden aportar de manera significativa. Esta sensación de propósito y empoderamiento fomenta la creatividad y la innovación, ya que los trabajadores se sienten inspirados para explorar nuevas ideas y soluciones. Las organaciones que valoran y fomentan esta filosofía de vida suelen ser más innovadoras y competitivas en sus respectivos mercados.

- **Mejora del ambiente laboral**. Un lugar de trabajo donde se cultiva el ikigai es un ambiente positivo y colaborativo. Los empleados que están alineados con su propósito personal y profesional tienden a ser más optimistas y cooperativos, lo que mejora la dinámica del equipo, reduce los conflictos y, además, atrae talento y calidad a la organización.

- **Desarrollo personal y profesional**. Fomentar el ikigai incluye apoyar el desarrollo continuo de los empleados. Las organizaciones que ofrecen oportunidades para el crecimiento personal y profesional ayudan a los equipos a desarrollar sus habilidades y alcanzar su máximo potencial. Este enfoque enriquece a ambas partes por igual.

- **Equilibrio entre trabajo y vida personal**. El ikigai subraya la importancia del equilibrio entre trabajo y vida personal. Cuidar este aspecto ayuda a prevenir el agotamiento y promueve la salud mental y física de los empleados. Las organizaciones que valoran este equilibrio suelen tener entornos de trabajo más felices y saludables, lo que a su vez reduce el absentismo y mejora el rendimiento general.

- **Alineación con los valores corporativos**. Alinear los objetivos personales de los empleados con los valores y la misión de la organización fortalece la cultura corporativa y asegura que todos trabajen hacia un objetivo común, lo que mejora la cohesión y la efectividad organizacional.

Aplicar y cultivar el ikigai en el ámbito laboral puede transformar una organización y crear un entorno gracias al cual tanto los empleados como la empresa prosperen de manera integral y sostenible.

ÁMBITO PERSONAL Y SOCIAL

Trabajar esta filosofía de vida en el ámbito personal nos lleva a una introspección profunda para identificar nuestras pasiones y talentos innatos. Este proceso nos permite alinearnos con actividades y aficiones que, además de alegría, nos ofrecen un sentido de propósito. Dedicar tiempo a actividades que amamos nos ayuda a desarrollar una **mayor autoestima**. Por ejemplo, alguien que ama la música y tiene talento para tocar instrumentos puede encontrar en la práctica diaria una fuente constante de satisfacción y crecimiento personal. Este sentido de propósito es esencial para el bienestar emocional, ya que nos ayuda a sentirnos más completos y realizados.

En el ámbito social, nos enseña a actuar con **empatía y consideración hacia los demás**. Fomentar relaciones basadas en la empatía y el respeto mutuo es esencial para una convivencia armoniosa. Al aplicarlo en nuestras interacciones sociales mejoramos nuestras relaciones personales y contribuimos a la creación de comunidades cohesionadas y solidarias. Por ejemplo, participar en actividades comunitarias y voluntariados nos permite utilizar nuestras habilidades y pasiones para el beneficio común, y esto genera un impacto positivo en la sociedad.

Aplicar el ikigai en los ámbitos personal y social nos invita a vivir con autenticidad y propósito. Nos conecta con nuestras pasiones, fortalece nuestras relaciones y nos impulsa a contribuir positivamente a la comunidad, lo que crea una vida rica en significado y satisfacción. Este enfoque holístico mejora nuestro bienestar individual y tiene el poder de transformar las comunidades y las sociedades en las que vivimos.

IMPORTANCIA DEL AUTOCUIDADO

El autocuidado es un componente esencial para cultivar el ikigai. Asegura que tengamos la energía y el enfoque necesarios para perseguir nuestras pasiones y cumplir con nuestras responsabilidades. Esto incluye determinados hábitos, como una dieta equilibrada, el ejercicio regular y el descanso adecuado. Sin estos elementos, nuestra capacidad para dedicarnos a lo que amamos y en lo que somos buenos se ve comprometida. Ayuda también a reducir el estrés y la ansiedad; prácticas como la meditación, la respiración profunda y el tiempo dedicado a aficiones relajantes nos permiten mantener la calma y el equilibrio mental, pensar con claridad y tomar decisiones alineadas con nuestros valores y objetivos personales. **Un cuerpo y una mente saludables** son los cimientos sobre los cuales podemos construir y mantener nuestro ikigai.

Dedicarse tiempo a uno mismo facilita el **autoconocimiento**. Reflexionar sobre nuestras experiencias, emociones y aspiraciones nos ayuda a identificar lo que realmente nos apasiona y en lo que somos buenos. El autocuidado también implica **establecer y mantener límites saludables** en nuestras relaciones y responsabilidades. Aprender a decir «no» cuando es necesario y priorizar nuestras propias necesidades nos permite evitar el agotamiento y dedicar más tiempo a actividades que realmente nos importan. Al respetar nuestros propios límites, protegemos nuestro bienestar y creamos un espacio propicio para cultivar nuestro ikigai. El autocuidado incluye rodearse de personas que nos apoyen y nos inspiren. Las relaciones positivas y enriquecedoras nos proporcionan el apoyo emocional necesario para explorar y perseguir nuestro propósito. Pasar tiempo con amigos y familiares que comparten nuestros valores y que nos animan en nuestros esfuerzos nos motiva y fortalece.

Cuando dedicamos tiempo al autocuidado, **fomentamos nuestra creatividad y pasión**. Esto puede incluir actividades que nos alegren y nos inspiren, como el arte, la música, la naturaleza o cualquier otra cosa que nos haga sentir vivos y conectados con nosotros mismos. Estas actividades enriquecen nuestra vida personal y alimentan nuestro ikigai. Al priorizar el autocuidado, creamos una base sólida desde la cual podemos explorar y desarrollar nuestro propósito de vida, y así contribuir a nuestra felicidad y bienestar integral.

LA AMABILIDAD HACIA UNO MISMO

Cuidar de nosotros mismos implica atender nuestro cuerpo y la forma en la que nos tratamos. Mirar hacia dentro y ocuparnos de nuestro bienestar muchas veces se consideran actos egoístas. Lejos de esta idea, el quererse bien, con el respeto y el afecto necesario, sin egocentrismo, es una **práctica que nos fortalece y nos aporta bienestar psicológico**. Se trata de saber  escuchar nuestra voz interior sin acusaciones constantes, aceptando nuestra imperfección y respondiendo a ella con amabilidad y afecto. Implica saber apreciarnos y entender que los errores forman parte de la vida y que no es necesario castigarnos por ello.

Habitualmente valoramos que los demás se comporten de una manera amable con nosotros y, seguramente, también tratamos de hacerlo con los demás. Es posible que incluso nos enfade o nos entristezca cuando alguien no nos habla con la suficiente amabilidad. Es curioso que muchas veces contemplemos esta actitud como algo dirigido hacia fuera, hacia los otros y, sin embargo, no nos comportemos de manera amable con nosotros mismos ni cuidemos de no hacernos sentir mal.

Tener compasión y amabilidad hacia uno mismo es **aceptarse y tratarse de manera benévola**, cuidando el lenguaje con el que nos hablamos, perdonándonos los errores, comprendiendo por qué nos comportamos así y dándonos aliento, fuerza y cariño para seguir adelante.

Dedicarse tiempo y atención, sabiendo que también formamos parte de ese grupo cercano que queremos cuidar y proteger, es fundamental para nuestro propio bienestar y ayuda a mantener el enfoque en nuestro ikigai. Es importante vivir cada experiencia tal y como es, entenderla, comprender cómo hemos actuado, aceptar nuestro comportamiento, para bien y para mal, y aprender de lc ocurrido. Los errores y aciertos forman parte de nuestra vida y no definen toda nuestra identidad, no sirven para colocar una etiqueta: cometer una torpeza no nos convierte en torpes, simplemente hemos hecho algo mal. Llevar a cabo un acto bondadoso no nos convierte en una persona bondadosa, sencillamente hemos hecho algo bien.

Practicar la compasión y amabilidad con uno mismo nos aporta una serie de **beneficios**:

- Propiciamos un diálogo interno saludable que no juzga y que nos permite aceptarnos tal y como somos.
- Disminuye nuestra preocupación excesiva y la aparición de pensamientos negativos.
- Ayuda a encontrar en nosotros mismos un cariño que en ocasiones buscamos que venga de otros.
- Practicamos y desarrollamos la inteligencia emocional.
- Aumenta nuestra satisfacción vital y autoestima.
- Reduce la tendencia a la depresión y la ansiedad.

Pon el foco sobre tu propio cuidado y sé amable contigo mismo. Aquí tienes algunos **ejercicios** que te ayudarán a ser consciente de cómo te tratas y a mejorar la atención que te brindas:

- Detecta esos momentos en los que te estás hablando y te mandas mensajes. Observa si son duros, críticos o amables y lo que sientes cuando te hablas así.
- Empieza a frenar los mensajes críticos tan pronto como seas consciente de que te los estás lanzando. Los insultos y las etiquetas para catalogarte deben quedar fuera. Cambia tus palabras por mensajes positivos y sé consciente de lo que sientes cuando modificas tu discurso.

- Imagina que lo que te sucede le está pasando a alguien al que quieres. Piensa en cómo lo ayudarías, qué le dirías y cómo lo tratarías. Aplica ese mismo tratamiento y atención sobre ti.

- Trabaja para que no pase ningún día sin que hayas tenido una atención contigo mismo. Por la noche, escribe en un cuaderno qué has hecho ese día por ti y ve añadiendo las acciones de cada día para que se acabe convirtiendo en una rutina en tu vida.

- Al acabar el día toma una tarjeta y dedícate una frase amable, como si mandaras un wasap a un amigo para reconfortarle. Por la mañana, al levantarte, lee ese mensaje que te enviaste para empezar con fuerza el día. Guarda todas esas tarjetas y toma de vez en cuando una al azar. Escucha tus propias palabras.

Esta actitud te ayudará a mantener la motivación interna necesaria para seguir adelante y te aportará la energía adecuada para que no pierdas de vista tu ikigai en cada acción cotidiana.

LA GRATITUD Y LA GENEROSIDAD

La práctica de **la gratitud** es una herramienta poderosa para aplicar y cultivar el ikigai. Consiste en reconocer y apreciar las cosas buenas de la vida. Nos ayuda a enfocarnos en los aspectos positivos de nuestra existencia, lo que fomenta una mentalidad de abundancia y bienestar. Este enfoque positivo mejora nuestra salud mental y emocional y nos conecta más profundamente con nuestras pasiones y fortalezas. Cuando somos agradecidos por nuestras habilidades y oportunidades, somos más propensos a invertir tiempo y esfuerzo en desarrollarlas, de modo que nuestra competencia y satisfacción personal salen fortalecidas. Al identificar lo que el mundo necesita y cómo nuestras habilidades y pasiones pueden satisfacer esas necesidades, encontramos formas de servir a los demás que también nos enriquecen a nosotros.

Por otro lado, **la generosidad**, o el acto de dar sin esperar nada a cambio, amplifica nuestra conexión con los demás y con el mundo que nos rodea. Al compartir nuestros recursos, tiempo y habilidades contribuimos al bienestar de la comunidad, y esto es un aspecto clave del ikigai. La generosidad nos permite experimentar la alegría de ayudar a otros y refuerza nuestro sentido de propósito y significado en la vida. Actuar con generosidad también fomenta relaciones positivas y de apoyo mutuo, con lo que se crea un entorno en el cual pueden desarrollarse nuestras propias pasiones y talentos.

Al combinar la gratitud y la generosidad, cerramos un círculo que enriquece tanto nuestra vida personal como la de quienes nos rodean. Practicar la gratitud nos mantiene centrados en lo que realmente importa, mientras que la generosidad nos conecta con el propósito de contribuir al bienestar de los demás. Este equilibrio entre recibir y dar refuerza todos los pilares del ikigai, y nos ayuda a encontrar y mantener una vida equilibrada y llena de sentido. Además de hacernos sentir más felices y satisfechos, también nos permite construir un legado positivo, alineado con nuestra razón de ser, que perdura más allá de nosotros mismos.

Cuando estamos alineados con nuestro ikigai, proyectamos una energía positiva y auténtica que atrae a personas con valores y pasiones similares. Estas relaciones se basan en una comprensión y un respeto mutuos, lo que facilita una **conexión más profunda y duradera**. Compartir y celebrar nuestros logros y pasiones con amigos y familiares fortalece estos lazos y crea un entorno de apoyo y motivación.

Integrar esta filosofía de vida en nuestras vidas personales y sociales también promueve un equilibrio saludable entre nuestras responsabilidades y nuestras pasiones. Nos enseña a priorizar el tiempo y la energía en actividades que nos nutren y nos elevan, y de esta manera evitamos el agotamiento y el estrés. Este equilibrio es fundamental para mantener una salud mental y física óptima, ya que nos facilita enfrentar los desafíos de la vida con resiliencia y optimismo.

OMOIYARI: MÁS ALLÁ DE LA EMPATÍA

Omoiyari (思いやり) es un término japonés que suele traducirse como «consideración» o «empatía», aunque en realidad tiene un significado más amplio. Se refiere a la capacidad de ponerse en el lugar de los demás y actuar con compasión y sensibilidad hacia sus sentimientos y necesidades. Este concepto va más allá de simplemente entender cómo se sienten otras personas; implica el hecho de actuar de manera altruista para mostrarles consideración y apoyo.

Su significado implica cuatro aspectos clave:

- **Una empatía profunda**, gracias a la cual uno entiende los sentimientos de los demás a la vez que siente una conexión emocional con ellos. Es la habilidad de percibir y comprender las emociones y circunstancias de otras personas sin necesidad de que expresen sus pensamientos y sentimientos explícitamente. Por ejemplo, un miembro de la familia que prepara la comida favorita de otro sin que se lo soliciten cuando sabe que su familiar se siente mal y que esto le alegrará el día.

- **Una acción considerada**, pues no se trata solo de entender, sino de actuar en consecuencia. Una persona que practica *omoiyari* toma medidas para aliviar el sufrimiento, apoyar o alegrar a los demás, con lo que demuestra su consideración de manera tangible. Por ejemplo, un compañero de trabajo que nota que alguien está abrumado y se ofrece a ayudar sin esperar a que se lo pidan.

- **Interacciones sociales armoniosas**. Promover la cortesía, la deferencia y el respeto para contribuir a un ambiente social por el cual todos se sienten cuidados y valorados. Por ejemplo, un vecino que se preocupa por el bienestar de una persona mayor y le ofrece su ayuda con las tareas del hogar.

- **Comunicación silenciosa**. A menudo se manifiesta a través de acciones silenciosas o gestos no verbales. Este tipo de comunicación sutil es muy valorado en la cultura japonesa, en la cual a veces las palabras no son necesarias para expresar empatía y consideración. Por ejemplo, bajar el tono de voz o poner los teléfonos en modo silencioso para no molestar a las personas que están a tu lado.

Aplicar el *omoiyari*, o la consideración y empatía hacia los demás, fortalece el ikigai al enriquecer nuestras relaciones personales y sociales. **Cultivamos conexiones profundas y significativas** con quienes nos rodean, lo que nos proporciona un sentido de pertenencia y propósito. Esta empatía nos permite comprender mejor las necesidades y emociones de los demás y fomenta un ambiente de apoyo mutuo. Además, al actuar con consideración y compasión, contribuimos positivamente a la comunidad, lo que refuerza nuestro sentido de tener un impacto significativo en el mundo. El *omoiyari* enriquece nuestras interacciones, refuerza nuestra razón de ser y además integra nuestro bienestar personal con el de nuestra comunidad. Este concepto mejora la calidad de vida de quienes reciben la consideración, y también enriquece la de quienes la practican, de forma que se promueve una sociedad más compasiva y solidaria.

Hemos llegado al final del recorrido. Si no tienes claro tu propósito de vida, puedes comenzar tu viaje de autodescubrimiento. Las claves para hacerlo ya están en tu poder. Recuerda que el ikigai no es el destino, es la guía para recorrer el camino y disfrutar de una vida plena, satisfactoria y significativa.

EPÍLOGO

VIVIR DE ACUERDO CON TU IKIGAI

Dice una leyenda japonesa que los peces koi que conseguían nadar río arriba hasta la cascada y remontarla se transformaban en dragones como recompensa a su esfuerzo. No hay nada que exprese mejor el triunfo en la vida que el ascenso del koi por la cascada. Seguramente por eso estos peces, símbolo de paciencia y longevidad, se identifican también con la perseverancia ante las adversidades y la tenacidad, y representan la fuerza de carácter que nos lleva a conseguir nuestros propósitos.

El proceso para encontrar tu ikigai también puede ser desafiante; requiere de introspección y autoconocimiento, aunque la recompensa es una vida llena de sentido, alegría, satisfacción y equilibrio.

Vivir de acuerdo con tu ikigai significa despertar cada día con un propósito claro y una conexión profunda con el mundo que te rodea. Se trata de una práctica continua y enriquecedora. Cada uno de nosotros posee un ikigai único, una combinación singular de pasiones, talentos, contribuciones al mundo y recompensas que debemos descubrir y cultivar.

El ikigai no es un destino final, sino un viaje continuo. No es algo que simplemente encuentras y posees para siempre, sino un baile constante de descubrimiento y transformación. Se trata de un proceso dinámico que evoluciona con nosotros a lo largo de nuestras vidas, adaptándose a nuestros cambios internos y a los del mundo exterior. Es una fuente de resiliencia, una fuerza que nos sostiene en tiempos difíciles, nos impulsa a seguir adelante con esperanza y determinación y nos permite mantener nuestra vida alineada con nuestro propósito en cada etapa.

Vivir de acuerdo con tu ikigai implica mantener la mente abierta y el corazón dispuesto a aceptar los cambios y las nuevas oportunidades. Permítete soñar y aspira a vivir una vida equilibrada y llena de significado. Y, sobre todo, ten paciencia. El camino es único para cada persona y no hay un tiempo fijo para cada descubrimiento. Confía en el proceso y disfruta de cada paso del viaje.

Esa noche, la joven cerró el libro que tenía entre sus manos y comprendió que su ikigai no era un destino, sino un viaje de descubrimiento. Decidió explorar sus pasiones y habilidades, buscar formas de contribuir al mundo y encontrar su propia intersección de amor, habilidad, necesidad y recompensa.

Un día se miró en el espejo y vio que había aparecido una chispa en sus ojos, una alegría profunda que provenía de vivir de acuerdo con su ikigai. Desde entonces, cada amanecer en la playa miraba hacia el horizonte y recordaba la lección de su maestro, la que la guio en su búsqueda del verdadero propósito de su vida.

252

BIBLIOGRAFÍA

ANDRÉ, CHRISTOPHE Y LELORD, FRANÇOIS (2000). *La autoestima*. Barcelona, Editorial Kairós.

BACHRACH, ESTANISLAO (2015). *En Cambio. Aprende a modificar tu cerebro para cambiar tu vida y sentirte mejor*. Barcelona, Penguin Random House Grupo Editorial.

BARÓ, TERESA (2021). *Imparables*. Barcelona, Editorial Planeta.

BARRETT, RICHARD (2005). *Liberando el alma de las empresas*. SMS Consulting Group.

BUETTNER, DAN (2008). *The Blue Zones: Lessons for Living Longer from the People Who've Lived the Longest*. Washington D. C., National Geographic Society.

CEBOLLA, A. Y CAMPOS, D. (2016). *Enseñar mindfulness. Contextos de instrucción y pedagogía*. Revista de psicoterapia. Vol. 27, 103-108.

CSIKSZENTMIHALYI, M. (1996). *Creativity: Flow and The Psychology of Discovery and Invention*. Nueva York, Harper Collins.

DILTS, ROBERT (2000). *Cómo cambiar creencias con la PNL*. Málaga, Editorial Sirio.

DOLAN, SIMON (2012). *Coaching por valores*. Madrid, Editorial LID.

EPEL, E. S., BLACKBURN, E. H., LIN, J., DHABHAR, F. S., ADLER, N. E., MORROW, J. D. Y CAWTHON, R. M. (2004). *Accelerated telomere shortening in response to life stress*. Proceedings of the National Academy of Sciences, 101(49), 17 312-17 315.

FRANKL, VIKTOR (2015). *El hombre en busca de sentido*. Barcelona, Herder Editorial.

GARCÍA, H. Y MIRALES, F. (2016). *Ikigai. Los secretos de Japón para una vida larga y feliz*. Barcelona, Ediciones Urano.

GOLEMAN, DANIEL (1996). *Inteligencia emocional*. Barcelona, Editorial Kairós.

GUZMÁN, RAFAEL (2024). *Tu cuerpo, tu hogar*. Barcelona, Editorial Espasa.

HARA, K. (2006). *The Concept of Omoiyari (Altruistic Sensitivity) in Japanese Relational Communication*. Intercultural Communication Studies, XV (1), 24-32.

HOGARTH, ROBIN M. (2002). *Educar la intuición: el desarrollo del sexto sentido*. Barcelona, Ediciones Paidós.

HOLT-LUNSTAD, J., SMITH, T. B., BAKER, M., HARRIS, T. & STEPHENSON, D. (2015). *Loneliness and social isolation as risk factors for mortality: a meta-analytic review*. Perspectives on Psychological Science, 10(2), 227-237.

KABAT-ZINN, JON (2007). *La práctica de la atención plena*. Barcelona, Editorial Kairós.

KABAT-ZINN, JON (2009). *Mindfulness en la vida cotidiana: Cómo descubrir las claves de la atención plena/Donde quiera que vayas, ahí estás*. Barcelona, Ediciones Paidós.

KOREN, LEONARD (2015). *Wabi-Sabi para Artistas, Diseñadores, Poetas y Filósofos*. Barcelona, SD Edicions.

LAVRIJSEN, ANNETTE (2021). *Niksen. El arte neerlandés de no hacer nada*. Barcelona, Libros Cúpula.

LONGHURTS, ERIN NIIMI (2021). *Omoiyari. El arte japonés de la compasión*. Madrid, Harper Collins.

MARTÍN ASUERO, ANDRÉS (2010). *Con rumbo propio. Disfruta de la vida sin estrés*. Barcelona, Editorial Plataforma.

Organización Mundial de la Salud (2019). Pl*an de acción mundial sobre actividad física 2018-2030: personas más activas para un mundo más sano*: https://iris.who.int/handle/10665/327897

PÉPIN, CHARLES (2019). *La confianza en uno mismo: una filosofía*. Barcelona, Ariel.

PUNSET, ELSA (2014). *El mundo en tus manos*. Barcelona, Ediciones Destino.

ROJAS, M. (2018). *Cómo hacer que te pasen cosas buenas*. Madrid, Espasa Libros.

SANTANDREU, RAFAEL (2018). *El arte de no amargarse la vida*. Barcelona, Grijalbo. Penguin Random House Grupo Editorial.

SANTANDREU, RAFAEL (2018). *Nada es tan terrible*. Barcelona, Grijalbo. Penguin Random House Grupo Editorial.

SANTANDREU, RAFAEL (2021). *Sin miedo*. Barcelona, Grijalbo. Penguin Random House Grupo Editorial.

TANIZAKI, JUNICHIRO (2014). *El elogio de la sombra*. Madrid, Editorial Siruela.

THICH NHAT HANH (2016). *Silencio. El poder de la quietud en un mundo ruidoso*. Barcelona, Ediciones Urano.

VAILLANT, G. E. (2012). *Triumphs of experience: The men of the Harvard Grant Study*. The Belknap Press of Harvard University Press: https://doi.org/10.4159/harvard.9780674067424

VÁZQUEZ, MARCOS (2023). *Vive más*. Barcelona, Grijalbo. Penguin Random House Grupo Editorial.